礼赢天下：中华与世界礼仪全览

宾馆服务礼仪

名家手笔，打造最权威的礼仪百科！
深入浅出，成就举手投足间的魅力！

宾馆是一座城市最直接、最具标志性的服务窗口，其服务礼仪水准，代表着所在地区的文明程度和服务质量。本书对现代宾馆酒店的服务规范与礼仪进行了全面系统的介绍，其内容包括宾馆服务人员的仪容规范、仪表规范、仪态规范、语言规范、前厅服务礼仪、客房服务礼仪、餐馆服务礼仪、其他部门服务礼仪等方面。本书具有鲜明的时代特点与服务特色，对宾馆服务人员及管理人员具有很强的实用价值。

舒静庐 主编

HOTEL SERVICE ETIQUETTE

羡慕别人有魅力？
《中华与世界礼仪全览》祝你一臂之力！

涵盖日常、商务、职场方方面面，高端大气上档次的礼仪百科！

以礼赢人心，以礼赢天下，展中华之传统，扬世界之精华

《中华与世界礼仪全览》让你一览礼仪之天下

 上海三联书店

图书在版编目（CIP）数据

宾馆服务礼仪／舒静庐主编．—上海：
上海三联书店，2014.7
  ISBN 978-7-5426-4846-4

  Ⅰ.①宾… Ⅱ.①舒… Ⅲ.①宾馆—商业服务—礼仪
Ⅳ.①F719.2
  中国版本图书馆 CIP 数据核字（2014）第 144080 号

宾馆服务礼仪

主　　编／舒静庐
责任编辑／陈启甸
特约编辑／田凤兰　袁　梅
监　　制／吴　昊
出版发行／上海三联书店
　　　　　（201199）中国上海市都市路 4855 号 2 座 10 楼
　　　　　http：//www.sjpc1932.com
印　　刷／三河市天润建兴印务有限公司
版　　次／2014 年 9 月第 1 版
印　　次／2014 年 9 月第 1 次印刷
开　　本／787×1092　1/16
字　　数／262 千字
印　　张／18.50

ISBN 978-7-5426-4846-4/G.1342

定　价：30.50 元

目 录
Contents

目　录

宾馆服务礼仪

目 录

❋ 第四章　宾馆服务的语言规范与通讯礼仪 ❋

一、恰到好处地说出礼貌用语

二、文明用语，随时随地

三、行业用语，准确内行

目　录

✼ 第六章　宾馆客房部的服务礼仪 ✼

一、客房部的任务与岗位的职责

❊ 第七章　宾馆公共区域的清洁与保养规范 ❊

一、公共区域清洁的岗位职责

二、卫生清洁员的服务与礼仪

宾馆服务礼仪

❋ 第九章　宾馆康乐部的服务礼仪 ❋

❋ 第十章　宾馆安全保卫部的服务礼仪 ❋

一、安保部的任务和工作特点

二、安保人员的要求和礼仪规范

三、安保部各岗位的工作职责

绪　章

服务礼仪是宾馆
生存发展的支柱

宾馆服务礼仪指在宾馆服务工作中形成的得到共同认可的礼貌、礼节和仪式。宾馆服务礼仪属于职业礼仪的范畴，是礼仪在宾馆服务业的具体运用。

宾馆服务礼仪的宗旨是礼貌服务、宾客至上。宾馆服务礼仪主要表现在全心全意为宾客服务的理念上，要求在服务工作中以符合本国国情、民族文化和道德为基础，讲究服务艺术，遵守服务礼仪规范；尊重别国风俗习惯和宗教信仰，尊重关心宾客，使宾客获得满意的感受，认可宾馆的服务，赢得更多的回头客，从而更好地树立良好的个人形象和宾馆形象。

一、宾馆服务礼仪概述

服务礼仪是评价宾馆水平的标准之一。对一个宾馆作出评价，不仅仅取决于它的硬件设施，更多的是宾客心理的感受，而这种感受的创造除了硬件设施外，更主要的是依靠宾馆员工的服务水平。好宾馆的最主要的标准就是"要有一流的服务员，一流的服务水平"。其中宾馆员工的服务礼仪是否达到一流水平才是关键因素。

1. 服务礼仪的涵义及特征

服务礼仪，通常指的是礼仪在服务行业之内的具体运用。一般而言，服务礼仪是泛指服务人员在自己的工作岗位上所应当严格遵守的行为规范。所谓行为，指的是人们受自己的思想意志的支配而表现在外的活动。所谓规范，则是指标准的、正确的做法。由此可见，行为规范是指人们在特定场合之内进行活动时的标准的、正确的做法。**服务礼仪的基本内涵，是指服务人员在自己的工作岗位上向服务对象提供标准、规范、细致、体贴的服务。**

目前，在服务行业内普及、推广服务礼仪，具有多方面的重要意义。其一，有助于提高服务人员的个人素质。其二，有助于更好地对服务对象表示尊重。其三，有助于进一步提高服务水平与服务质量。其四，有助于塑造并维护服务单位的整体形象。其五，有助于使服务单位创造出更好的经济效益和社会效益。总而言之，在当前我国加速推行社会主义市场经济的条件下，服务行业若是对于普及、推广服务礼仪的重要性认识不足，行动迟缓，迟早会为此付出沉重的代价。

服务礼仪的重要特征是实用性很强。同礼仪的其他门类相比，**服务礼仪具有明显的规范性和可操作性的特点。**

具体来讲，服务礼仪主要以服务人员的仪容规范、仪态规范、服饰规范、语言规范和岗位规范为其基本内容。在其中的各个具体问题上，服务礼仪对于服务人员到底应该怎么做和不应该怎么做，都有周详的规定和特殊的要求。离开了这些由一系列具体做法所构成的基本内容，服务礼仪便无规范性与可操作性可言，而且也将无从谈起。

2. 注重服务是宾馆经营的灵魂

宾馆是服务性行业，它主要向宾客提供服务商品。不提供服务，宾馆就难以取得经济效益。而体贴、周到的服务，必可吸引越来越多的顾客，经济效益就会越来越好。

在市场经济条件下，市场竞争日益激烈，企业宾馆间的竞争实质上就是服务质量的竞争。宾馆为宾客提供吃、住、购、娱乐等服务项目，每一项都离不开礼貌服务。**文明有礼、宾客至上、服务第一是宾馆服务的宗旨。**

现在服务行业的竞争也越来越激烈了，想要在竞争中保持有利地位，并近一步的提升自己竞争力的话，良好的服务礼仪是必不可少的。宾馆行业也是如此，因为礼仪贯穿于宾馆服务工作的始终。重视礼仪对改善员工服务形象、提升员工的服务水平有着积极的作用，同时也会为宾馆赢得良好的经济效益和社会效益。

宾馆服务礼仪是宾馆竞争的需要——随着旅游业的迅速发展，虽然带动了宾馆行业的发展，同时也加剧了宾馆之间的竞争。因为宾馆的数量越来越多，再加上宾客对宾馆的服务的要求也越来越高，为了留住更多的宾客，各个宾馆之间展开了激烈的竞争。俗话说"大浪淘沙，留下的是金子"，但是，有竞争就会有失败者，如果宾馆想要在竞争中取得胜利，就应争取更多的客源。想要获得更多的客源，就应该走以质取胜的道路，以优质的服务来吸引更多的客户。服务礼仪是宾馆提供优质服务的重要内容和基础，如果不讲服务礼仪，就会因为员工的一句话、一个动作而损失一个甚至更多的宾客。

在市场经济中，礼貌礼仪作为现代文明素质的重要组成部分和外在表现，正在创造价值和利润，正在成为现代生产力的一部分。

文明有礼是宾馆服务的一个重要内容，可以提高宾客对宾馆的满意度。宾馆是个提供综合性服务的企业，既能为宾客提供吃、住、购、游、娱等比较齐全的服务设施，同时又能给宾客提供满意的服务。它奉行的服务宗旨是宾客至上、服务周到、文明有礼。所以，宾馆的服务人员只有做到礼貌服务才能使宾客满意，给宾客留下美好的印象。反之，即使是具备一流的服务设施，如果对宾客冷若冰霜、傲慢无礼，宾客也会望而却步的。

服务礼仪是提高服务质量的保证。对于宾馆来说，客源就是宾馆的财源，是宾馆赖以生存和发展的基础，而创造客源最根本、最基础的方法就是提高服务质量。"以质取胜，创造客源"，这才是宾馆的成功之路。

从经济学角度讲，宾客用相当的货币，购买了"服务"这一特殊商品，要求宾馆提供主动热情、文明礼貌的服务，来满足宾客的精神需求，我们就应该做到买卖公平，提供清洁、舒适的居住环境，满足宾客的心理需求。从心理学角度讲，宾馆服务人员主动、热情地为宾客服务，和顾客保持良好的关系，即使顾客有不满意的地方也可以缓解服务矛盾，对服务中偶尔出现的差错，还可以起到润滑剂的作用。

国际宾馆业有关人士认为，"服务"这一概念包涵着英语 service 这个词的每一个字母所代表的含义，其中每一字母的含义实际上都是对服务人员的行为与语言的一种要求。

第一个字母 S，代表 Smile（微笑），其含义是服务员应该对每一位宾客提供微笑服务。第二个字母 E，即 Excelent（出色），其含义是服务员应该将每一程序、每一次微小的服务工作都做得很出色。第三个字母 R，即 Ready（准备好），其含义是服务员应该随时准备好为宾客服务。第四个字母 V，即 Viewing（看待），其含义是服务员应该将每一位宾客都看作是需要提供优质服务的贵宾。第五个字母 I，即 Inviting（邀请），其含义是服务员在每一次接待服务结束时，都应该显示出诚意和敬意，主动邀请宾客再次光临。第六个字母 C，即 Creating（创造），其含义是每一位服务员应该想方设法精心创造出使宾客能享受其热情服务的氛围。第七个字母 E，即 Eye（眼光），其含义是每一位服务员始终应该以热情友好的眼光关注宾客，适应宾客心理，预测宾客要求，及时提供有效的服务，使宾客时刻感受到服务员在关心自己。

对于宾馆来说，高质量的服务就是生命，服务质量好，宾馆受益多，社会整体效果好，宾馆才能生存和发展。市场竞争既是产品竞争，又是服务竞争。因为至善至美的服务是赢得客源、占领市场的重要手段。整个宾馆上下都要关心服务质量，把"服务第一"的意识落实到每一个部门、每一个经营环节、每一道操作工序、每一个工作规程中去。

一位在日本工作的中国青年，有一天在东京一家有名的大宾馆随意点了一碗蛋炒饭。吃着吃着，无意中发现碗里有一根很细的头发丝。他喊来了服务员，女服务员显得有些慌张，深深地鞠了一躬，向宾客表示由衷的歉意，然后将剩下的半碗蛋炒饭端走了。过了一会儿，女服务员端来了两只饭碗，一碗是满满冒着热气的蛋炒饭，另一碗是刚才端走的那半碗剩饭。

在一般人看来，端一碗饭还是端两碗饭是微可不计的小事，但它却反映了这家宾馆服务员高超的服务技艺。这种请宾客"验明正身"的做法，意味着告诉宾客，宾馆没有作假，以自己闻过即改和坦诚磊落的实际行动体现了对宾客的尊重。类似这样的微小服务细节，往往被人忽视，但它却从深层次上反映了宾馆服务的水准，展示了能够被宾客接受和认同的服务全过程。**微小服务是宾馆优质服务的生动体现，应该成为每个服务人员的执著追求。**

3. 讲究礼仪是宾馆高质量服务的保证

宾馆为所有来消费的宾客服务，不管宾客的背景、地位、经济状况、外表衣着有何差异，都要一视同仁，并严格按照服务规程去做。服务规程的具体实施中，宾馆服务质量能否保证，在很大程度上取决于员工的素质水平。员工的素质水平有两个方面：一方面是员工的技术水平；另一方面是员工的服务态度和精神面貌。这两方面不但直接影响服务质量，而且间接影响宾客对宾馆的评价，决定着宾客是否住店，以及以后是否还来住店。

宾馆产品的生产、销售和消费是同时进行的，生产者与宾客直接见面，这使宾馆服务增加了难度。宾馆员工与宾客直接接触的时间有时非常短暂，甚至是瞬间的，可能只是一句敬语、一次微笑、一个动作。但只要在这些服务中出现一点差错，损失可能是巨大的。所以宾馆员工的态度和精神状态也成了宾馆产品质量的一个重要组成部分。服务人员的服务水平的高低直接影响着宾馆的服务质量，因为宾客是否住店，住店后是否还会再选此店，很大程度上取决于服务人员的素质、形象、仪表、举止、言行、礼貌等等。换句话说，**宾馆员工的礼仪风范是宾客决定是否购买宾馆这一特殊服务的一个重要因素。所以，加强礼仪培训是提高服务质量的保证。**

礼仪提醒

宾馆服务要实现优质服务，就要求宾馆员工有较高的素质，表现出良好的形象、仪表、举止、言行、礼貌。可以说礼节礼貌是提高服务质量的保证。

宾馆工作人员懂礼节、讲礼貌，使宾客处处感到彬彬有礼，可以缩小宾客与宾馆的距离，提高宾馆的信誉。随着社会的发展和人类文明的进步。宾客到宾馆不仅仅是为了满足休息、就寝等生理需求，还有受人尊重的心理需要。宾客对服务的要求，不仅要具有优雅的环境，提供优质的饭菜，而且还要享受宾馆提供的一流服务。一个宾馆社会声誉的高低，很大程度上取决于是否有文明礼貌的服务态度。

◇礼仪礼貌是评价宾馆水平的标准

在现代经济大潮中，由于各宾馆之间硬件上的差距日益缩小，而以从业人员素质和服务质量等软件上的竞争渐趋明显，现代宾馆提出了要有"一流的服务员，一流的服务水平"的口号。以礼貌服务为基础的优质服务已成为招徕宾客的口号和手段，同时也从侧面反映了宾馆的层次和服务水平。礼貌服务越好，标志着宾馆管理越成功，从而宾馆的形象和口碑越好，它的经济效益和社会效益就越好。正因为如此，在国家制定的宾馆星级标准和星级评定中，礼仪礼貌成为软件考核的重要项目之一。

4. 礼仪礼貌是使宾客满意的基础

客源是宾馆的财源，是宾馆赖以生存和发展的必要条件。宾馆服务是作为商品提供给宾客的，这就应该以宾客为中心，必须为其提供优质的产品与良好的服务。一切工作以宾客为主，一切工作都建立在为宾客服务的基础上。

宾馆提供的服务产品是一种有别于其它商品的特殊商品。其特殊性就在于这一商品是具有有形性和无形性相结合的特征。

有形服务是看得见的、宾客直接享受的服务，如餐厅服务、前厅接待、客房清理等活动，这些活动是服务的基本内容，是服务工作的基础和表现形式。

无形服务是指服务人员的行为和言谈中的精神方面的东西，主要表现在职业道德、礼貌修养以及良好的心理素质等方面。无形服务是优质服务的可靠保证，是服务的内涵。

当宾客在商店购买商品时，他们有机会检查商品的质量和性能，如买皮鞋可以试穿，买电视机可以试看。但他们购买宾馆服务时却不能有同样的机会。服务本身是看不见、摸不着的东西，消费者不能把服务本身买回家去，他带回的只是服务产生的效果，是服务对消费者所产生的心理、生理、感官上的作用和影响。从整体上讲，宾客旅居宾馆提供了服务商品的交换价值，他并未从宾馆带走一个诸如床、沙发、地毯、桌椅等实物产品，但不等于说他没有得到一个商品。他在宾馆不但得到商品，而且就地消费了。这就是宾馆服务产品的生产、交换、消费在时空上的一致性。以在宾馆餐厅就餐的宾客来说，他享受到的除了美味佳肴实物给予的饱足之外，更重要的是食物的色、香、味、形，餐厅的格调气氛，服务员的热情服务给予的感官上和心理上的满足和舒适。而这一切都正是无形服务的结果。

宾馆要提高服务质量，就需要大力加强无形服务。宾馆员工一方面要为宾客提供优质的功能服务，帮助宾客解决吃、住、购、娱乐等方面的实际问题；另一方面还要为宾客提供优质的心理服务，关心宾客、理解宾客、谅解宾客，使宾客保持愉快的心情。这才是真正的礼貌服务。

热情、微笑、殷勤、周到的服务才能使宾客满意，给宾客留下美好的印象，从而弥补设施等方面的不足，吸引宾客再次光临本宾馆。

礼仪提醒

作为宾馆的员工，只有掌握好了服务礼仪的知识，才能有更好的职业发展前景，而作为宾馆的管理者，只有加强员工的服务礼仪培训，才能在激烈的市场竞争中保持更有利的地位。

二、宾馆服务礼仪的基本要求

宾馆服务，具有鲜明的职业特点与特殊的礼仪要求。文明、礼貌、主动、热情、周到，是宾馆服务服务礼仪和重点要则，也是宾馆服务质量的评判标准。

1. 文明服务：规范优质地待客

文明，首先是发展到较高阶段和具有较高文化修养的一种社会状态。同时，也是人类创造的物质与精神成果的总和。现代人对文明的要求越来越高。

就服务行业而论，文明服务是有具体要求的。从消费者来看，要求服务人员在服务的过程中要体现文明素养。就服务人员而言，当我们为消费者提供服务时，必须文明服务。做不到文明服务有损企业形象；做好了文明服务有助于企业形象的塑造。在服务行业中，文明服务的总体要求是我们在服务过程中，要体现良好的企业文化和优异的个人服务素质。就具体而论，它要求我们的服务工作要做到以下几点。

◇规范服务

规范服务是文明服务的前提，只有服务工作遵循一定的规范和标准，才能真正做到文明服务。所谓规范就是我们平常说的规矩。宾馆服务业也有自己的规范，服务人员要站有站相，坐有坐相。待人接物，从事服务，如果不讲规矩，就毫无文明服务可言。总之，规范服务实际上就是要求服务行业为我们服务对象提供标准化、正规化、规范化的服务。那么，怎样才能做到规范服务呢？

① 做到待客三声。所谓待客三声是指服务人员在工作岗位上，面对消费者必须自然而然做到：来有迎声，问有答声，去有送声。这三声，是文明服务中每个服务人员都应该具有的基本功。

② 做到"四个不讲"。面对消费者，宾馆服务人员有四种话不能讲：

● 不讲不尊重对方的语言；
● 不讲不友好的语言；
● 不讲不客气的语言；
● 不讲不耐烦的语言。

待客三声、四个不讲是全体服务人员在其工作岗位上必须做到的基本要求，服务人员只有做到这些，才能使顾客高兴而来，满意而归，才能以文明规范的服务树立良好的组织形象。

◇科学服务

这里讲的科学服务，实际上是要求宾馆服务人员，在服务过程中掌握科学有效的现代服务方法。这实际上谈的是服务技巧问题。科学服务就是要有方法有方式，就是在服务中不能够无规矩的乱来，实际上是规范服务的进一步的、高层次的要求。具体来讲，我们所要求的科学服务有以下三点可操作性的具体要求。

①练好基本功。练好基本功就是要掌握好基本的服务技能、基本的服务意识。

具体而言，服务人员的服务技能又分为两个方面：第一，要达到岗位要求，就是你在工作岗位上必须做到的基本要求。比如服务人员列队站立的话，怎么站呢？一个站中间儿，两个站两边儿，三个一条线，这就是岗位要求的规范。第二，要掌握所售卖的产品和服务的特殊的方式方法，首先要了解其产品和服务自身的特点、用途、方式。

②洞悉顾客的心理。对于一个优秀的服务人员而言，了解顾客的真实心理是十分必要的。而要了解顾客的心理，服务人员就必须做到"两个了解"：一要了解社会学。不了解社会学就无法服务于社会，要为社会服务好，就务必学习社会学。二要了解心理学。只有学习心理学，才能真正洞悉人们的心理，才能摸清顾客的需求，才能做到科学服务。

③掌握正确的方法。服务人员要做到科学服务，除以上两点外，还必须有正确的方法。市场上的产品和服务有不同的特点，有的是试销产品，有的是新产品，有的是改进型的产品，有的是引进的产品，有的是一种新的服务项目。服务人员只有了解不同产品和服务的特点才能做到有的放矢地为顾客做出满意的服务。

◇优质服务

宾馆优质服务，就是对服务的精益求精。从某种意义上来讲，强调优质服务，就是要不断地提高自身服务质量，人无我有，人有我优，更上一层楼，不断进步。现在的市场竞争是很激烈的，逆水行舟，不进则退。在这样的环境中生存，服务企业和服务从业人员就必须注意以下几点：

●尽心尽意。就是在力所能及的条件下尽心尽意地服务好。

●尽力而为。能做到的事情尽力以实际行动做到。

●力求完美。在力所能及的情况下把事情做得力求完美，力争完善。

●争取满意。服务是不是优质，关键是消费者认可不认可，要力求做到让消费者满意。

只有做到规范服务、科学服务、优质服务，服务质量才会提高。

在文明服务的要求中，规范服务、科学服务、优质服务有连带关系。没有规范服务，谈不到科学服务、优质服务。科学服务不到位，也就无优质服务可言。只有三者都做到了，才是真正的文明服务。

2. 礼貌服务：注重礼节与礼仪

礼貌服务要求服务人员按照服务礼仪规范要求对服务对象进行服务。它既是一种特殊的礼节要求，又是礼仪学的具体应用，是宾馆优质服务的一个重要组成部分。

礼貌服务要达到以下的基本要求：

◇聚精会神，动作规范

聚精会神是开展礼貌服务的前提条件，是服务工作的一个重要特点。对宾客视而不见，对他们提出的要求充耳不闻，连服务的最低要求都无法满足，何以谈高层次的礼貌服务？

除了聚精会神之外，还要求服务人员的操作动作合乎规范。

这里要注意以下两点：

① 讲话要轻声细语。在服务工作规范的守则里，几乎都有不得在工作时间里"串岗"、"谈心"的规定，更不得彼此"嬉笑取乐"。对宾客的接待应轻声细语，温文尔雅，不能人为地增加嘈杂声音，影响宾客的享受和休息。

② 操作动作要轻盈利索。无论是宾馆服务员对各种物品的拿、放、包、扎、算，还是对宾客的司门、迎宾、应接、引路、服务，这一连串的操作均应显得轻盈利索，这既是服务工作的基本职业要求，也是礼貌服务的基础。操作熟练、迅速，动作轻盈敏捷，使消费者的需求得到充分的满足，宾客将从服务人员的精湛服务技艺中获得一种美的享受。

◇衣着整洁，合乎规范

礼貌服务要求每个宾馆服务人员的衣着均应做到清洁、整齐、挺括、规范。一些特殊的服务机构如旅游饭店甚至对各类员工衣着、领带、领结以至它们的色彩均有规范要求。服装要勤换洗，而且洗后要熨平整，裤子熨出裤线，经常保持整洁，皮鞋也要上油擦亮。

有条件的宾馆，还应按等级规范要求设计服饰，那样不仅显示出宾馆风貌，而且方便国内外宾客，他们从服饰上就可判断服务人员工作的性质、身份，以便享受服务。

◇服务系列化，操作有检查

礼貌服务是一项系统工程，礼貌服务要体现在宾馆接待服务的全过程、各环节。

以餐饮服务为例，服务的起端应从原料的采购、验收、科学保管开始；切配、烹饪可谓中间环节；它的终端在餐厅。然而餐饮服务又构成了一个子系统。迎宾、引宾入座、敬献菜单、聆听宾客点菜、端菜、派菜、斟酒，均有一整套的要求。例如上菜用托盘，端菜手指无论如何不能接触碗边；上菜从右，撤盘从左；斟酒只能斟到酒杯2/3处，而且要"滴酒不漏"；要将酒名、商标自然地向宾客显示等等，均成系列化要求。这既是操作规范，也可谓礼貌服务。

3. 主动服务：超前满足宾客需求

所谓主动服务，就是要服务在宾客开口之前。一个简单的服务却已包含着这样一种意义：主动服务是表现了提供服务的企业功能的齐全与完备；主动服务也意味着服务人员要有更强的情感投入。有了服务规范和工作标准，只能说是有了为达到一流服务而应具备的基础条件，并不等于就有了一流的服务。员工们只有把自己的情感投入到一招一式、一人一事的服务中去，真正尊重宾客，真正从心里理解他们，关心他们，才能使自己的服务更具有人情味，让宾客倍感亲切，从中体会到服务企业和服务人员的服务水准。

　　主动是服务礼仪中特别强调的一种精神，归根结底是为了使宾客的物质和心理需要得到充分满足。

　　北京的一家饭店西餐厅早餐时间，服务员注意到一位年岁较大的来自欧洲国家的宾客先用餐巾纸将煎鸡蛋上的油小心擦掉，又把蛋黄和蛋白用餐刀切开，再就着白面包把蛋清吃掉，而且在吃鸡蛋时没有像其他宾客那样在鸡蛋上撒盐。服务员揣摩宾客可能是因患有某种疾病，才会有这样比较特殊的饮食习惯。第二天早晨，当这位宾客又来到餐桌落座后，未等其开口，服务员便主动上前询问您是否还是用和昨天一样的早餐。待宾客应允后，服务员便将与昨天一样的早餐摆放在餐桌上。与昨天不同的是煎鸡蛋只有蛋白而没有蛋黄，宾客见状非常高兴。边用餐边与服务员谈起，之所以有这样的饮食习惯，是因为他患有顽固的高血压病，遵从医嘱的结果。以前在别的饭店用餐，他的要求往往被服务员忽视，而这次在这家饭店住宿用餐，他感到非常满意，为服务员的细致观察、主动服务精神所叹服。

　　主动服务在很多场合下，常常以一种超前性的服务行为表现出来，这种服务的超前性是指服务人员善于急顾客所急，想顾客所想，往往在宾客尚未提出要求之前，就以主动的服务行为满足了宾客的需要，正因其具有超前性，能给宾客带来更强烈的欢愉性，甚至终身难忘。

　　在接待服务工作中，服务人员如果**自作聪明**，未弄清宾客的要求，就草率作出判断，这不可谓不主动，但其结果很可能是南辕北辙，事与愿违，或令顾客啼笑皆非，或让顾客大失所望。这是冒失行为。

4. 热情服务：发自内心地好客

　　所谓热情服务，是指服务人员出于对自己从事的宾馆服务职业有肯定的认识，对宾客的心理有深切的理解，因而富有同情心，发自内心地满腔热情地向宾客提供的良好服务。

许多事实表明，服务质量的高低，在很大程度上是由服务员的态度好坏集中表现的。宾馆服务人员在为宾客提供服务的过程中，能否充分的展示热情，宾客对此非常敏感，同时宾客总是把一个人态度好坏和整个宾馆的服务和管理联系起来，然后自觉不自觉地带到各地进行宣传。

服务中热情服务多表现为精神饱满、热情好客、动作迅速、满面春风。

一家饭店中餐厅，午餐时间，一位来自台湾的宾客到餐厅进餐。宾客入座后，服务员热情地为宾客端茶、送香巾，在上菜时，还主动为宾客介绍菜肴特点及烹调方法。当看到宾客愁眉不展似有心思时，服务员便轻声询问能帮助做些什么。原来这位宾客要去拜访一位朋友，具体地址和联系电话却又不慎丢失，只记得大概方位。服务员凭借平时注意积累的常识，进行重点提示，结果使宾客想起地址名称。对于服务员这种非本职工作范围的"分外"热情服务，宾客非常满意。

5. 周到服务：超常规地满足要求

所谓周到服务，是指在服务内容和项目上想得细致入微，处处方便宾客、体贴宾客，千方百计帮助宾客排忧解难，这些服务是实质性的，宾客能直接享受到的。周到服务还体现在不但能做到做好共性规范服务，还能做到做好个性服务。在当前饭店业竞争日益激烈的情况下，对相近类型和级别的饭店而言，最根本、最有效、最持久的竞争手段，是通过向宾客提供竞争对手无法学到或短期内无法仿效的、宾客所需要的服务，这也就是人们常说的个性服务。

个性服务是近20多年来，国外宾馆业为进一步提高服务水平而摸索总结出的新的服务领域。著名心理学家马斯洛把人的需求划分为心理需求、安全需求、归属需求、尊重需求和自我实现需求等五个等级。宾客来到饭店后，除了要求得到吃饱、睡好、安全等起码的要求外，还希望得到其他方面的满足，如个人所好的满足，隐私问题被保护的满足，人格被尊重的满足和特殊要求被解决的满足等。宾客的这些高层次、深层次的要求，往往不是按标准程序操作规范服务所能完全解决的，这样，就需要针对不同宾客的国籍、年龄、性别、职业、身份、性格等等的不同，因人而异地、力所能及地向他们提供周到、细致的优质服务，这就是个性服务的基本内涵。

个性服务有别于一般意义上的规范服务，它要求有超常的更为主动、周到的服务。所谓超常服务，就是用超出常规的方式满足宾客偶然的、个别的、特殊的需求。

延伸阅读：

超常服务的佳话

著名的法国里兹大饭店，为了让一位心血来潮、临时要求吃到新鲜海胆的宾客满意，专门雇请渔夫下海捕捞，空运到巴黎。

香港一家五星级宾馆，承办一家公司在宾馆举行的招待会，该家公司老板为扩大知名度，点名要求宾馆聘请正在欧洲休假的著名女演员前来剪彩，困难可想而知。但通过宾馆的努力，女演员如期而至。

上海的锦江饭店，过去曾是上海屈指可数的接待国宾的饭店，凡有国宾要下榻锦江饭店，他们并不仅仅满足外事部门的服务要求，而是当外宾一踏上中国国土（通常先到北京，后到上海），总经理就组织有关接待服务人员看电视或录像，察言观色，判断是否有什么该特殊服务的。有一次他们见一位非洲总统的夫人随其夫访华，由于她的脚特别大，宾馆内任何一双大号绣花拖鞋都难适应。总经理随即责成有关部门，从速购制一双特大型拖鞋。这位总统偕夫人下榻锦江，当总统夫人穿到非常合脚的拖鞋时，竟欣喜若狂，她激动地说："我随我的先生访问过不少国家，也到过贵国的首都，还从来没有穿到过如此舒适的拖鞋，可见你们是一流的饭店，一流的服务，我回国以后，一定要宣传……"

第 一 章

宾馆服务人员的仪容规范

　　一个人的仪容，受到两大要素的左右。一是本人的先天条件；二是本人的修饰维护。每个人的先天条件在仪容方面固然头等重要，然而这并不意味着先天条件优越的人，就可以不去进行任何后天的修饰与维护。事实上，修饰与维护，对于仪容的优劣而言，往往起着非常重要的作用。

　　服务礼仪规定：服务行业的全体从业人员，在自己的工作岗位上，都必须按照本行业的一定之规，对自己的仪容进行必要的修饰与维护。

一、 服务人员的面部修饰

在人际交往中，每个人仪容之中最为他人所注意的首推其容貌。宾馆服务人员在自己的工作岗位上服务于他人时，必须对自己面部的修饰予以高度的重视。

1. 面部修饰的基本要求

宾馆服务人员的面部修饰有两大基本要求。

◇ 形象端正

宾馆在选聘、任用服务人员时，特别是在选择最能代表本单位形象的窗口部门的服务人员时，一定要将其容貌的端正与否，列为主要条件之一。对此问题如果失察，弄得不好，就会令服务对象对服务单位直接产生反感，或者心生不快，影响服务单位的利益。

◇ 注意修饰

要求宾馆服务人员注重修饰本人的容貌，包括着两层涵义：

一是要求服务人员平时要注意经常修饰妆扮自己的容貌，或是采取措施改善其明显不足之处，也就是说要对自己的容貌有意识地扬长避短。

二是要求服务人员平时要自觉地维护并保持自己经过修饰妆扮或是改善的容貌状态。

以上两层涵义，实际上是同一个问题的两个不同的侧面。不修饰妆扮、改善自己的容貌，当然不合适；而经过修饰妆扮、改善的容貌，若是不用心地加以维护、保持，同样也是不当的做法。

2. 面部修饰的规范

进行个人面部修饰时，宾馆服务人员所应当遵守的总的指导性规则，是要使之洁净、卫生、自然。

◇ 洁净

服务人员在当班时，务必要保持自己的面部干净、清爽。

◇ 卫生

要求服务人员在进行个人面部修饰时关注卫生问题，主要是要求其认真注意自己面容的健康状况。要防止由于个人不讲究卫生而使面部经常疙疙瘩瘩。**服务人员一旦面部出现了明显的过敏性症状，或是长出了疖子、痤疮、疱疹，务必要及时前往医院求治。切勿任其自然，或者自行处理。**

◇ 自然

服务人员的面部修饰既要讲究美观，更要讲究合乎常情。服务人员按其工作性质进行面部修饰，最重要的是要"秀于外"与"慧于中"二者并举。

3. 面部的局部修饰

宾馆服务人员修饰自己的面部时，要根据自己的面部时，要根据自己的眉、眼、耳、口、鼻等各自特点进行适宜修饰。

◇ 眉部的修饰

在一个人的面部，眉毛虽然不一定像眼睛一样引人注目，但是它却绝非可有可无。

①眉形的美观。眉形的美观与否，对任何人都很重要。大凡美观的眉形，不仅形态正常而优美，而且还应当又黑又浓。对于那些不够美观的眉形，诸如残眉、断眉、竖眉、"八字眉"，或是过淡、过稀的眉毛，必要时应采取措施，进行修饰。

②眉毛的梳理。服务人员一定要牢记，自己拥有的美观的眉形，只有在平时经过认真梳理，才能算是真正完美无缺。务必要养成习惯，每天上班前在进行面部修饰时，要梳理一下自己的眉毛。

③ 眉部的清洁。在洗脸、化妆以及其他可能的情况下，服务人员都要

特别留意一下自己的眉部是否清洁。特别应当注意，要防止在自己的眉部出现诸如灰尘、死皮或是掉下来的眉毛等异物。

◇ 眼部的修饰

对每一个人来讲，眼部是他人注意最多的地方。

①眼部的保洁。对一般的服务人员来讲，最重要的是要及时除去自己眼角上不断出现的分泌物。

②眼病的防治。眼部一旦生病，不仅会传染于人又有损于尊容，所以服务人员要特别注意眼病的预防和治疗。如患有传染性的眼病，就应及时治疗、休息，绝不可与服务对象直接进行接触。

③眼镜的佩戴。对服务人员来讲，如欲在工作岗位上佩戴眼镜，则有三点注意事项。一是要注意眼镜的选择。二是要注意眼镜的清洁。戴眼镜的人，一定要坚持每天揩拭眼镜。如有必要，还应定期对镜架进行清洗。三是要注意墨镜的戴法。墨镜，即太阳镜，它主要适合人们在室外活动时佩戴，以防止紫外线损伤眼睛。服务人员在室内工作时如果佩戴墨镜，是不适当的。

◇ 耳部的修饰

①耳部的除垢。服务人员务必每天进行耳部的除垢。不过，一定要注意，此举不宜在工作岗位上进行，特别是不要在接待服务对象时大掏特掏自己的耳垢。

②耳毛的修剪。人们到了一定的岁数，耳孔周围便会长出一些浓密的耳毛。服务人员一旦发现此种情况出现在自己身上，即应及时对其进行修剪，不然会很不美观。

◇ 鼻部的修饰

① 鼻涕的去除。服务人员应当注意的是，切勿当众以手去擤鼻涕、挖鼻孔、乱弹或乱抹鼻垢，更不要用力将其吸入腹中。有必要去除鼻涕时，宜在无人在场时进行，以手帕或纸巾进行辅助。还须切记，尽量不要将此举搞得响声太大。

② "黑头"的清理。鼻部的周围，往往毛孔较为粗大。在清理这些有损个人形象之物时，切勿乱挤乱抠，造成局部感染。明智的做法，一是平

时对此处要认真进行清洗；二是可用专门对付它们的"鼻贴"，将其处置掉。

③ 鼻毛的修剪。如同耳毛一样，鼻毛长到一定的程度，也会冒出鼻孔之外。一经发现其超长，即应对其进行修剪。然而一定要牢记，千万不要当众用手去揪拔自己的鼻毛。

◇ 口部的修饰

①刷牙。一个人若是口腔不够洁净，便会产生口臭。服务人员要搞好口腔卫生，防止嘴中产生异味，最好的办法，就是要认真刷牙。**在刷牙时要做到"三个三"。即每天刷三次牙，每次刷牙宜在餐后三分钟进行，每回刷牙的时间不应少于三分钟。**

②洗牙。维护牙齿，除了要使之做到无异物、无异味之外，还要注意使之保持洁白，并且及时地去除有碍于口腔卫生的牙石。在目前条件下，要做到这一点最佳的办法，就是要定期去口腔医院洗牙。一般来讲，成人在半年左右即应洗牙一次。

③禁食。这里所说的禁食，主要是指服务人员在工作岗位上，为了防止自己口中因为饮食方面的原因而产生异味，故此应当暂时避免食用一些气味过于刺鼻的饮食。如葱、蒜、韭菜、腐乳、虾酱、烈酒以及香烟等。

④护唇。当一个人闭口不言时，其嘴唇通常极为惹人注目。因此，服务人员平时应有意识地呵护自己的嘴唇。要想方设法不使自己的唇部开裂、爆皮。

宾馆男性服务人员，一定要坚持每日上班之前剃须，切忌胡子拉碴地在工作岗位上抛头露面。宾馆女性服务人员，若是由于内分泌失调而在唇上生出一些过于浓重的汗毛，则亦应及时将其除去。

二、 服务人员的肢体修饰

肢体，有时人们将其称为四肢。具体来讲，它指的就是人们的手臂与腿脚。在人际交往中，人们的肢体因其动作最多之故，经常会备受关注。

工作于宾馆不同岗位上的服务人员，平时对于自己肢体的运用有着不同的要求。

1. 手臂的修饰

在服务行业里，手臂通常被视为每一名服务人员所拥有的"第二张名片"。服务人员在修饰自己的手臂时，需要高度重视的问题主要有以下四个。

◇ 手臂保养

由于服务人员平日用手臂较多，所以广大服务人员一定要高度重视保养自己的手臂，尤其是要保养好自己的双手。

在正常情况下，不允许服务人员的手臂上总是粗糙、皲裂、红肿、生疮、长癣，或者创伤不断。

◇ 手臂保洁

在服务行业里，服务人员的手臂干净与否，有时甚至会显得至关重要。

宾馆服务人员双手务必要认真做到"六洗"，即至少在六种情况下自己必须洗手：上岗之前；手脏之后；接触精密物品或入口之物前；规定洗手之时；上过卫生间之后；下班之前。

在一些特殊的工作岗位上服务于人时，为了卫生保洁，按规定服务人员还必须戴上专用的手套，忘记戴或有意不戴，是坚决不允许的。

◇ 手臂妆饰

人们之所以要对自己的手臂进行妆饰，自然是为了使自己增添美感。服务人员在修饰手臂时，需要特别重视下述几个方面的细节问题。

① 不要留长指甲。服务礼仪要求，服务人员的手指甲，通常不宜长过其指尖。不然的话，即算超长，必须予以剪除。服务人员对于修剪自己的手指甲，要养成"三天一修剪、每天一检查"的良好习惯，并且一定要做到坚持不懈。

②不要涂化艳妆。出于养护指甲的目的，允许服务人员平时使用无色指甲油。但是，若非专业的化妆品营销人员，一般不允许在自己的工作岗位上，指甲上涂抹彩色指甲油，或者在指甲上进行艺术绘画。

③不要腋毛外露。**一般而言，宾馆服务人员大都不会以肩部暴露的服装作为自己的工作装。**万一因为工作的特殊需要，服务人员必须穿着肩部外露的服装上岗服务时，则必须切记：此前最好剃去自己的腋毛。另外，有个别人手臂上其他部位往往长有较为浓密的汗毛，应当采取行之有效的方法将其去除。

在工作之余，宾馆服务人员十指指甲上涂满蔻丹，甚至十指十色，或是在其上进行微型艺术绘画，固然无可厚非，但若是在工作岗位上如此这般，则会给人以本末倒置之感，往往令消费者难以接受。在手臂上刺字、刻画，也是不适宜的。

◇ 手臂防病

由于服务人员在工作之时主要借助于手臂服务于人，因此要想方设法对其多加防护，以避免其出现伤病。要注意个人卫生，防患于未然。有病及时诊治，切勿任其发展。还要注意工作性质，不要以伤病之手接触他人。

2. 下肢的修饰

按照工作性质，服务人员在对自己的下肢进行修饰时，主要需要注意的问题大致上有三个：

◇ 下肢的清洁

服务人员在进行个人保洁时，不仅不应该对下肢有所忽略，而且应该对其认认真真地加以对待。**特别要强调：勤于洗脚；勤换袜子；勤换鞋子。**

◇ 下肢的遮掩

服务人员在工作之中服务于人时，需要以自己的服装与鞋袜，适当地对自己的下肢进行必要的遮掩。

一般来讲，服务人员在选择服装与鞋袜时应认真做到以下"四不"。

①不要光腿。服务人员的下肢如直接暴露在他人的视线之内，则最好不要光腿。男性如果光腿，只会令他人对他的一双"飞毛腿"产生厌恶。而女性光腿，则通常会被理解为是在成心向异性显示自己的性感和魅力。假使由于气候过度炎热或工作性质比较特殊而光腿的话，必须注意选择长于膝盖的短裤或裙子。

②不要光脚。根据常规，服务人员在工作之时，通常不允许赤脚穿鞋，而一定要穿上袜子。提出这一要求，既是为了美观，也是为了在整体上塑造服务人员的形象。

③不要露趾。服务人员在选择鞋子时，不仅要注意其式样、尺寸，还须特别注意，自己在穿上鞋子之后，不论是否穿有袜子，都不宜让脚趾露在外面。正因为如此，服务人员，尤其是窗口部位的服务人员，在其工作岗位上，一般不允许穿露趾的凉鞋或拖鞋。

④不要露跟。**与不允许露趾的理由一样，服务人员在工作岗位上暴露自己的脚后跟，也会显得过于散漫。**因此，服务人员通常不应当穿着无后跟的鞋子，或脚后跟裸露在外的鞋子。

◇ 下肢的美化

① 注意腿毛。由于多重因素的影响，少数女性的腿部会长出一些腿毛。假如碰上了此种情况，而又要穿裙子，则当事人最好将其去除，或是选择色深而不透明的袜子。

②修剪趾甲。服务人员应当切记，要像经常检查、认真修剪手指甲一样，经常检查并认真修剪自己的脚趾甲。

> 许多时尚女性对于在脚部化彩妆，即在脚指甲上涂抹彩色趾甲油的做法十分推崇。不过应当指出的是，此种做法，对于在服务行业就职的女性来说，是不宜采用的。

三、 服务人员的头发修饰

对于宾馆服务人员而言，其头发在工作岗位上能否确保整洁，直接会影响到他人的评价。不注意头发的整洁，往往会让别人觉得邋邋遢遢，萎靡不振，甚至缺乏爱岗敬业的精神。

依照服务礼仪的规范，服务人员在进行个人头发的修饰时，应予注意的主要问题有下述三个。

1. 确保头发的整洁

为了确保自己头发的整洁，服务人员应自觉主动地对自己的头发进行清洗、修剪和梳理。

◇ 清洗头发

除了要注意采用正确的方式方法之外，最重要的是要对头发定期清洗，并且坚持不懈。**一般认为，服务人员每周至少应当对自己的头发清洗两三次。假若条件允许，则最好是每天清洗一次。**

◇ 修剪头发

与清洗头发一样，修剪头发同样需要定期进行，并且持之以恒。在正常情况之下，服务人员通常应当每半个月左右修剪一次自己的头发。至少也要确保每个月修剪头发一次。

◇ 梳理头发

梳理头发是广大服务人员每天必做之事，而且往往应当不止于一次。按照常规，服务人员在下述情况下，皆应自觉梳理一下自己的头发。一是出门上班前；二是换装上岗前；三是摘下帽子时；四是下班回家时；五是其他必要时。服务人员在梳理自己的头发时，还有三点应予注意：一是梳理头发不宜当众进行。作为私人事务，梳理头发时当然应当避开外人。二是梳理头发不宜直接下手。服务人员最好随身携带一把发梳，以便必要时梳理头发之用。不到万不得已，千万不要以手指去代替发梳。三是断发头屑不宜随手乱扔。梳理头发时，难免会产生少许断发、头屑等。随手乱扔，是缺乏教养的表现。

礼仪提醒

有的人不管天气如何，不问自己置身于何种环境之中，头发经常是十天半个月不清洗一次，而是听任其异物遍布、异味扑鼻，这是很不礼貌的。作为宾馆服务人员一定要注意勤洗头发。

2. 慎选头发的造型

经过清洗、修剪、梳理之后，人们的头发通常会按照自己的主观意愿呈现出一定的形状。所谓头发的造型，指的就是头发在经过一定修饰之后所呈现出来的形状。亦称发型。

为一个人选择发型，往往会直接牵涉到多重因素。年龄、性别、民族、宗教、身材、脸型、发质、性格、服饰、时尚以及职业等等，因此，在选定一种具体的发型时，必须予以综合平衡、悉心考虑。忽略了其中任何一项因素，都有可能导致发型选择的失败。

对于宾馆服务人员而言，在为自己选择发型时必须优先考虑的因素，首先是自己的职业。

◇ 长短适当

宾馆服务人员在选择发型时，应当优先考虑其具体长度是否得体。按照服务行业的工作性质的要求，服务人员在为自己选择具体发型时，不允许对其长度自由放任，总的要求是：长度适中，以短为主。具体而言，对于男性与女性，则分别又有着各自不同的要求。

其一，对于男性的服务人员来讲，其头发的具体长度，有着规定的上限与下限。

所谓上限，是指头发最长时的极限。**按照常规，男性服务人员在修饰头发时，必须做到：前发不覆额，侧发不掩耳，后发不触领。**

所谓前发不覆额，是指应使自己头前部的头发垂在前额之上，即不允许其留有刘海儿；所谓侧发不掩耳，是指不应使自己两侧的头发遮挡耳朵，即不应当蓄留鬓角；所谓后发不触领，是指脑后的头发不宜长至衬衣的衣领，免得将通常为白色的衣领弄脏。

头发长度的下限，指的是它在最短时的极限。出于美观，同时也是出于卫生方面的考虑，男性服务人员修饰头发时不宜"越轨"的下限，是不得为零。即一般不允许其剃光自己的头发。因为在正常的情况下，一位男性如果是光头，不但不符合人们日常的审美习惯，而且还往往会给人以滑稽古怪的感觉。

其二，对于女性服务人员来讲，其头发的具体长度，大体上也有着规定的上限与下限。

女性服务人员在工作岗位头发长度的具体上限，是不宜长于肩部，不宜挡住眼睛，而且不允许随意将其披散开来。提出这一要求，并不是强迫长发过肩者全部将其剪短，而是希望其采取一定的措施，在上岗之前，将超长的头发盘起来、束起来、编起来，或是置于工作帽之内，不可以披头散发。这一切都是从服务人员在工作岗位上不宜强化自己的性别特征的要求出发。

女性服务人员在工作岗位上头发长度的下限，也是不准许剃光头发。对一些新潮女性在社会上剃光一头青丝的做法，自然不必大惊小怪。但女性服务人员在其工作岗位上若是以光头接待服务对象，则必定会显得不伦不类，难给对方以好感。

礼仪提醒

在宾馆，工作于一些卫生要求较高的岗位上的女性服务人员不允许留过长的头发，通常还与其特定岗位的要求直接相关，如厨师，面点师等。

女性服务人员在平时有意识地留短发，方为明智之举。这样做，既梳理方便，符合时尚，又会给人以精明强干之感。

◇ 风格庄重

服务人员在选择发型时，还应当有意识地使之体现庄重而保守的整体风格。唯其如此，才与服务人员的具体身份相称，才易于使自己得到服务对象的信任。

一般来讲，服务人员在为自己选择一款具体的发型时，必须有意识地使之以简约、明快而见长。若非从事发型设计或美发工作，服务人员通常不宜使自己的发型过分地时髦，尤其是不要为了标新立异，而有意选择极端前卫的发型。

四、女性服务人员的化妆

化妆，就宾馆女性服务人员来讲，是特指使用专用的化妆用品所进行的仪容修饰。女性服务人员在为上岗服务而进行个人化妆时，需要在化妆守则、化妆方法和化妆禁忌三个主要方面，严格地遵守相关的礼仪规范。

1. 女性服务人员化妆守则

宾馆女性服务人员在化妆时，必须从总体上了解一些有关化妆的指导性原则。它们就是所谓女性服务人员的化妆守则。女性服务人员的化妆，从根本上来讲，乃是一种上班妆。

服务人员所应遵守的化妆守则，大致而言共有如下五条。

◇ 淡雅

"淡妆上岗"乃是对女性服务人员化妆时所做的基本规范之一。淡妆，即指淡雅的化妆，亦即人们平时所说的自然妆。**服务人员化妆时，重要的是要自然大方，朴实无华，素净雅致。**

◇ 简洁

女性服务人员的岗位化妆，应当是一种简妆。在一般情况下，女性服务人员化妆时修饰的重点，主要是嘴唇、面颊和眼部。对于其他部位，化妆时不予考虑是允许的。

◇ 适度

女性服务人员的工作妆，必须适合自己本职工作的实际需要，而且一定要切记化妆的程度要适当。要根据自己具体的工作性质，来决定化不化妆和应该如何化妆。

◇ 庄重

若是注意在化妆时对本人进行正确的角色定位的话，女性服务人员就一定会了解到，社会各界所希望看到的女性服务人员的化妆，应以庄重为主要特征。一些社会上正在流行的化妆方式，诸如金粉妆、日晒妆、印花妆、颓废妆、鬼魅妆、舞台妆、宴会妆等，都不宜为女性服务人员在上班时所采用。不然，就会使人觉得轻浮随便，甚至是不务正业。

◇ 避短

女性服务人员化妆，当然有着美化自身形象的目的。**要在化妆时美化自身形象，既要扬长，即适当地展示自己的优点；更要避短，即认真地掩**

饰自己所短，并弥补自己的不足。

礼仪提醒

宾馆女性服务人员必须清醒地认识到：化妆时扬长避短，重在避短，而不在于扬长。过分修饰自己容貌的长处反而会画蛇添足，适得其反。因此，一定要把握好化妆的重点与分寸。

2. 女性服务人员化妆方法

宾馆女性服务人员在进行自我化妆时，必须强调的是，切莫将化妆当成儿戏，随意而为。要学会化妆方法，才有可能使自己的化妆达到预期的目的。

一般情况，女性服务人员在工作岗位之上维护自我形象所进行的化妆，大体上应当分为打粉底、画眼线、施眼影、描眉形、上腮红、涂唇彩等几个步骤。

◇ 打粉底

女性服务人员在打粉底时，有四点特别应予注意：一是事先要清洗好面部，并且拍上适量的化妆水、乳液。二是选择粉底霜时要选择好色彩。三是打粉底时一定要借助于海绵，并且要做到取用适量、涂抹细致、薄厚均匀。**四是切勿忘记脖颈部位。在那里打上一点儿粉底，才不会使自己面部与颈部"泾渭分明"。**

◇ 画眼线

在化妆时，画眼线这一步骤最好不要省掉。在画眼线时，一般应当把它画得紧贴眼睫毛。具体而言，画上眼线时，应当从内眼角朝外眼角方向画；画下眼线时，则应当从外眼角朝内眼角画，并且在距内眼角约 1/3 处收笔。画完之后的上下眼线，一般在外眼角处不应当交合。上眼线看上去要稍长一些，这样才会使双眼显得大而充满活力。

　　重点强调的是，宾馆女性服务人员在为自己画外眼线时，特别要重视笔法。最好是先粗后细，由浓而淡，要注意避免眼线画得呆板、锐利、曲里拐弯。这是需要一番练习的。

　　◇ 施眼影

　　女性服务人员施眼影时有两大问题应予注意。一是要选对眼影的具体颜色。过分鲜艳的眼影，一般仅适用于晚妆，而不适用于女性服务人员的工作妆。对中国人来说，化工作妆时选用浅咖啡色的眼影，往往收效较好。二是要施出眼影的层次之感。施眼影时，最忌没有厚薄深浅之分。若注意使之由浅而深，层次分明，将有助于强化化妆者眼部的轮廓。

　　◇ 描眉形

　　女性服务人员在描眉时，有四点需要注意：一是先要进行修眉，以专用的镊子拔除那些杂乱无序的眉毛。二是描眉所要描出的整个眉形，必须要兼顾本人的性别、年龄与脸型。三是在具体描眉形时，要对逐根眉毛进行细描，而忌讳一画而过。**四是描眉之后应使眉形具有立体之感，所以在描眉时通常都要在具体手法上注意两头淡，中间浓；上边浅，下边深。**

　　◇ 上腮红

　　女性服务人员在化工作妆时上腮红，需要注意以下四点：一是要选择优质的腮红。若其质地不佳，便难有良好的化妆效果。二是要使腮红与唇膏或眼影属于同一色系，以体现妆面的和谐之美。三是要使腮红与面部肤色过渡自然。正确的做法应是，以小刷蘸取腮红，先上在颧骨下方，即高不及眼睛、低不过嘴角、长不到眼长的1/2处，然后才略作延展晕染。四是要扑粉进行定妆。在上好腮红后，即应以定妆粉定妆，以便吸收汗粉、皮脂，并避免脱妆。扑粉时不要用量过多，并且不要忘记在颈部也要扑上一些。

　　◇ 涂唇彩

　　女性服务人员涂唇膏时的主要注意事项有三点：一是要先以唇线笔描

好唇线，确定好理想唇形。唇线笔的颜色要略深于唇描膏的颜色。描唇形时，嘴应自然放松开，先描上唇，后描下唇。在描唇形时，应从左右两侧分别沿着唇部的轮廓线向中间画。二是要涂好唇膏。以唇线笔描好唇要求其安全无害，并要避免选用鲜艳古怪之色。一般宜选棕色、橙色或紫色。涂唇膏时，应从两侧涂向中间，并要使之均匀而又不超出早先以唇线笔画定的唇形。**三是要仔细检查。涂毕唇彩后，要用纸巾吸去多余的唇膏，并细心检查一下牙齿上有无唇膏的痕迹。**

延伸阅读：

喷香水

宾馆服务人员在工作岗位上喷香水，主要是为了掩盖其不雅的体味，而不是为了使自己香气袭人，这一点很重要。服务人员喷香水要注意四个问题：

一是不应使之影响本职工作，或是有碍于人；

二是宜选气味淡雅清新的香水，并应使之与自己同时使用的其他化妆品香型大体上一致，而不是彼此"窜味"；

三是切勿使用过量，产生适得其反的效果；

四是应当将其喷在或涂抹于适当之处，如腕部、耳后、颔下、膝后等，而千万不要将它直接喷在衣物上、头发上或身上其他易于出汗之处。

3. 女性服务人员化妆的禁忌

女性服务人员在进行个人化妆时，一定要避免某些不应当出现的错误做法。

一般说来，宾馆服务人员化妆的禁忌主要包括以下五个方面。

◇ 离奇出众

禁止女性服务人员在化工作妆时出现的离奇出众，即指那些在化妆时有意脱离自己的角色定位，而专门追求荒诞、怪异、神秘的妆容，或者是有意使自己的化妆出格，从而产生令人咋舌或毛骨悚然的效果。

◇ 技法出错

假定一位女性服务人员不谙化妆之道的话，那么她即使不化妆，往往也要比自己贸然化妆，在化妆时出错，从而贻笑大方好得多。

◇ 残妆示人

女性服务人员要避免在此问题上犯忌，主要需要注意四点：一是要经常在化妆后进行检查，以防止自己的妆容出现了残缺而毫无察觉。出汗之后、休息之后、用餐之后，尤其应当及时自察妆容；二是要在发现妆面出现残缺后，即刻抽身补妆，切莫长时间地以残妆示人，不然就会让别人觉得自己懒惰之至；三是要在补妆时回避他人。补妆之时，宜选择无人在场的角落，切不可当众进行操作；四是要采用正确的补妆方法。**补妆，既非全部重新化妆，也不同于在原先的基础上重描一次，使化妆成为化"脏"。而是以补为主，重在弥补妆容残缺之处。**

◇ 岗上化妆

女性服务人员工作妆，一般应当在上岗之前进行，而不允许在工作岗位上进行。

礼仪提醒

女性服务人员一般不应当在自己工作之时，对自己服务对象的化妆关注过多。不仅不应当对对方的化妆悄悄地说三道四，而且也不应当冒冒失失地打探对方所使用的化妆品的品牌、价格，化妆的具体方法，至于当众指出他人化妆方面的某些不足，则更为不当。

第 二 章

第  章

宾馆服务人员的仪表规范

一个人的服饰，不仅展示其外表形象，而且表现其精神风貌。

服务人员的服饰礼仪，是指他们在其服务工作之中所穿戴使用的正装、便装、饰品、用品等的选择与使用。服饰得体与否，与个人形象、企业形象均有极大关系。因此，宾馆服务人员必须对个人服饰予以足够的重视，必须在个人服饰上遵守服务礼仪规范的要求。

一、正装与便装的穿着

要使正装在服务工作之中发挥其应有的作用，宾馆服务人员在自己的工作岗位之上身着正装，尤其是身着正规的制服时，必须要在以下几个方面加以特别的注意。

1. 正装应当制作精良

宾馆服务人员所身着的正装理当制作精良。在本单位财力、物力允许的前提下，为服务人员所统一制作的正装，务必要力求精益求精，好上加好。唯其如此，才有可能发挥其正常作用。反之，为服务人员所统一制作的正装假如过于粗劣，或是令人不堪入目，则反而会是劳民伤财，多此一举。

要确保正装的制作精良，一般要求服务单位及其具体经办人员必须切记如下几点。

◇ 选择优良的面料

面料与款式、色彩一样，同为服饰的三项基本要素。正装的面料如果过于低廉，无疑会使正装的档次大大地降低。**通常认为，纯毛、纯棉、纯麻等天然纤维面料，要么吸湿透气、柔顺贴身，要么悬挂挺括、外观华贵，俱为最理想的正装面料。**高比例含毛、含棉或含麻的混纺面料，因其耐折耐磨、价格较为低廉之故，亦可予以考虑。而纯为化学纤维的面料，一般都是吸湿透气效果差，并且不耐折、不耐磨，所以不应当成为正装面料之选。

◇ 设计适当的款式

服装的款式，也是服饰的三项基本要素之一。它所指的，主要是服装的具体式样。宾馆在为全体员工设计正装的具体式样时，千万不要交由设计师自行处理，而是应当在尊重对方艺术创作的同时，对其提出具体的指导性原则，并且认真地对其反复进行审核。

在设计宾馆服务人员的正装，尤其是制服时，应当主要兼顾四条：一是要适应员工的工作特点；二是要充分展示全体员工积极进取、奋发向上的精神风貌；三是要努力体现本单位的企业形象；四是要尽量与众不同。

◇ 精心缝制

正装制作的精良与否，往往与其能不能被精心缝制，存在着极大的关系。如果制作单位在缝制服务人员的正装时偷工减料，粗制滥造，面料与款式再好，也会无济于事，更难以展现出其应有的风采。要求制作单位在制作正装时精工细作，主要应使之确保正装的制作经过其本应经过的每道工艺流程，对其主、辅料均不得随便变更或减量，不要一味地在制作时"争时间，抢速度"。具体而言，还须要求制作好了的正装针脚严密，针线直正，表面平展，左右对称，纽扣钉牢，拉锁完好，领、袖之处不能起泡。

2. 穿着正装必须得当

要求广大身着正装的服务人员必须注意穿着得当，简单地说，就是规定他们不但要身穿正装，还要把正装穿好。详细一些来说，宾馆服务人员要穿好正装，还要有两大问题应予重视。

◇ 按规定穿着正装

在一个按规定统一着装，尤其是要求员工身着制服上岗的服务单位里，假如有个别员工不穿正装，或者不按有关规定着装，那么除去说明其自己目无法纪之外，往往还意味着其所在的单位管理不严。**所以服务单位一定要有令必行，既然规定了全体员工统一着装，就要严格督促检查，不允许任何人有所例外。**

◇ 自觉穿好正装

所谓穿好正装，在此特指在穿着正装时，必须遵守约定俗成的穿着方法。若做不到这一点的话，反倒不如不穿正装为好。

举例来说，在男性服务人员以长袖衬衣与西裤为正装时，按照标准的穿法，衬衫的衣扣与袖扣除领扣之外皆应扣好，若是打了领带，则领扣也必须要扣上。如果将衬衫的下摆放在西裤的裤腰之外，或者是卷起自己的袖管、裤管，都是不合规矩的。

女性服务人员如果以裙式服装作为自己的正装时，一般应当穿着皮鞋或是布鞋。此时此刻，若是穿上一双旅游鞋，不论它多么时髦、多么名贵，都是极不般配的。

女性服务人员应当注意，在为自己选择袜子时，必须要优先考虑袜筒的高度。因为依据成规，女性在身着裙式正装时，宁肯不穿袜子，也不允许穿上一双高度低于裙摆，可能会使自己的腿肚子暴露于光天化日之下的袜子，否则是极为失礼的。

3. 身着正装应外观整洁

宾馆服务人员所身着的正装必须外观整洁。任何服装，在正常情况之下，都应当以其外观整洁与否，作为评价它的首要指标之一。一个人平日所穿的衣着，即使款式、面料、做工无从谈起，但只要做到了干净、爽洁、平整，同样也会为其交往对象所接受。**相反，即使某人衣着的款式、面料、做工俱佳，但不够整洁，甚至折痕遍布、肮脏不堪，也必会贻笑于人，被视为懒惰之人。**

要保证正装的外观整洁，服务单位与服务人员应当同心协力做好两个方面的工作。

◇ 正装整洁

要求服务人员在其工作岗位之上不穿外观不够整洁的正装。正装的外观不够整洁，看上去显得邋里邋遢。具体来讲，服务人员的正装不够整洁，主要包括下述几种情况。它们都是不符合服务礼仪基本规范的。

一是布满褶皱。服务人员在工作之中所穿的正装，与流行于一时的褶皱装在风格上是不同的。前者唯有外观平整，才会发挥其作用。因此，服务人员在穿着正装前，要进行熨烫；在暂时将其脱下时，则应认真把它悬挂起来。若是平时对其不熨不烫，脱下之后随手乱丢，使之折痕遍布，皱皱巴巴，定然使其十分难看。

二是出现残破。同样的道理，讲究正统保守的正装，是不能与成心剪破挖洞打补丁的"乞丐装"等量齐观的。时尚青年穿起"乞丐装"来，可以标新立异。而服务人员若是我行我素地穿起出现明显的外观残破的正装，如其被挂破、扯烂、磨透、烧洞，或者纽扣丢失，等等，则极易给人以很坏的印象。在外人眼里，这不但是工作消极，敷衍了事，而且也绝无爱岗敬业、恪尽职守的精神可言。

三是遍布污渍。有不少时候，服务人员在工作之中难免会使自己身着的正装沾染上一些污渍。例如，油渍、泥渍、汗渍、雨渍、水渍、墨渍、血渍，等等。而在工作之余，身着正装的服务人员还有可能会无意之中使正装"挂彩"，沾上饭渍、酱渍、汤渍、奶渍，等等。这些污渍，往往会给人以不洁之感，有时甚至还会令人产生其他联想。

四是沾有脏物。与遍布污渍相比，正装上沾有脏物，往往会造成更大的负面影响。**当正装上沾有的脏物显而易见之时，例如在它的上面沾有灰垢、泥块、木屑、饭粒时，对于正面接触服务人员的服务对象的视觉冲击力会很大。**

礼仪提醒

正装充满异味，比如汗酸、体臭，等等，属于一种"隐形"的不洁状态。它表明，着装者疏于换洗。在某些情况下，特别是当服务人员需要为他人进行近身服务时，若是浑身上下异味袭人，则对于服务对象会多有妨碍。

◇ 建章立制

应当建立健全必要的规章制度，并严格执行。目前，在服务行业中，此类规章制度大致包括下述主要内容。

一是由服务单位统一规定服务人员正装换洗的具体时间，如每日一换、三日一换或一周一换，并由单位负责服装的洗涤。

二是由服务单位明确要求，服务人员的正装必须随脏随换，不得懈怠。

三是任命专人负责检查，凡不合要求者，不仅需要批评，而且还要予以一定处罚。

4. 讲究文明，免犯禁忌

正装穿着雅观，是对宾馆服务人员的一项基本要求。所谓着装雅观，主要是指衣着文明，既十分雅致，令人赏心悦目，而又不落俗套，不失自己的身份。

根据服务礼仪的基本规定，服务人员在身着正装上岗时要使之显示出自己文明高雅的气质，主要需要避免在选着正装时触犯下述四个方面的禁忌。

◇ 忌过分裸露

穿着工作岗位上的正装，是不宜过多地暴露人体的。在这一方面，它与时装截然不同。一般而言，凡可以展示性别特征、个人姿色的身体部位，或者令人反感、有碍观瞻的身体隐私部位，均不得在身着正装时有意暴露在外。**胸部、腹部、腋下、大腿，是公认的身着正装时不准外露的四大禁区**。在特别正式的场合，脚趾与脚跟，同样也不得裸露。

◇ 忌过分透薄

身着的正装若是过于单薄或透亮，弄不好就会让自己的内衣甚至身体的要害部位"公布于众"，使人十分难堪。女性服务人员尤须高度重视这一方面的问题，否则会使服务对象产生某种错觉，甚至可能引火烧身，无意之中遭受轻薄之徒的"性骚扰"。

◇ 忌过分瘦小

一般来讲，宾馆服务人员所穿着的用于工作的正装，肥瘦大小必须合身。正装若是过分地肥大，会显得着装者无精打采，呆板滑稽。正装若是过分地瘦小，则又有可能让着装者捉襟见肘，工作不便。就现状而言，一些服务人员，其中尤其是一些年轻的女性，在自选正装时往往爱挑过于瘦小者，结果显得自己凹凸毕现，线条狰狞，甚至连内衣的轮廓也突显在外。这种做法，未免过分招摇。做得过了头，就会令人作呕。

◇ 忌过分艳丽

服务人员在有可能自选正装时，需要在其色彩、图案方面加以留意。**一般的规则是，服务人员的正装不宜抢眼，所以其色彩不宜过多、过艳，其图案不宜过于繁杂古怪。**

礼仪提醒

宾馆服务人员所选着的正装宜为深色，而且最好不带任何图案。如果反其道而行之，使自己所着正装的色彩、图案过于艳丽花哨，令人目不暇接，眼花缭乱，便会给人以轻薄、浮躁之感。

5. 穿着便装须正确搭配

宾馆服务人员在选择便装时必须充分考虑其正确搭配的问题。服装的搭配，通常是指人们在穿着服装时，出于一定的目的，而将同时需要穿着的多件服装，以一定的规律有机地组合在一起，使其彼此之间和谐、般配、呼应，相互协调一致，以求使之发挥最佳的穿着效果。

宾馆服务人员在选着便装时，如欲对其进行正确的搭配，一般应当注意下列四个问题。

◇ 风格协调

宾馆服务人员所选着的便装在风格上应协调一致。任何款式的便装，都有其主导性风格。例如，牛仔装的奔放，仿军装的豪爽，运动装的矫捷，沙滩装的热烈，乞丐装的出位，家居装的慵懒，等等，都是使其自成一体的主要特征。

有条件的时候，应力求使穿着的每件便装在风格上完美一致。至少，也不要使自己同时所穿的多件便装风格上相距甚远，相互"打架"。例如，要是上穿运动衫时，下配睡裤或睡裙，便会给人以荒唐之感。

◇ 色彩和谐

宾馆服务人员所选择的便装在色彩上应相互和谐。在任何情况之下，服装的色彩都总是人们关注的首要之点。因为便装在本质上所追求的是回归自然、自由自在，所以它在色彩方面更为注重的是贴近自然、还原自然。相对而言，宾馆服务人员在选择自己的便装时，在色彩方面，常常会遇到许多诱惑。同色彩单调的正装比较，便装的色彩实在是太多了。世间的一切色彩，似乎都可以为便装所用。

宾馆服务人员在为自己所选着的便装进行组合、搭配时，除了要注意本人对色彩的偏爱和色彩的流行之外，重要的一点，是要在配色方面保持冷静。

身着便服时，应使不同的便装在色彩方面或者统一，或者呼应，力求在总体上相互协调。若是五色杂陈、相互抵触，那么就失去了美感。

◇ 面料般配

宾馆服务人员所选着的便装在面料上应彼此般配。服装的面料在其整体美之中，通常居于一定的位置。面料选择得是否得体，往往会直接影响到人们对于服装的总的看法。

服务人员在选择便装时考虑其面料，不仅要对舒适与否、外观美感给予重视，还须令同时所穿的数件便装在面料上大致上趋同。如果将轻柔而平滑的真丝上装与粗犷的疙瘩呢裙配在一起穿着，鉴于二者之间反差过大，一般看上去就会让人觉得不是很舒服。

◇ 力戒犯规

宾馆服务人员所选着的便装在成例上应力戒犯规。穿着便装对其进行组合搭配时，人们往往可以自由选择。这是使其大受欢迎的重要原因之一。然而也有一些便装搭配的成例，即其约定俗成之法，是人们在着装时不可以完全漠然视之的。

延伸阅读：

便装搭配的小贴士

有关便装搭配的成例，就其具体内容来说，主要包括三类。

一类是上衣与下衣搭配。比如，穿夹克衫时，通常不宜配以西短裤。

二类是外衣与内衣搭配。比如，穿短袖的 T 恤衫时，不宜同时内穿衬衣。否则二者衣领层层相叠，很是难看。

三类是衣服与鞋袜搭配。比如说，穿牛仔裤时宜配以皮鞋或球鞋，而不宜穿布鞋或凉鞋。穿短裤、凉鞋时，一般可不必再穿袜子，女性则尤其不宜去穿长统袜或连裤袜，不然便是多此一举的。只有腿上有严重"情况"者，通常才会那么穿。

二、西装及领带的着装规范

西装是西方国家的传统服装，也是世界公认的正规服装，它使人感到庄重、严肃、大方，很适合于在工作场合和一些正规的场合穿着，受到人们的青睐。西装是宾馆服务人员的必备衣着，良好的着西装礼仪可以使宾馆服务人员形象出众，赢得顾客口碑。

1. 西装的着装规范

宾馆服务人员穿着西装有以下礼仪规范须遵守。

◇ 西装必须合体

合体的西装是保证西装挺拔的基本条件。合体的西装要求上衣盖过臀部，四周平衡无皱褶，手臂伸直时，袖子长度应到手心处，领子应紧贴后颈部，衬衣的领子应露出西服上衣领子约半寸，衬衣的袖口应比外衣的袖口长出半寸或 1~2 厘米。

与上衣相配的通常是面料相同的西裤，应有合适的腰围和长度。合适的腰围应是裤子穿在身上并拉上链锁，扣好扣子后，裤腰处还能伸进一只五指并拢的手掌。合适的裤长应该是裤子穿上后，裤脚下沿正好触及脚面，并保证裤线笔直。

如果裤子太长，裤线就会弯曲，从而影响西裤的挺括；如果裤子太短，坐下或蹲下时容易露出衬裤，甚至皮肤，显得很不雅观。**实际上，一件西装上衣最好配两条裤子，因为裤子比上衣容易起皱，更应该经常更换，而裤线保持笔挺，会使人显得精神抖擞。**

◇ 扣好纽扣

按照规矩，西装上衣的纽扣在站着时应该扣上，坐下时才可以解开。

西装的纽扣有单排扣和双排扣之分。单排扣有 1 颗、2 颗、3 颗和更多粒。双排扣有 4 颗和 6 颗。注意具体的做法：

单排单个纽扣的，扣与不扣都无关紧要。如果穿的是两个扣的西装，一般只扣上面 1 颗，但也可以都不扣或两个都扣上。两个都扣显得比较稳重，而两个都不扣则比较潇洒。只扣下面 1 颗是错误的做法。

如果是 3 颗扣的西装，可以全扣或只扣中间 1 颗或扣上边两颗，当然也可以全部扣上或全部不扣。西方人的观点也可以参照。**西方人认为，衣服上的纽扣的数目必须永远保持单数，依此类推，无论衣服上有多少纽扣，都要扣上中间那几颗，并保持单数。**

礼仪提醒

宾馆服务人员如果是穿排扣的西装，那么必须把全部扣子都扣上。

西装背心如果有 6 颗纽扣的，最底下那个可以不扣，如果是 5 颗纽扣的，应全部扣上。

如果西装扣子是全部扣上的，那么坐下来为了避免弄皱西装，应将最下面一颗扣子解开，等站起来时再扣上。

◇ 配好衬衣

正规西服的衬衣一般应该是白色或浅色的，无花纹或有不明显的条子，细格子衬衣也可以。

合体的西装衬衣要有合体的领子，穿西装要配硬质领的衬衣。衬衣的领子要坚实、挺括，不能太软。衬衣的后领要高于西装领，这不仅是保护西装，而且是固定的穿着标准。领子的大小也要注意，大小合适的衣领是指衬衣领子扣上后还能插进自己的一个食指。袖子应长出西装袖 1~2 厘米，这样既是为了保持干净，也是为了袖子到手之间显出美好、完整的线条，美观帅气。

衬衣作为西服的配件属于内衣的范围，不论穿不穿西服，衬衣下摆都应该塞在西裤里。如果系领带，则衬衣的扣子应全部扣上；如果不系领带，那么，衬衣的上领纽扣应该解开，否则给人的感觉是，这个人忘记了系领带。

◇ 内衣要单薄

照规矩，衬衣里面一般不要穿棉毛衫，如果穿的话，不宜把领圈和袖口露在外面。如果天气太冷，衬衣外面可以穿羊毛衫，但不能太厚，而且以一件为宜，领口最好为 V 字领；否则，显得十分臃肿，破坏西装的线条美。

◇ 西装口袋的装饰作用

男性服务人员着西装时千万不要放太多的东西在口袋里，既不美观，又失礼仪，还会把西装弄变形。

西装上衣口袋只做装饰，不放东西，必要时，也仅仅装折好的花式手帕。

西装左胸内侧口袋，可以装记事本、信封式钱包、票夹、小计算器等。

西装内侧衣袋，可以装名片夹、香烟、打火机等。

裤兜与上衣口袋一样，不能装物，以求裤形美观。裤子后兜可以装手帕、零用钱等。

◇ 鞋袜搭配要协调

俗话说："西装革履"，就是指除了一身合体的西装外，还要注意鞋袜的搭配。穿西装时一定要穿皮鞋，旅游鞋、雨鞋以及各种休闲鞋都是不合适的。皮鞋一定要擦亮，无灰尘。皮鞋的颜色一般与西服的颜色一致或相近。**深色西服以黑色皮鞋相配为最好。**

袜子要长及小腿中部，尼龙袜或薄棉袜均可。颜色应该以黑色、藏青色等深色系为主。白色、浅色或图案大的袜子，会引起人们对你的腿部的注意。袜子的颜色应该与长裤相配或相近，而穿黄褐色裤子时候例外，袜子颜色应与鞋子相配。

2. 领带的选择与打法

西装脖领间的 V 字域最为明显，领带应该处于这个位置的中心，领带结要饱满，与衬衣的领口要吻合紧凑，不松不紧卡在领口上，压在下面的窄的一端不能露出来，打好领带后要用领带夹夹好，领带的最下端正好在皮带扣的上面，这样的长度正合适。在正式场合中，穿西装就一定要打领带。

领带最好是真丝的，那样才能打出很挺的领结。领带拿起来越是沉甸甸的越好，当然并不是说要买厚重的领带。而且，领带衬里必须是优质毛料的。

领带颜色与西装的颜色要互相衬托，而不要完全相同。暗红色、红色和藏青色可以作为底色，主要的颜色和图案要精致，不抢眼。

比较传统的做法是：**素色无花的衬衣配有图案的领带，深色厚重的西服配明快亮丽的领带。**一般来讲，领带有画龙点睛的作用，色彩有衬托的效果。

领带花色选择上还有一些通行的原则：有花纹的衬衣不能配有图案的领带，否则显得很乱。领带的花纹不能与西服的花纹重复。

礼仪提醒

在领带上，一般还应配上领带夹。领带夹是用来固定领带使其不至于飘动的，因此，只有在衬衣外面不穿背心或羊毛衫的时候有必要用领带夹。领带夹的具体用法是在衬衣的第四与第五个纽扣之间，把领带与衬衫夹在一起。

三、套裙的选择与穿着

每一套正宗的套裙，一般都是由一件女式西装上衣和一条半截裙所构成的两件套女装。有些时候，也可以见到三件套的套裙。

根据礼仪规范，一套经典的、可供宾馆服务行业女士在正式场合穿着的套裙，通常必须具备如下特色：它应当是由高档面料缝制的，上衣与裙子应当采用同一质地、同一色彩的素色面料；它在造型上讲究为着装者扬长避短，因此提倡量体裁衣、做工考究；它的上衣注重平整、挺括、贴身，较少使用饰物、花边进行点缀；裙子则应以窄裙为主，并且裙长应当及膝或者过膝。

1. 女性套裙的选择

◇ 面料的选择

套裙所选用的面料最好既是纯天然质地的面料，又是质料上乘的面料。上衣、裙子以及背心等，应当选用同一种面料。**在外观上，套裙选用的面料，讲究的是匀称、平整、滑润、光洁、丰厚、柔软、悬垂、挺括。**不仅弹性、手感要好，而且应当不起皱、不起毛、不起球。

◇ 色彩的选择

在色彩方面，套裙的基本要求，是应当以冷色调为主，借以体现出着装者的典雅、端庄与稳重。与此同时，还须使之与正在风行一时的各处"流行色"保持一定的距离，以示自己的传统与持重。切记：一套套裙的全部色彩至多不要超过两种，不然就会显得杂乱无章了。

◇ 图案的选择

选择套裙，讲究的是朴素而简洁。按照常规，服务行业女士在正式场合穿着的套裙，可以不带有任何的图案。如果本人喜欢，以各种或宽或窄的格子、或大或小的圆点、或明或暗的条纹为主要图案的套裙，也可一试。

◇ 尺寸的选择

一套套裙在整体造型上的变化，主要表现在它的长短与宽窄两个方面。

一般说来，在套裙之中，上衣与裙子的长短是没有明确而具体规定的。服务行业女士的套裙曾被要求上衣不宜过长，下裙不宜过短。**传统的观点是：裙短则不雅，裙长则无神。裙子的下摆恰好抵达着装者小腿肚子上的最为丰满之处，乃是最为标准、最为理想的裙长**。然而，在现实生活之中，套裙之中的裙子，有的是超短式，有的是及膝式，有的则是过膝式。

一般认为紧身式上衣显得较为正统，松身式上衣则看起来更加时髦一些。

◇ 造型的选择

套裙的造型，具体是指它的外观与轮廓。从总体上来讲，造型的基本轮廓大致上可以分为"H"型、"X"型、"A"型、"Y"型四种类型。

"H"型造型套裙的主要特点是：上衣较为宽松，裙子亦多为筒式。这样一来，上衣与下裙便给人以直上直下、浑然一体之感。它既可以让着装者显得优雅、含蓄和帅气，也可以为身材肥胖者遮丑。

"X"型造型套裙的主要特点是：上衣多为紧身式，裙子则大都是喇叭式。实际上，它是以上宽与下松来有意识地突出着装者的腰部的纤细。此种造型的套裙轮廓清晰而生动，可以令着装者看上去婀娜多姿、楚楚动人。

"A"型造型套裙的主要特点是：上衣为紧身式，裙子则为宽松式。此种上紧下松的造型，既能体现着装者上半身的身材优势，又能适当地遮掩其下半身的身材劣势。不仅如此，它还在总体造型上显得松紧有致、富于变化和动感。

"Y"型造型套裙的主要特点是：上衣为松身式，裙子多为紧身式，并且以筒式为主。它的基本造型，实际上就是上松下紧。一般来说，它意在遮掩着装者上半身的短处，同时表现出下半身的长处。此种造型的套裙往往会令着装者看上去亭亭玉立、端庄大方。

◇ 款式的选择

套裙在款式方面的变化，主要集中于上衣与裙子方面。一般来说，背心的变化往往不会太大。

目前，套装款式有无扣式的，也有单排式、双排式的；有明扣式的，也有暗扣式的。在衣扣的数目上，少则只有一颗，多则超过十颗。就具体作用而论，有的纽扣发挥实际作用，有的纽扣则只起着装饰作用。

最常见的裙形有：西装裙、一步裙、围裹裙、筒式裙等，款式端庄，线条优美；而百褶裙、旗袍裙、开衩裙、"A"字裙、喇叭裙等，则飘逸洒脱、高雅漂亮，深受人们欢迎。

延伸阅读：

套裙点缀的选择不宜多

在一般情况下，套裙上不宜添加过多的点缀，否则极有可能会使其显得琐碎、杂乱、低俗和小气。有的时候，点缀过多还会使穿着者有失稳重。

一般而言，以贴布、绣花，花边、金线、彩条、扣链、亮片、珍珠、皮革等加以点缀或装饰的套裙，穿在职业女士的身上，都不会有多么好的效果。

---

2. 女性套裙的穿着

宾馆行业的女性服务人员上岗正装可以是套裙，这种场合下的套裙一定要显出女士的端庄、静雅，这不仅可以表现场合的庄重，还能反映单位的风貌。

◇ 长短适宜

通常套裙之中的上衣最短可以齐腰，而其中的裙子最长则可以达到小腿的中部。但是，在一般情况下，上衣不宜太短，裙子也不可以过长，上衣的袖长以恰恰盖住着装者的手腕为好。上衣或裙子均不可过于肥大或包身。

◇ 穿着到位

在穿套裙时要注意：上衣的领子要完全翻好，衣袋的盖子要拉出来盖住衣袋。不允许将上衣披在身上，或者搭在身上。**裙子要穿着端端正正，上下对齐。**

◇ 协调妆饰

高层次的穿着打扮，讲究的是着装、化妆与佩饰风格统一，相辅相成。

① 化妆。宾馆女性服务人员虽然必须要化妆，但不可以化浓妆，这是因为服务行业女士在工作岗位上要突出的是工作能力、敬业精神，而非自己的性别特征和靓丽容颜，所以应当只化淡妆，恰到好处即可。

② 佩饰。以少为宜，合乎身份。穿套裙的宾馆服务人员在佩戴首饰时，还必须兼顾自己的职业女性这一身份。**按照惯例，不允许佩戴与个人身份无关的珠宝首饰，也不允许佩戴有可能过度地张扬自己的"女人味"的耳环、手镯、脚链等首饰。**

◇ 兼顾举止

穿上套裙之后，女士站时要又稳又正，不可以双腿叉开，站得东倒西歪，或是随时倚墙靠壁而立。就座以后，务必注意姿态，切勿双腿分开过大，或是翘起一条腿来，脚尖抖动不已，更不可以脚尖挑鞋直晃。在行走之时或取放东西时，由于裙摆所限，不能够大步流星地奔向前去，而只宜以小碎步疾行。行进之中，步子以轻、稳为佳。

礼仪提醒　宾馆女性服务人员在正式场合穿套裙时，上衣的衣扣须一律全部扣上，不应将其部分或全部解开，更不允许当着别人的面随便将上衣脱下。要体现自己优良的品德素养和不凡的礼仪风范。

四、饰品的佩带要求

佩戴饰品可以美化自身、体现情趣、反映财力、区分地位，但服务人员尤其要注意本分，万万不可在佩戴饰品时无所顾忌，过度地张扬，与其实际身份不符。服务礼仪对于服务人员在工作之中饰品的使用问题，其主要规范是：符合身份，以少为佳，区分品种，佩戴有方。

1. 佩戴饰品以少为佳

宾馆服务人员在自己的工作岗位上佩戴饰品时，一定要牢记以少为佳。

在佩戴饰品时，因为它不止一个品种，所以便出现了佩戴几种饰品为好的问题。即使是佩戴同一品种的饰品，往往也存在一个佩戴几件为宜的问题。对于这两个实际问题，在服务礼仪中是有一定的规范可循的。

服务礼仪规定，服务人员在自己的工作岗位上佩戴饰品时，大可不必以其数量上的优势而取胜。在正常情况之下，服务人员讲究的应当是少而精。

之所以这样进行规定，主要存在两个方面的原因。

一方面，佩戴饰品时以少为佳，是宾馆服务人员的自身身份使然。其实，并非所有人都应讲究佩戴饰品以少为佳。一位新嫁娘在装扮自己时，饰品佩戴得再多，也能为大家所接受。可若是一位正在服务于人的宾馆女性服务人员所佩戴的饰品多过一名新嫁娘，别人又会怎样看待她呢？

另一方面，佩戴饰品时以少为佳，也是饰品佩戴的自身规律所提出来的一种要求。饰品佩戴，实际上在具体数量上有其一定的限制。在佩戴饰品时若是对此不管不顾，一味地贪多，使其品种、件数双双超量，则很有可能会直接有损于饰品的装饰效果，不但没有平添任何美感，反而显得"铺张浪费"，杂乱无章，又会给人以"显派"之嫌。

服务礼仪规定，服务人员在其工作岗位之上佩戴饰品时，通常有着基本的上限与下限。所谓上限，指的是最多可以佩戴几个品种的饰品，每一个品种可以佩戴几件。

礼仪专家认为，**在工作岗位之上的服务人员，在选择、佩戴饰品时，一般不宜超过两个品种。佩戴某一具体品种的饰品，则不应超过两件。**

比方讲，一名女性服务人员在其工作岗位之上所佩戴饰品，若无特殊要求，一般可以是单一品种戒指，或者是将戒指与项链、戒指与胸针、戒指与耳钉两两组合在一起使用。如果她既佩戴了戒指、项链，又佩戴了胸针、耳钉，甚至再加上一对手镯和一副脚链，它们彼此之间就难以协调，甚至会彼此相克，看上去乱七八糟了。要是她一只手上戴四枚戒指、两三只手镯，或者脖子上戴两条项链，胸前别三枚胸针，两耳上各有四只耳环，还会令人产生美感吗？

所谓下限，是相对于上限来说的。它指的是佩戴饰品时有关其品种、件数在数量上的最低限制。通常，服务人员在工作岗位上佩戴饰品时可以以"零"为其下限。即可以不佩戴任何一种、任何一件首饰。

在有些特殊的工作岗位上，服务人员因工作需要不宜佩戴任何饰品。 自然，他们也是符合这一下限的。

礼仪提醒

对于宾馆男性服务人员来讲，尤其有必要注意佩戴饰品不要贪多，一两件足矣，而且莫过于花哨。因为在一般情况下，男性佩戴饰品，往往更难为人们所接受。

2. 饰品的佩戴要恰到好处

宾馆服务人员在自己的工作岗位上佩戴饰品时，一定要力求佩戴有方，恰到好处。特别是要谨记并遵守下列四项原则。

◇ 符合穿制服的要求

穿制服时，不宜佩戴任何饰品。在正装之中，制服不仅表示正在工作，而且代表着正统、保守。**因此，在穿制服时，尤其是在身着劳作的制**

服时，服务人员以不佩戴任何饰品为好。

◇ 符合穿正装的要求

着正装时，不宜佩戴工艺饰品。一般而言，工艺饰品多适合人们在社交应酬之中佩戴，借以突出佩戴者本人的鲜明个性。然而，正装的基本风格却是追求共性，不强调个性的，所以宾馆服务人员在身着正装时通常不宜佩戴工艺饰品，特别是不宜佩戴那些被人们视为另类的工艺饰品，诸如其造型为骷髅、刀剑、异形、女人体的饰品，等等。

◇ 符合工作时的要求

在工作中，不宜佩戴珠宝饰品。一般而言，珠宝饰品价格昂贵，它更适合在社交场合佩戴。将珠宝饰品与礼服、时装组合、搭配在一起，才真正可谓二者是珠联璧合。在工作之中，即便允许佩戴饰品，通常服务人员也只宜选戴简单的金银饰品，而绝对不宜佩戴珠宝饰品，或仿真的珠宝饰品，使自己浑身上下珠光宝气，熠熠生辉。那样，不但与自己的工作、着装相互矛盾，而且也会令服务对象据此挑刺。

◇ 符合协调的要求

佩戴饰品，不宜彼此失调。宾馆服务人员假如被许可在工作之中佩戴一些饰品，也千万不要随意将其"披挂"在身。一定要尽力使饰品间彼此和谐，相互统一。在这一问题上，重要的是应当关注以下三点：

- 使佩戴的饰品在质地上大体相同。
- 使佩戴的饰品在色彩上保持一致。
- 使佩戴的饰品在款式上相互协调。

简言之，就是要使多种、多件饰品在质地、色彩、款式上统一起来。

礼仪提醒

宾馆服务人员佩戴饰品只有做到了在质地、色彩、款式上的相互协调，不逾越宾馆服务人员的岗位要求，使佩戴的饰品与宾馆服务人员相得益彰，饰品的佩戴才可以说是恰到好处。

第 三 章

宾馆服务人员的仪态规范

仪态，泛指人们的身体所呈现出来的各种姿势，即身体的具体造型。宾馆服务人员在自己的工作岗位上，务必要高度重视体态语言的正确运用。

仪态，又分别表现为动作、表情与相对静止的体态。在日常交往中，每个人都会以自己的一定仪态出现于他人面前，并且以自己的一颦一笑，一举一动向他人传递着不同的信息。

在工作之中，宾馆服务人员不仅不能对关于个人形象的仪态美疏忽大意，而且还应当对其有较高的、较为规范的要求。这是由宾馆服务工作的自身性质所决定的。

一、站姿与走姿的规范

1. 站姿的规范性要求

站立是人们生活中一种最基本的举止。常言说："站如松"，就是说站立应像松树那样端正挺拔。

站姿是静力造型形象，显现的是静态美。**站姿是训练其他优美体态的基础，是发展不同姿态美的起始点。站姿更是宾馆从业人员工作中的基本功之一。**因此，宾馆服务人员练好站姿有着特殊重要的意义。宾馆服务人员站姿的规范性要求有哪些呢？

一是头正。两眼平视前方，嘴微闭，收颌梗颈，表情自然，稍带微笑。

二是肩平。两肩平正，微微放松，稍向后下沉。

三是臂垂。两肩平整，两臂自然下垂，中指对准裤缝。

延伸阅读：

宾馆服务人员站姿的注意事项

宾馆服务人员用站姿服务时两腿应绷直，不要东倒西歪或左摆右晃；如站立时间久感觉疲劳时，可视情况自我调解站姿，将身体重心任意移到任何一脚，另一脚可略微放松弯曲，但上体仍然保持正直；站立时，双手不要死死环抱胸前，不要叉腰或是插入衣袋。宾馆服务人员在站立中还要防止探脖、塌腰、耸肩，双手不要放在衣兜里，腿脚不要不自主地抖动，身体不要靠在门上，两眼不要左顾右盼，以免给人留下不良印象。

四是躯挺。胸部挺起，腹部往里收，腰部正直，臀部向内向上收紧。

五是腿并。两腿立直，贴紧，脚跟靠拢，两脚夹角成60度。

这种规范的礼仪站姿，同部队战士的立正是有区别的。**礼仪的站姿较立正多了些自然、亲近和柔美。**

2. 服务岗位中的几种站姿

站姿对于处在宾馆服务岗位的工作人员来说是最常用也是最重要的。

◇ 规范站姿

服务岗位中的站姿最常见的是规范站姿。规范站姿的基本要求是头正、肩平、臂垂、躯挺和腿并。这在上文中已作了论述。

◇ 叉手站姿

即两手在腹前交叉，右手搭在左手上直立。这种站姿，男子可以两脚分开，距离不超过20厘米。女子可以用小丁字步，即一脚稍微向前，脚跟靠在另一脚内侧。

这种站姿端正中略有自由，郑重中略有放松。在站立中身体重心还可以在两脚间转换，以减轻疲劳，这是一种常用的接待站姿。

◇ 背手站姿

即双手在身后交叉，右手贴在左手外面，贴在两臀中间。两脚可分可并。分开时，不超过肩宽，脚尖展开，两脚夹角成60度。挺胸立腰，收颌收腹，双目平视。

这种站姿优美中略带威严，易产生距离感，所以常用于门童和保卫人员。如果两脚改为并立，则突出了尊重的意味。

◇ 背垂手站姿

即一手背在后面，贴在臀部，另一手自然下垂，手自然弯曲，中指对准裤缝，两脚可以并拢也可以分开，也可以成小丁字步。

这种站姿，男士多用，显得大方自然、洒脱。

以上几种站姿密切地联系着岗位工作，在日常生活中适当运用，会给人们挺拔俊美、庄重大方、舒展优雅、精力充沛的感觉。

要掌握这些站姿，必须经过严格的训练，长期坚持，形成习惯。

9. 走姿的规范性要求

行走是人们生活中的主要动态，一般说来，步态应该轻松、矫健、优美、匀速，合乎行为规范。

◇ 正确的走姿

走时目光平视，身子立直，头正颈直，面朝前方，挺胸收腹。两臂自然下垂，前后自然摆动，前摆向里折约35度，后摆向后约45度。身体平稳，使全身看起来像一条直线。

起步要前倾，重心在前，落在前移的那只脚上的脚掌上。当前脚落地后脚离地时，膝盖一定要伸直，踏下时再稍微松弛。这样走，步态才好看。

双脚应该笔直地走，脚尖要向前伸，脚尖应指向正前方，切莫呈内八字或外八字。此外，步幅要适中。

气要平，脚步要从容和缓。赶路时，切勿走得虎虎生风，气急败坏，尽量避免短而急的脚步。

总之，走应该是自然、简洁、优雅、大方的。男士应显出阳刚之美，而且步伐要坚定。女士则应该是款款轻盈，显出阴柔之美。

◇ 应避免的走姿

以下几种走姿必须予以避免：

• 来回摆动或前后摇晃，给人以轻浮、不稳重的感觉。

• 低头，给人不自信或不安全的感觉。

• 昂头，有自傲、目中无人之嫌。

• 走路东张西望，容易引起旁人的戒备之心。

• 跨步不宜太大或太小，跨步太大，感觉不够文雅；跨步太小，又显得小气，不够大方。

• 应尽量避免落脚太重，发出"咚咚"声。鞋底打钉的做法更不可取。

• 切勿三五成群，左拥右挤，一路谈笑。这种走姿，不但阻碍别人行路的顺畅，更有碍观瞻。

宾馆人员在行走时不仅要保持正确的走姿，还要注意行走的步距与步速。以1分钟为单位，一般男服务员走110步，步距以40cm左右为宜。女服务员走120步，步距为35cm左右为宜，做到步履轻快，行走和风。

二、坐姿与蹲姿的规范

坐姿指人们就座时和坐定之后的一系列动作和姿势。一般来说，坐姿应当高贵、文雅、安详、庄重、舒适、自然。其基本要求是：腰背挺直，手臂放松，双腿并拢，目视于人。

1. 选择正确的坐姿

正确的坐姿是人们特别是宾馆服务岗位人员的重要素质之一。

◇ 正确坐姿的具体要求

宾馆服务人员其正确坐姿的具体要求是：

● 入座时要稳要轻。就座时要不紧不慢，大大方方地从座椅的左后侧走到座位前，转身后，轻稳地坐下。女性入座时，若是裙装，应用手将裙稍稍拢一下，不要坐下后再站起来整理衣服。

● 面带笑容，双目平视，嘴唇微闭，微收下颌。

● 双肩放松平正，两臂自然弯曲放于膝上，亦可放在椅子或沙发扶手上，掌心向下。

● 坐在椅上，要立腰、挺胸、上体自然挺直。

● 双膝自然并拢，双腿正放或侧放，双脚并拢或交叠。（男性坐时可略分开）。

● 坐在椅上，应至少坐满椅子的 2/3，背轻靠椅背。

● 起立时，左腿向后收半步，然后站起。

● 谈话时可以有所侧转，此时上体与腿同时转向交谈者一侧。

◇ 坐姿的禁忌

坐时不可前倾后仰，或歪歪扭扭；**两腿不可过于叉开，也不可长长地伸出去，不可高跷起二郎腿，也不可大腿并拢，小腿分开，或腿脚不停地抖动**；坐下后不应随意挪动椅子；不要为表示谦虚，故意在人前身体萎缩而坐，表现出一种阿谀相。

2. 男女坐姿的性别差异

男性与女性宾馆服务人员的坐姿除应符合要求外，在具体的姿态上可略有区别。

◇ 男性服务人员的坐姿

男性服务人员的坐姿有如下几种：

● 开膝式。在基本坐姿的基础上，两腿分开不超过肩宽。

● 交叉式。在基本坐姿的基础上，两小腿前伸，双腿在踝关节处交叉

◇ 女性服务人员的坐姿

女性服务人员的坐姿有如下几种，除了双腿必须完全并拢，尤其是膝部以上必须完全并拢之外，它们之间的区别主要在于坐定之后的腿位与脚位有所不同。

①**双腿垂直式。具体要求为：双腿垂直于地面，双脚的脚跟、膝盖直至大腿都需要并拢在一起，双手自然放在双腿上，脊背伸直，头部摆正，目视前方。**

②双腿斜放式。坐椅较低时，双脚垂直放置则膝盖可能会过高，较不雅观。这时最好采用双腿斜放式，即双腿并拢后双腿同时向右侧或左侧斜

放，并与地面成 45 度左右的夹角。

③双脚交叉式。具体要求为：双腿并拢，双脚在踝部交叉之后略向左侧或右侧斜放。采用此坐姿时，膝部不宜打开，也不宜将交叉的双脚大幅度分开，或向前直伸出去。

3. 蹲姿的规范性要求

在公众场合，人们从低处取物或俯身拾物时，弯腰曲背，低头撅臀，或双腿敞开、平衡下蹲，尤其是穿裙子的女士下蹲两腿敞开，在国外被视为"卫生间姿势"，既不雅观，更不礼貌。

蹲姿类似于坐，但它并非臀部触及座椅；蹲姿又有些类似于跪，但它又不是双膝同时着地。在有必要采用蹲姿时，一定要做到姿势优美。

以下几种蹲姿可供借鉴。

◇ 高低式蹲姿

其主要要求是下蹲时，应左脚在前，右脚靠后。左脚完全着地，右脚脚跟提起，右膝低于左膝，右腿左侧可靠于左小腿内侧，形成左膝高右膝低的姿势。臀部向下，上身微前倾，基本上用左腿支撑身体。**采用此式时，女性应并紧双腿，男性则可适度分开**。若捡身体左侧的东西，则姿势相反。这种双膝以上靠紧的蹲姿在造型上也是优美的。

◇ 交叉式蹲姿

交叉式蹲姿主要适用于女性，尤其是适合身穿短裙的女性在公共场合采用。它虽然造型优美但操作难度较大。这种蹲姿要求在下蹲时，右脚在前，左脚居后；右小腿垂直于地面，全脚着地。右腿在上、左腿在下交叉重叠。左膝从后下方伸向右侧，左脚跟抬起脚尖着地。两腿前后靠紧，合力支撑身体。上身微向前倾，臀部向下。

◇ 半蹲式蹲姿

半蹲式蹲姿多为人们在行进之中临时采用。它的基本特征，是身体半立半蹲。其主要要求是在蹲下之时，上身稍许下弯，但不宜与下肢构成直角或者锐角。臀部务必向下。双膝可微微弯曲，其角度可根据实际需要有所变化，但一般应为钝角。**身体的重心应当被放在一条腿上，而双腿之间却不宜过度地分开。**

◇ 半跪式蹲姿

半跪式蹲姿又叫做单蹲姿。它与半蹲式蹲姿一样，也属于一种非正式的蹲姿，多适用于下蹲的时间较长，它的基本特征，是双腿一蹲一跪。其主要要求是下蹲以后，改用一腿单膝点地，以其脚尖着地，而令臀部坐在脚跟上。另外一条腿应当全脚着地，小腿垂直于地面。双膝必须同时向外，双腿则宜尽力靠拢。

礼仪提醒

无论采用哪种蹲姿，宾馆女性服务人员都要注意将两腿靠紧，臀部向下，使头、胸、膝关节不在同一个角度上，以塑造典雅优美的蹲姿。绝不能随随便便，任意而为之。

三、手势的要求

手势属于人体示意语言的一种，是通过手和手指的动作变化来表达思想感情和传递信息的。说话打手势的习惯几乎是人们天生就有的。从发声学上看，手势作为信息传递方式是先于有声语言的。所以，手势语在交际活动中使用的频率很高。

1. 运用手势要则

在谈话时运用手势，是一种自然的流露。宾馆服务人员要养成好的打手势习惯，使之自然，得体，文明，礼貌。

◇ 手势要优雅自然

谈话除非需要用手势来加强语气、指示对象、模拟物状外，一般不要用无意义的手势。要注意手势的适度，手势的上界不应超过对方的视线，下界不要低于胸区，左右范围应在胸前或右方。**动作表现要慢些，手势曲线宜"软"不宜"硬"，显得亲切自然**。这样的手势辅助说话，如行云流水，既有亲切感也加重了语气。

◇ 手势要符合礼仪

说话时，伸出手的食指向对方指指点点，这表示的是对对方的轻视，如果把手指指向某人的脸，就带有侮辱对方的意思了。另外在和长辈、上级谈话时，手背在身后或插在口袋里，也是不符合礼仪要求的。即使是同辈朋友，不分场合地拍拍打打、摸摸人家的头顶或脸颊也是令人反感的。交际礼仪中包含有许多规范化了的手势，如请女士跳舞时，男子通常是掌心向上，由内向外自然伸开手臂，这样才显得彬彬有礼，乐于为人接受。

◇ 做手势要尊重民族习惯

手势语是极为丰富多彩的，各个民族都有一些独特的手势语，或者同一种手势可以表示不同的意思，同一个意思可用不同的手势表示。比如，用手轻敲脑袋，在阿根廷和秘鲁是"我想想"或"动动脑筋"的意思，在有的地方则是"他疯了"的意思。**因此，对于来自陌生的国度，或不同民族的宾客，"不知深浅，切莫下水"，最好少用一些较为特殊的手势来表达自己的意思，如要使用就要符合当地民族的习惯**。

> 礼仪提醒
>
> 宾馆服务人员切不可一说起话来手就胡乱挥动，无节制地使用各种手势。在向宾客提供服务的过程中，应注意不要有习惯性的"小动作"，如玩弄小物件、摸头发、弄衣角等。

2. 服务行业的几种手势

服务行业的手势，在宾馆服务过程中有着重要的作用，它可以加重语气，增强感染力。大方、恰当的手势可以给人以肯定、明确的印象和优美文雅的美感。

◇ 规范的手势

规范的手势应当是手掌自然伸直，掌心向内向上，手指并拢，拇指自然稍稍分开，手腕伸直，使手与小臂成一直线，肘关节自然弯曲，大小臂的弯曲以 140 度为宜。

在出手势时，要讲究柔美、流畅，做到欲上先下、欲左先右，避免僵硬死板、缺乏韵味，同时配合眼神、表情和其他姿态，使手势更显协调大方。

◇ 常用手势

①横摆式。在表示"请进"、"请"时常用横摆式。做法是，五指并拢，手掌自然伸直，手心向上，肘微弯曲，腕低于肘。开始做手势应从腹部之前抬起，以肘为轴轻缓地向一旁摆出，到腰部并与身体正面成 45 度时停止。头部和上身微向伸出手的一侧倾斜，另一手下垂或背在背后，目视宾客，面带微笑，表现出对宾客的尊重、欢迎。

②前摆式。如果右手拿着东西或扶着门时，这时要向宾客做向右"请"的手势时，可以用前摆式，五指并拢，手掌伸直，由身体一侧由下向上抬起，以肩关节为轴，手臂稍曲，到腰的高度再由身前右方摆去，摆到距身体 15 厘米，并不超过躯干的位置时停止。目视来宾，面带笑容，也可双手前摆。

③双臂横摆式。当来宾较多时，表示"请"可以动作大一些，采用双臂横摆式。两臂从身体两侧向前上方抬起，两肘微曲，向两侧摆出。指向前进方向一侧的臂应抬高一些，伸直一些，另一手稍低一些，曲一些，也可以双臂向一个方向摆出。

④斜摆式。**请宾客落座时，手势应摆向座位的地方。**伸手要先从身体的一侧抬起，到高于腰部后，再向下摆去，使大小臂成一斜线。

⑤直臂式。需要给宾客指方向时，采用直臂式，手指并拢，掌伸直，屈肘从身前抬起，向抬到的方向摆去，摆到肩的高度时停止，肘关节基本伸直。注意指引方向，不可用一手指指出，显得不礼貌。

礼仪
提
醒

　　宾馆服务人员在与宾客谈话时，要注意举止斯文，庄重典雅，做手势不宜过多，幅度也不宜过大。否则，会给宾客一种不稳重之感，进而失去宾客对自己的欣赏与信任。

四、目光与微笑的运用

　　目光，指的是人们在进行注视时，眼部所进行的一系列活动，以及在这一过程之中所呈现出的神态。在一个人的全部表情神态之中，目光占有举足轻重的位置。所以人们常常说："眼睛会说话"。

　　在工作岗位上服务于人时，宾馆服务人员自然应当对对方多加注视，否则就是怠慢对方，目空一切。只有在展示、介绍商品或服务项目时，方可稍有例外。

　　宾馆服务人员在学习、训练目光时，主要应当注意注视他人的部位、注视他人的角度，以及在为多人服务时加以兼顾的问题。

1. 目光注视的部位

　　宾馆服务人员在注视服务对象时，所注视的对方的具体部位，往往与双方相距的远近及本人的工作性质有关。依照服务礼仪的规定，宾馆服务人员在服务于人时，可以注视对方的常规的身体部位有四处。

　　◇ 对方的双眼

　　注视对方的双眼，既可表示自己对对方全神贯注，又可表示对对方所讲的话正在洗耳恭听。**问候对方、听取诉说、征求意见、强调要点、表示诚意、向人道贺或与人道别，皆应注视对方双眼**。但是，时间不宜过久，否则双方都会比较难堪。

◇ 对方的面部

与服务对象较长时间交谈时，可以对方的整个面部为注视区域。注视他人的面部时，最好不要聚焦于一处，而以散点柔视为宜。在工作岗位上接待服务对象时，注视对方的面部，是最为常用的。

◇ 对方的全身

同服务对象相距较远时，服务人员一般应当以对方的全身为注视之点。在站立服务时，往往会有此必要。

◇ 对方的局部

服务人员在工作之中，往往会因为实际需要，而对服务人员身体的某一部分多加注视。例如，在递接物品，应注视对方手部。在鞋店里为顾客试穿鞋子时，则要注视对方脚部。不过在无此必要时，最好不要这么做。**特别需要说明的是，如果没有任何理由，而去注视打量服务对象的头顶、胸部、腹部、臀部或大腿，都是失礼的表现。**当对方是异性时，注视那些"禁区"，还会引起对方的强烈反感。

礼仪提醒

宾馆服务人员在与宾客交往时，合适的目光应是自然稳重，温和亲切，既要让宾客感觉到诚实可信，又要让宾客觉得友好尊重。自然稳重来源于服务人员的率真、诚实、自信，温和亲切来自于服务人员的友善和谦恭。

2. 目光注视的角度

宾馆服务人员在注视服务对象时，所采用的具体的角度是否得当，往往十分重要。既方便于服务工作，又不至于引起服务对象误解的具体的视角，主要有以下三种。

◇ 正视对方

正视，即在注视他人时，与之正面相向。同时还须将上身前部朝向对方。即使服务对象处于自己身体的一侧，在需要正视对方时，也要同时将面部与上身转向对方。

正视别人，是做人的一种基本礼貌，主要表示重视对方。斜着眼睛、扭过头去注视他人，或者偷偷注视别人，都难以表达此种含义。

◇ 平视对方

平视，即在注视他人时，身体与其处于相似的高度。平视与正视，一般并不矛盾。因为在正视他人时，往往要求同时平视对方。在服务工作之中平视服务对象，可以说是一种常规要求。这样去做，可以表现出双方地位的平等与本人的不卑不亢。

◇ 仰视对方

仰视，即在注视他人时，本人所处的具体位置较对方为低，而需要抬头向上仰望对方。反之，若自己注视他人时所处的具体位置较对方为高，而需要低头向下俯看对方，则称为俯视。在仰视他人时，可给予对方重视信任之感，故此服务人员在必要时可以这么做。俯视他人，则往往带有自高自大之意，或是对对方不屑一顾，服务礼仪规定服务人员站立或就座之处不得高于服务对象，主要就是为了防止造成俯视对方的客观事实。

服务人员在注视服务对象时，视角要相对保持稳定。即使需要有所变化，也要注意过渡自然。不管怎么说，都不允许对对方上上下下反复进行打量。这种扫视他人的做法，往往会使对方感到被侮辱、被挑衅。

3. 目光应兼顾多方

宾馆服务人员在工作岗位上为多人进行服务时，通常很有必要巧妙地运用自己的目光，对每一位服务对象予以兼顾。具体的做法，就是要给予每一位服务对象以适当的注视，使其不会产生被疏忽、被冷落之感。

当多名服务对象结伴而来时，服务人员在为其进行服务时，既要对自己的服务重点对象多加注视，**又不可对其他次要的服务对象不看一眼**。当对方与自己性别相同时，服务人员更要切记这一点。

当多名服务对象互不相识时，服务人员在为其进行服务时，既要按照先来后到的习惯顺序，对先到之人多加注视，又要同时以略带歉意、安慰的目光，去环视一下等候在身旁的其他人士。这样做的好处在于，既表现出了自己的善解人意与一视同仁，又可以让对方略感宽慰，稍安勿躁。

4. 微笑在服务中的运用

微笑是交往活动中最富有吸引力、最有价值的面部表情。只要你不吝惜微笑，往往就能够左右逢源、顺心如意。这是因为微笑表现着自己友善、谦恭、渴望友谊的美好的感情因素，是向他人发射理解、宽容、信任的信号。

宾馆服务人员自然地面露微笑，则会给人一种宾至如归的感觉。纽约一家百货公司的经理曾说过，在录用女店员时，小学未毕业却能经常微笑的女子，比大学毕业而满脸冰霜的女子机会大得多。

微笑是可以训练养成的。人们微笑时，首先表现在口角的两端要平均地向上翘起。在练习时，为使双颊肌肉向上抬，口里可念着普通话的"一"字音。笑的关键在于善用眼睛来笑。如果一个人的嘴上翘时，眼睛仍是冷冰冰的，就会给人以虚假的感觉。眼睛的笑容的训练方法是，取厚纸一张，遮住眼睛下边部位，对着镜子，心里想着那些最使你高兴的事情，使笑肌抬升收缩，嘴巴两端做出微笑的口型。这时，你的双眼就会十分自然地呈现出微笑的表情了。随后你放松面部肌肉，眼睛也随之恢复原形，但这时的目光中仍然会反射出含笑脉脉的神采来。当然，不同的人，不同的环境条件，微笑也蕴含着不同的意义，有敷衍的微笑，天真无邪的笑，或者窘迫的笑。

需要强调的是，微笑是发自内心的对人友好的一种情感，一个心地善良、乐于助人、对生活充满着热爱的人，才能在交际活动中完美地掌握这种最高级的社交手段。

礼仪提醒

微笑在宾馆服务中的作用是巨大的。正如美国希尔顿宾馆的董事长唐纳·希尔顿所说："宾馆的第一流的设备很重要，而第一流的微笑更为重要。如果缺少服务人员的微笑，就好比花园失去了春日的阳光和春风。"

第 四 章

宾馆服务的语言
规范与通讯礼仪

语言是人类所特有的用来表达思想、交流感情、沟通信息的工具。在宾馆服务工作之中，服务人员在同服务对象所接触的整个过程中，始终离不开语言交流。

对宾馆服务人员来说，文明、礼貌的语言的运用，既体现着自己和所在宾馆的服务水准。所以，服务人员在自己的工作岗位上要自觉地讲究语言礼仪，遵守有关的服务语言规范。

一、 恰到好处地说出礼貌用语

在人际交往中，恰到好处地使用礼貌用语，可以表现出本人的亲切、友好、和蔼与善意，还能传递出对交往对象尊重、敬佩的信息，有助于双方之间互相产生好感，为进一步交往奠定良好的基础。

礼貌用语，对于服务行业而言，是有其特殊界定的。**宾馆服务人员在其工作岗位上使用的礼貌用语，主要是指在服务过程之中表示服务人员自谦恭敬之意的一些约定俗成的语言及其特定的表达方式。**

1. 多说客气的礼貌语

礼貌用语属于语言交际范围，使用得好可以将所处场合变得和谐融洽。服务人员在其工作岗位之上所使用的礼貌用语，大致上具有以下三个主要特点。

◇ 主动性

在工作之中，使用礼貌用语，应当成为宾馆服务人员主动而自觉的行动。唯其如此，礼貌用语的使用方能口到、心到、意到。正是出于这一原因，服务人员在与服务对象进行语言交际时，应率先主动地采用礼貌用语。

◇ 约定性

在服务岗位上，服务人员所常用的礼貌用语，在其内容与形式上，往往都是约定俗成、沿用已久、人人皆知的。所以，对其只能完全遵从，而绝对不宜"另辟蹊径"。不然，就难以得到认同，难以发挥功效。

◇ 亲密性

服务人员在运用礼貌用语时，还须力求做到亲切而自然。让服务对象听在耳中，暖在心里，心领神会。运用礼貌用语时讲究亲密性，必须是诚心所致，不落俗套，而非甜言蜜语、巧言令色、阿谀奉承，让人肉麻。

礼仪提醒

按照服务礼仪的规范，服务人员在工作岗位上使用的礼貌用语，往往有其特定的适用场合。而在不同场合里所使用的礼貌用语，在具体内容上通常又各有其特殊的要求。

2. 巧说亲切的问候语

问候，又叫问好或打招呼。它主要适用于人们在公共场所里相见之初时，彼此向对方询问安好，致以敬意，或者表达关切之意。

在宾馆服务岗位上，一般要求服务人员对问候用语勤用不怠。具体来讲，适宜用问候用语的主要时机有五个：一是主动服务于他人时，二是他人有求于自己时，三是他人进入本人的服务区域时，四是他人与自己相距过近或是四目相对时，五是自己主动与他人进行联络时。

在问候他人时，具体内容应当既简练又规范。通常，适用于宾馆服务人员采用的问候用语，主要分为下列两种。

◇ 标准式问候用语

所谓标准式问候，即直截了当地向对方问候。其常规做法，主要是在问好之前，加上适当的人称代词，或者其他尊称。例如，"你好！""您好！""各位好！""大家好！"

◇ 时效式问候用语

时效式问候用语，即在一定的时间范围之内才有作用的问候用语。它的常见做法，是在问好、问安之前加上具体的时间，或是在二者之前再加以尊称。例如，"早上好！""早安！""中午好！""下午好！""午安！""晚上好！""晚安！"

延伸阅读：

对众多宾客同时问候的方法

如果被问候者不止一人时，则服务人员对其进行问候时，有以下方法可循：

● 统一对其进行问候，而不再一一具体到每个人。例如，可问候对方："大家好！""各位午安！"

● 采用"由尊而卑"的礼仪惯例，先问候身份高者，然后问候身份低者。

● 以"由近而远"为先后顺序，首先问候与本人距离近者，然后依次问候其他人。当被问候者身份相似时，一般应采用这种方法。

3. 热情地说出迎送语

迎送用语主要适用于宾馆服务人员在自己的工作岗位上欢迎或送别服务对象。具体而言，它们又可划分为欢迎用语与送别用语，二者分别适用于迎客之时或送客之际。

在服务过程中，服务人员不但要自觉地采用迎送用语，而且必须对于欢迎用语、送别用语一并配套予以使用。做到了这一点，才能使自己的礼貌待客有始有终。

◇ 欢迎用语

又叫迎客用语。一般而言，宾馆服务人员在使用欢迎用语时，应注意以下几点。

①欢迎用语往往离不开"欢迎"一词的使用。在平时，最常用的欢迎用语有："欢迎！""欢迎光临！""欢迎您的到来！""莅临本店，不胜荣幸！""见到您很高兴！""恭候光临！"

②在服务对象再次到来时，应以欢迎用语表明自己记得对方，以使对方产生被重视之感。具体做法，是在欢迎用语之前加上对方的尊称，或加

上其他专用词。例如"先生,我们又见面了!""欢迎再次光临!""欢迎您又一次光临本店!"

礼仪提醒

在使用欢迎用语时,通常应当一并使用问候语,并且在必要时还须同时向被问候者主动施以见面礼,如注目、点头、微笑、鞠躬、握手,等等。

◇ 送别用语

送别用语又叫告别用语。送别或告别用语仅适用于送别他人之际。在使用送别用语时,经常需要服务人员同时采用一些适当的告别礼。

最为常用的送别用语,主要有"再见"、"慢走"、"走好"、"欢迎再来"、"一路平安"、"多多保重",等等。

使用送别用语时,通常应注意以下两点。

①不要忘记使用。当服务对象因故没有消费时,服务人员更要一如既往地保持风度,千万不要在对方离去时默不作声。

② 不要加以滥用。在有些特殊的服务部门里,有些送别语假如使用不当,便会令人感到不甚吉利。例如,在医疗部门,对于病愈而去者,就不宜说什么"欢迎再来!"

4. 诚恳地说出请托语

请托用语通常指的是在请求他人帮忙或是托付他人代劳时,照例应当使用的专项用语。在宾馆服务工作岗位上,任何服务人员都免不了可能会有求于人。

在一般情况下,服务人员经常使用的请托用语可以分为以下三种。

◇ 标准式请托用语

它的内容,主要就是一个"请"。当服务人员向服务对象提出某项具体要求时,只要加上一个"请"字,例如,"请稍候"、"请让一下"等,往往便更容易为对方所接受。

◇ 求助式请托用语

这一形式的请托用语，最为常见的有："劳驾"、"拜托"、"打扰"、"借光"以及"请关照"，等等。它们往往是在向他人提出某一具体的要求时，比如请人让路、请人帮忙、打断对方的交谈，或者要求对方照顾一下自己时，才被使用的。

◇ 组合式请托用语

有些时候，服务人员在请求或托付他人时，往往会将标准式请托用语与求助式请托用语混合在一起使用，这便是所谓组合式请托用语。"请您帮我一个忙"、"劳驾您替我扶一下这件东西"、"拜托您为这位大爷让一个座位"等，都是较为典型的组合式请托用语。

5. 真情地说出致谢语

致谢用语又称道谢用语、感谢用语。**在人际交往中，使用致谢用语，意在表达自己的感激之意。**

对于宾馆服务人员来讲，在下列六种情况下，理应及时使用致谢用语，向他人表白本人的感激之意：一是获得他人帮助时；二是得到他人支持时；三是赢得他人理解时；四是感到他人善意时；五是婉言谢绝他人时；六是受到他人赞美时。

致谢用语在得到实际运用时，内容会有变化。不过从总体上讲，它基本上可以被归纳为三种基本形式。

◇ 标准式的致谢用语

通常只包括一个词汇——"谢谢!"在任何需要致谢之时，均可采用此种致谢形式。

◇ 加强式的致谢用语

有时，为了强化感谢之意，可在标准式致谢用语之前，加上某些副词。此即所谓加强式的致谢用语。对其若运用得当，往往会令人感动。最常见的加强式致谢用语有："十分感谢!""万分感谢!""多多感谢!"
"多谢!"

礼仪
提醒

在许多情况之下，如有必要，在采用标准式
致谢用语向人道谢时，还可以在其前后加上尊称
或人称代词，如"谢谢您!"等。这样做，可以
使其对象性更为明确。

◇ 具体式的致谢用语

具体式的致谢用语，一般是因为某一具体事宜而向人致谢。在致谢
时，致谢的原因通常会被一并提及。例如"有劳您了"、"让您替我们费心
了"、"上次给您添了不少麻烦"，等等。

6. 礼貌地说出征询语

在服务过程之中，宾馆服务人员往往需要以礼貌的语言主动向服务对
象进行征询。在进行征询之时，唯有使用必要的礼貌语言，才会取得良好
的反馈。征询用语，就是服务人员此时应当采用的标准礼貌用语。有时，
它也叫做询问用语。

**服务人员在具体使用征询用语时，务必要把握好时机，并且还需兼顾
服务对象态度的变化。**

在正常情况下，宾馆服务人员应用最广泛的征询用语主要有以下
三种。

◇ 主动式征询用语

多适用于主动向服务对象提供帮助之时。例如，"需要帮助吗?""我
能为您做点儿什么?""您需要什么?"它的优点是节省时间，直截了当。
缺点则是稍微把握不好时机的话，便会令人感到有些唐突、生硬。

◇ 封闭式征询用语

多用于向服务对象征求意见或建议之时。它往往只给对方一个选择方案，以供对方及时决定是否采纳。例如，"您觉得这件东西怎么样？""您不来上一杯咖啡吗？""您是不是很喜欢这种颜色？""您是不是想先来试一试？""您不介意我来帮助您吧？"

◇ 开放式或选择式征询用语

是指服务人员提出两种或两种以上的方案，以供对方有所选择。这样做，往往意味着尊重对方。例如，"您需要这一种，还是那一种？""您打算预订雅座，还是预订散座？""这里有红色、黑色、白色三种，您究竟喜欢哪一种颜色的？"

服务人员遇到下述五种情况时，一般应当采用征询用语。一是主动提供服务时，二是了解对方需求时，三是给予对方选择时，四是启发对方思路时，五是征求对方意见时。

7. 及时地说出应答语

应答用语是宾馆服务人员在工作岗位上，用来回应服务对象的召唤，或是在答复其询问之时所使用的专门用语。**在服务过程中，服务人员所使用的应答用语是否规范，往往直接反映着他的服务态度、服务技巧和服务质量。**

应答用语可以分为三种基本形式。在某些情况下，它们往往相互之间可以交叉使用。

◇ 肯定式应答用语

它主要用来答复服务对象的请求。重要的是，一般不允许宾馆服务人员对于服务对象说一个"不"字，更不允许对其置之不理。这一类的应答用语主要有："是的"、"好"、"随时为您效劳"、"听候您的吩咐"、"很高兴能为您服务"、"我知道了"、"好的，我明白您的意思"、"我会尽量按照您的要求去做"、"一定照办"，等等。

◇ 谦恭式应答用语

当服务对象对于被提供的服务表示满意，或是直接对服务人员进行口头表扬、感谢时，一般宜用此类应答用语进行应答。它们主要有："这是我的荣幸"、"请不必客气"、"这是我们应该做的"、"请多多指教"、"您太客气"、"过奖了"。

◇ 谅解式应答用语

在服务对象因故向自己致以歉意时，应及时予以接受，并表示必要的谅解。常用的谅解式应答用语主要有："不要紧"、"没有关系"、"不必，不必"、"我不会介意"，等等。

8. 恰当地说出赞赏语

赞赏语主要适用于人际交往之中称道或者肯定他人之时。

宾馆服务人员对服务对象使用赞赏用语时，需要讲究少而精和恰到好处。

在实际运用中，常用的赞赏用语大致上分为下列三种具体的形式。有时，它们可以混合使用。

◇ 评价式赞赏语

这类赞赏语它主要适用于服务人员对服务对象的所作所为，在适当之时予以正面评价之用。经常采用的评价式赞赏用语主要有："太好了"、"真不错"、"对极了"、"相当棒"，等等。

◇ 认可式赞赏语

当服务对象发表某些见解之后，往往需要由服务人员对其是非直接做出评判。在对方的见解的确正确时，一般应对其做出认可。例如，"还是您懂行"、"您的观点非常正确"，等等。

◇ 回应式赞赏语

回应式的赞赏语，主要适用于服务对象夸奖服务人员之后，由后者回应对方之用。例如，"哪里"，"我做得不像您说的那么好"，"还是您技高一等"，等等。

　　马克·吐温说："只凭一句赞赏的话，我就可以快乐两个月。"其实，对于任何人，赞赏的力量都是无穷的，掌握赞赏别人的艺术就是在为自己赢得力量！ 恰当的赞赏语，会为宾馆服务人员与宾客之间架起一道沟通的桥梁！

9. 适时地说出祝贺语

　　在服务过程之中，宾馆服务人员往往有必要向服务对象适时地使用一些祝贺用语。在不少场合，这么做不但是一种礼貌，而且也是一种人之常情。

　　祝贺用语非常之多，适宜服务人员在其工作之中所使用的主要有以下两种具体形式：

　　◇ 应酬式的祝贺语

　　在各种一般性的场合，它们往往被用来祝贺服务对象顺心如愿。其具体内容往往各异，因此在使用它的时候，通常要求对对方的心思多少有所了解。常见的应酬式祝贺用语主要有："祝您成功"、"祝您走运"、"一帆风顺"、"心想事成"、"身体健康"、"龙马精神"、"事业成功"、"生意兴隆"、"全家平安"、"生活如意"，等等。除此之外，"恭喜，恭喜"，"向您道喜"，"向您祝贺"，"真替您高兴"，等等，亦属应酬式的祝贺用语。

　　◇ 节庆式的祝贺语

　　这类祝贺语主要使用在节日、庆典以及对方喜庆之日时，它的时效性极强，通常缺少不得。例如"节日愉快"、"活动顺利"、"仪式成功"、"新年好"、"周末好"、"假日愉快"、"春节快乐"、"生日快乐"、"新婚快乐"、"白头偕老"、"福如东海，寿比南山"、"旗开得胜，马到成功"，等等。

礼仪
提醒

宾馆服务人员向服务对象真诚地道上一句祝贺，通常能为"我逢喜事精神爽"的对方锦上添花，从而收获意想不到的服务效果。

10. 婉转地说出推托语

推托或拒绝别人，也是一门艺术。在推托他人时，如果语言得体，态度友好，拒绝者往往便可以"逢凶化吉"，使被推托者的失望心理迅速淡化。反之，如果推托得过于冰冷、生硬，直言"不知道"、"做不到"、"不归我管"、"问别人去"、"爱找谁找谁去"，等等，则很有可能令服务对象不快、不满，甚而怒发冲冠，酿成口角。

在工作岗位上，宾馆服务人员适宜采用的推托用语，主要有三种具体的形式。有时，它们亦可交叉使用。

◇ 道歉式推托用语

当对方的要求难以被立即满足时，不妨直接向对方表示自己的歉疚之意，以求得对方的谅解。

◇ 转移式推托用语

所谓转移式的推托用语，就是不具体地纠缠于对方所提及的某一问题，而是主动提及另外一件事情，以转移对方的注意力。例如"您不再要点别的吗？""这件东西其实跟您刚才想要的差不多"、"您可以去对面的商厦看一看"，等等。

◇ 解释式推托用语

解释式的推托用语，就是要求在推托对方时，说明具体的缘由，尽可能地让对方觉得自己的推托合情合理。例如"我们这里规定，不能乱开发票"、"我下班后需要休息，不能接受您的邀请"，等等。

礼仪
提醒

在工作中，服务人员经常会遇上难以满足服务对象某些要求的情况。有时，可能是因为对方的要求过高；有时，可能是因为己方的条件较差。但无论哪种情况，服务人员都一定要在解释原因或是回绝对方时，讲究方式方法，以便得到服务对象的理解与体谅。

二、文明用语，随时随地

文明当先，是服务人员在工作岗位之上使用语言时应当遵守的基本规范之一。所谓文明用语，具体是指在语言的选择、使用之中，应当既表现出使用者良好的文化素养、待人处世的实际态度，又能够令人产生高雅、温和、脱俗之感。简言之，**文明用语，就是要求人们使用语言之时必须讲究文明**。

想要在使用文明用语方面真正有所提高，除了要不断地努力学习，对于自己严格要求之外，最为重要之点，是要认认真真地在称呼恰当、口齿清晰、用词文雅等三个方面，狠下一番功夫。只有在这几个主要方面表现得完全合乎礼仪规范，才可以说是真正做到用语文明，文明用语。

以下，分别介绍一下宾馆服务人员在称呼恰当、口齿清晰、用词文雅这三个方面所须遵循的基本礼仪规范。

1. 称呼他人应当恰当

对宾馆服务人员而言，所谓称呼，主要是指自己在接待服务的过程之中，对于服务对象所采用的称谓语。

在服务过程中，服务人员对服务对象的称呼是否恰当，不但真实地反映了其个人教养与实际心态，而且还客观地反映出对后者的尊重与否。

◇ 区分对象

服务人员平日所接触的服务对象往往包括了各界人士在内。由于彼此双方的关系、身份、地位、民族、宗教、年纪、性别等存在着一定的差异，因此在具体称呼服务对象时，服务人员最好是有所区别，因人而异。

就一般情况而言，在工作岗位上称呼他人时，服务人员最好是使用各种适用于正式场合的称呼，其中尤以使用各种泛尊称为宜。比如"同志"、"先生"、"女士"这些称呼，对于国内的任何人几乎都可以使用。

◇ 照顾习惯

在实际生活中称呼他人时，必须对于交往对象的语言习惯、文化层次、地方风俗等各种因素加以考虑，并分别给予不同的对待。切不可自行其是，不加任何区分。

例如，"先生"、"小姐"、"夫人"一类的称呼，在国际交往之中最为适用。在称呼海外华人或内地的白领时，亦可酌情采用。但若以之去称呼农民，却往往会让对方感到不舒服和不顺耳。

称呼熟人或老年人时，往往可相机采用一些非正式的称呼，诸如"大哥"、"大姐"、"王哥"、"李姐"、"周大伯"、"田奶奶"等，这样会使对方倍感亲切。可若以此类称呼去称呼城市白领或知识分子，则没准会被理解为"套近乎"。

"老大"、"爱人"这两种称呼，在内地分别表示在兄弟姐妹之中排行第一和合法的配偶，但到了海外，它们却会往往被理解为黑社会的头目和"第三者"。

◇ 有主有次

宾馆服务人员面对多位服务对象时，称呼对方应当"面面俱到"，切勿只对其中的几位有所青睐，而对另外的几位则有所疏忽。

需要称呼多位服务对象时，一般的讲究，是要分清主次，由主至次，依次进行。需要区分主次称呼他人时，标准的做法有两种：

①由尊而卑。即在进行称呼时，先长后幼，先女后男，先上后下，先疏后亲。

②由近而远。即先对接近自己者进行称呼，然后依次向下称呼他人。

此外是统一称呼。假如几位被称呼者一起前来，可对对方一起加以称呼，而不必一一具体到每个人。例如，"各位"、"诸位来宾"、"小姐们"、"先生们"等。

延伸阅读：

服务人员称呼他人的禁忌

在需要称呼他人时，宾馆服务人员还必须了解一些主要禁忌，以防犯忌，否则很有可能会失礼于人。

在称呼方面，有可能触犯的禁忌主要有两类：

①不使用任何称呼。有些服务人员有时懒于使用称呼，直接代之以"喂"、"嘿"、"六号"、"八床"、"下一个"、"那边的"，甚至连这类本已非礼的称谓语索性也不用。这一做法，可以说是失敬于人的。

②使用不雅的称呼。一些不雅的称呼，尤其是含有人身侮辱或歧视之意的称呼，例如，"眼镜"、"矮子"、"大头"、"胖哥"、"瘦猴"等，是服务人员绝对忌用的。

2. 说话口齿需要清晰

口齿清晰，不但是文明用语的基本要求之一，而且也是做好宾馆服务工作的先决条件之一。对此，广大宾馆服务人员均应予以高度的重视。

◇ 语言标准

语言标准，是语言交际的前提。语言不标准，就有可能让服务对象听不懂自己的话，甚至会因此而产生一些不必要的误会，从而影响到服务质量。

语言标准，主要的要求有二：一是要讲普通话；二是要发音正确。只有在这两个方面完全做好了，才能称得上是语言标准。

①讲普通话。普通话是我国法定的现代汉语的标准语。它以北京语音

为标准音，以北方话为基础方言，以典范的现代白话文作为语法规范。推广普通话，既是我国的一项基本国策，也是提高服务质量的一项重要举措。我国地大物博，人口众多，方言土语极多。不同地方的人到了一起，时常会因为双方之间存在语言障碍而苦恼。此刻，双方如果都采用普通话进行口头交流，语言障碍便会迎刃而解。在服务过程之中，除面对外国友人、少数民族人士、个别听不懂普通话的人士之外，**服务人员一定要在与对方交谈时使用普通话**。面对不懂本地方言土语的外地人而又不讲普通话，只能表明自己保守排外。

②发音正确。它本身包含双重含义。一方面，它要求服务人员在讲口语时，不能够念白字；另一方面，它则要求服务人员在讲普通话时，要注意其阴平、阳平、上声、去声四种基本声调的区别。只有发音完全正确，才能算是讲好了普通话。比如，"妈"这个词的正确发音应为阴平声，如果把它念成了去声，便变成了"骂"字。那样一来，意思可就差远了。

◇ 语调柔和

语调柔和，也是口齿清晰的基本要求之一。语调，一般指的是人们说话时的具体腔调。通常，一个人的语调，主要体现于他在讲话时的语音高低、轻重和快慢的具体配置。要求服务人员语调柔和，主要应当在语音的高低轻重、快慢有度方面多多加以注意。

①语音的高低轻重。这实际上指的是一个人讲话的音量问题。服务礼仪要求，服务人员在与服务对象进行口头交流时，**在音量方面，应当使对方既可以听得清楚，又感觉舒适悦耳为宜**。

对服务对象讲话时，服务人员的音量如果过高、过强，就会使自己显得生硬、粗暴，而且还有可能会让对方震耳欲聋，感觉不适。相反，如果服务人员的音量过低、过弱，则又会使自己显得有气无力，因而会令对方感到沉闷不堪，甚至还会产生一种被怠慢的感觉。

宾馆服务人员在交谈时，要真正做到音量适中，不高不低，不强不弱，一般并不困难。重要的是，在实际工作中，还必须注意因人而异、因时而异。跟常人在正常条件下交谈，固然音量适中即可，而与耳背之人交谈，或在人声嘈杂之处与人交谈，则在音量上显然应当适度有所提高。

②语音的快慢有度。讲话时语音的快慢，通常指的是语速方面的问

题。服务人员在与人交谈时，必须注意保持适当而自然的语速。运用普通话与人交谈时，通常每分钟所讲的字数，以在 60 个字至 80 个字之间为宜。在交谈之间，还应注意适时地进行必要的停顿。语速过慢或过快，都有可能被理解为自己感到厌烦，而且也会破坏交谈对象的情绪。

◇ 语气正确

语气，即人们说话之时的口气。在服务人员的口语里，语气一般具体表现为陈述、疑问、祈使、感叹、否定等不同的语句形式。

在人际交往中，语气往往被人们视为具有某种言外之意，因为它往往会真实地流露出交谈者的一定的感情色彩。

服务人员在工作岗位之上与服务对象口头交谈时，一定要在自己的语气上表现出热情、亲切、和蔼和耐心。

延伸阅读：

服务人员与人交谈的注意事项

宾馆服务人员在与服务对象交谈时，以下三点需要特别的注意：

● 语气急躁。有的服务人员在与服务对象交谈时，语气上显得焦急、暴躁、激动，或者很不耐烦。比如说，"抓紧时间"、"快点，我还有别的事"、"想不想买"、"挑够了没有"、"快下班了"，等等。

● 语气生硬。有的服务人员在与服务对象交谈时，语气上显得勉强、生冷、僵硬，或者不够柔和。例如，说什么"着什么急"、"喊什么"、"等着"、"废话"、"别乱动、你赔得起它吗"，等等。

● 语气轻慢。有的服务人员在与服务对象交谈时，语气上显得轻狂、歧视、怠慢，或者失敬于人。例如，"知道吗，你"、"听说过没有"、"你见过吗"、"看清价格再说"、"买得起吗"、"瞧一瞧自己"，等等，都是服务人员不宜采用的轻慢他人的语气。

3. 说话用词力求文雅

服务人员要文明用语，非常重要的一点，是要努力做到用词文雅。离开了用词文雅，文明用语便会成为无本之木，无从谈起。

用语文雅，对于广大服务人员来讲，主要包括着两个方面的基本要求。即尽量选用文雅词语，努力回避不雅之语。前者属于对服务人员的高标准要求，后者则是任何服务人员在其工作岗位上都必须做到的。

尽量选用文雅词语，即多用雅语，主要是要求宾馆服务人员在与服务对象交谈时，尤其是在与之进行正式的交谈时，**用词用语要力求谦恭、敬人、高雅、脱俗**。在注意切实致用，避免咬文嚼字、词不达意的同时，应当有意识地采用一些文雅的词语。这样做，自可展示自己的良好教养。

例如，在正式场合欢迎服务对象到来时，使用雅语说"欢迎光临"，显然比说"您来了"要郑重其事得多。而对一位上了年纪并看上去有文化的老人使用雅语说"敬请赐教"，自然也比对对方直言"有什么意见快提"更为中听。

努力回避不雅之语，主要是指服务人员在其与人交谈之时，不应当采用任何不文雅的语词。其中粗话、脏话、黑话、怪话与废话，则更是在任何情况之下，都不可出现于宾馆服务人员之口。

◇ 不讲粗话

粗话，一般是指那些意在侮辱他人人格的粗野或带有恶意的话语，也就是所谓骂人的话。服务人员在工作岗位之上服务于人时，不管遇上何种情景，都不允许骂骂咧咧，在口语中夹杂骂人的话。就算是别人首先辱骂了自己，也不允许与对方相互对骂。无意之中说话带上一句"国骂"，则更是有失自己的脸面。

◇ 不讲脏话

脏话，主要是指庸俗、低级、下流的话语，其中尤以涉及男女关系者为其代表，并以色情、黄色内容为主。**在服务于人时，宾馆服务人员不论自己与对方是同性还是异性，是故旧还是初识，均不得在交谈中讲任何脏话，带任何脏字**。有些话具有双关性质，或暗示作用，极易引起误会，亦不可使用。

◇ 不讲黑话

黑话，通常泛指那些为帮会、地痞、流氓、盗匪以及其他黑社会人士在其相互交往中，所专门使用的暗语，或者含义隐晦的一些话语。从角色定位的角度上来讲，只有涉"黑"之人才会讲黑话，而讲黑话的人则多与黑社会不无关系。服务人员若是在服务于人时有意无意对对方讲黑话，不仅会使自己显得匪里匪气，身份叵测，而且也会惊扰对方，令其心生疑惑或戒心。

◇ 不讲怪话

怪话，在这里实际上指的主要是牢骚话。在日常生活之中，宾馆服务人员一定要做到不因为个人的委屈、不满，而当着服务对象的面阴阳怪气，乱讲怪话，以泄私愤。至于因故对服务对象产生意见，而指桑骂槐，旁敲侧击，则更是有悖服务宗旨，应予禁止。

礼仪提醒

宾馆服务人员在运用文明用语时语言内容要文明，语言形式要文明，语言行为要文明。只有三者并重，三位一体，才能够真正地使自己做到用语文明，文明用语。三者缺一不可。

◇ 不讲废话

废话，一般是指无用之言，或者是在没话找话时所讲的话。服务人员务必牢记，在自己的工作岗位之上，不宜主动去找服务对象攀谈与服务内容无关的题外话，尤其是不宜主动询问对方的个人隐私问题。如果在工作之中没话找话，大说废话，只能说明自己对于本职工作心不在焉。

三、行业用语，准确内行

行业用语，又叫行业语、行话。它一般是指某一社会行业所使用的专门性用语，主要用以说明某些专业性、技术性的问题。服务人员在服务过程之中必须使用一些专用的行业用语，因为只有恰到好处地使用了某些必须使用的行业用语，才能更好地说明问题，才能显示本人业务上在行，从而才能赢得服务对象的充分理解与信任。

1. 掌握因人而异的三 T 原则

从服务质量的提高这一角度上来讨论宾馆服务人员行业用语的使用问题，重要的是，每一位服务人员在使用行业用语同服务对象进行交流与沟通之际，必须认真遵守三 T 原则。

三 T 原则是使用行业用语时，服务人员必须谨记的一项重要原则。所谓"三 T"，实际上是英文"Tact"机智、"Timing"时间、"Tolerance"宽恕等三个单词的缩写。三 T 原则的本意，就是要求服务人员在有必要使用行业用语时，一定要同时兼顾表现机智、考虑时间、待人宽恕等三个方面的具体问题。切不可不分对象，处处一概而论。

◇ 表现机智

要求服务人员在使用行业用语时表现机智，主要是要求其在面对形形色色的服务对象时，一定要注意察言观色，反应灵敏。既要首先对对方准确地进行必要的角色定位，又要以双向沟通为主要目的。还须注意的是，在使用行业用语时，一定要抓住重点，讲究少而精，并且尽量为对方所理解，这样才能提高自己的办事效率。

◇ 考虑时间

要求服务人员在使用行业用语时考虑时间，主要是因为，在一般情况之下，行业用语的使用具有一定的时间限制。只有在工作岗位上，有其必要性之时，使用行业用语，才会使之发挥功效。如果忽略了这一点，不分时间、不看对象，开口闭口满嘴行业用语，非但没有任何必要，而且也不易为常人所接受。

◇ 待人宽恕

要求服务人员在使用行业用语时待人宽恕，主要是指服务人员在具体运用行业用语服务于人时，务必要将心比心，待人如己，处处设身处地地多为对方着想。假定发觉自己所使用的行业用语不为对方所理解，则应立即加以调整，直至完全把本人的意思或对方的问题阐述和回答清楚为止。

礼仪提醒　　宾馆服务人员在具体使用行业用语时，只有在表现机智、考虑时间、待人宽恕这三个方面一并加以注意，才会使行业用语的使用真正奏效。

2. 遵循恰当得体的适度原则

适度原则是使用行业用语时，服务人员必须谨记的另一项重要原则。其基本涵义是，服务人员对于行业用语的使用，必须适宜适当。服务人员在具体使用行业用语时，一定要牢牢把握好分寸，表现得体。

运用行业用语要真正做到得体，关键是要切记当用则用，尽量少用。

做到得体使用行业用语，在服务岗位上与人交谈时，行业用语在自己的话语中究竟应当占上一个什么样的比重，是一个较为复杂的问题。对它应该具体情况具体分析，不宜一概而论。

在具体运用行业用语时，把握好分寸的问题，对于宾馆服务人员来说非常重要。在这一方面，宾馆服务人员一定要注意以下两点。

◇ 实事求是

要求服务人员在运用行业用语时实事求是，主要是要客观地、正确地使用行业用语。既不可不懂装懂，随口乱诌，更不可随意编造，以假充真，以讹传讹。

◇ 使用得当

在具体使用行业用语时，一定要准确使用，并且还要注意行业用语的规范性与地方性差异。在一般情况下，使用行业用语时，必须力求其正确无误。一定要尽量做到规范化、标准化。

在使用行业用语时，还须兼顾其地方性差异。举例来说，"菠萝"、"快餐"、"出租车"、"故事片"、"航天飞机"，在台湾地区便被称为"凤梨"、"便当"、"计程车"、"剧情片"、"太空梭"。

礼仪提醒

与懂行的人交谈时，一般需要多使用一些行业用语。与不懂行的人交谈时，则通常应当有意识地尽量少用一些行业用语。

3. 合理地使用行业术语

宾馆服务人员必须善用专业术语。在行业用语中，绝大部分都属于专业性的术语。在使用这些只适用于某一特定领域内的专门性用语时，服务人员既要遵守三 T 原则与适度原则，更要特别注意因人而异，因事而异。

宾馆服务人员千万不要以为专业术语的运用可以多多益善。实际上，在运用专业术语时，大体上是看效果不看动机，重质量不重数量的。

在运用专业术语时，要求服务人员注意因人而异，最重要的是，要使自己的道理讲得通，并且还能够同时让交谈对象听得明白。具体而言，要真正做到在运用专业术语时因人而异，就要在交谈之前，善于对交谈对象进行必要的观察、了解和定位，并且依照对方不同的性别、年龄、民族、行业以及受教育程度等，适当地有所区别。

在运用专业术语时，要求服务人员注意因事而异，重点是要在具体运用专业术语的过程中，把握好时机的变化，沉着果断，善于随时根据具体情况的改变而加以必要的调整，善于应变。在具体运用专业术语时，不但要注意两相情愿，相互理解，而且还应随时相机加以调整。恪守原先的设想，不分任何对象，"一往无前"、按部就班地运作下去，在实践中往往难以行得通。

礼仪提醒

要想使专业术语用得好，用得准，就要根据当时具体情况的变化，当深则深，当浅则浅；当多则多，当少则少；当用则用，当不用则不用。最忌讳的，是无视现实状况的具体变化，而非要去走两个极端不可。

4. 服务忌语一定要禁说

宾馆服务人员禁止使用服务忌语。服务忌语，通常是指服务行业里的忌讳之语，亦即服务人员在服务于人时不宜使用，并应当努力避免使用的某些词语。站在提高服务质量这一角度上来讲，不用服务忌语，是要求广大服务人员使用好行业用语的必然结果。

使用服务忌语的最大恶果，在于它往往出口伤人。这种伤害是相互的，在伤害了服务对象的同时，也对自身形象造成伤害。

就具体内容而论，宾馆服务人员在工作岗位上绝对不宜使用的服务忌语，主要有如下四类：

◇ 禁说不尊重之语

在服务过程之中，任何对服务对象缺乏尊重的语言，均不得为服务人员所使用。在正常情况之下，不尊重之语多是触犯了服务对象的个人忌讳，尤其是与其身体条件、健康条件方面相关的某些忌讳。

◇ 禁说不友好之语

在任何情况之下，都绝对不允许宾馆服务人员对服务对象采用不够友善，甚至满怀敌意的语言。只有摆错了自己的实际位置，或者不打算做好服务工作的人，才会那么做。

例如，在服务对象要求服务人员为其提供服务时，使用鄙视前者的语言；当服务对象表示不喜欢服务人员推荐的商品、服务项目，或者是在经过了一番挑选，感到不甚合意，准备转身离开时，使用粗暴的语言；有时，当服务对象对服务感到不满，或是提出一些建议、批评时，有个别的服务人员居然会顶撞对方，使用对抗的语言，等等。

在工作之中假定使用不友好之语对待服务对象，既有悖于职业道德，又有可能无事生非，或者进一步扩大事端。

◇ 禁说不耐烦之语

宾馆服务人员在工作岗位上要做好本职工作，提高自己的服务质量，就要在接待服务对象时表现出应有的热情与足够的耐心。要努力做到：有问必答，答必尽心；百问不烦，百答不厌；不分对象，始终如一。**假如使用了不耐烦之语，不论自己的初衷是什么，都是属于犯规的。**

例如，当服务对象要求为其提供服务或帮助时，不能够告诉对方："着什么急"、"找别人去"、"凑什么热闹"、"那里不归我管"、"老实等着"、"吵什么吵"、或者自言自语"累死了"、"烦死人了"。

当下班时间临近时，不许可驱赶服务对象："下班了"、"抓紧时间"、"赶快点"、"你自觉点，还让不让我吃饭"。

◇ 禁说不客气之语

服务人员在工作之中，有不少客气话是一定要说的，而不客气的话则坚决不能说上一句。

在劝阻服务对象不要动手乱摸乱碰时，不能够说什么："老实点"、"瞎乱动什么"、"弄坏了你管赔不管赔"。

宾馆服务人员只有在工作岗位上不使用服务忌语，时时刻刻牢记服务忌语的危害之处，才能克服以上忌语。

四、宾馆服务人员的通讯礼仪

这里所说的通讯是指人们利用电信设备传递信息，在人与人、个人与组织、组织与组织之间进行交流、沟通的一种间接方式。在现代社会，信息就是资源，信息就是财富，而作为传递信息的电话、手机、电报、电传和电子邮件等通讯工具，则是走向市场的桥梁。通过通讯手段进行的沟通与交流，虽然是不见面的人际交往，但是否遵守其中的礼仪规范，将直接影响交际的效果。

1. 使用电话也要讲究礼仪

宾馆服务人员在自己的工作岗位上，经常会利用电话同服务对象进行交谈。运用电话提供服务时，影响通话效果的往往是通话过程中服务人员的声音、态度和所使用的言词。因此，**宾馆服务人员在运用电话进行服务时，应符合服务礼仪的规范要求，做到彬彬有礼，用语得体，声音自然、亲切。**

◇ 拨打电话

打电话应选择适当时间。给某人家里打电话，要避开上午9点前、晚上9点或10点以后，以及晚饭时间。有的国家、地区不同，晚饭时间也不尽相同，应遵照当地习惯，适时行事。而往办公室打电话，则最好避开临近下班的时间。因为这个时间打电话，如果对方需要调查一番方能答复，或是对方急于下班的话，很可能得不到令人满意的回答。

打电话者首先应自报姓名，这是电话礼节中最基本的常识。询问对方是否方便之后，再开始交谈。对方接电话后，打电话者应先询问一下"我想跟您谈×分钟，可以吗?"等等。电话内容要简单、明了。可以事先将通话要旨归纳几条抄录在便条上，供打电话时使用。若由于某种原因导致电话中断，要由打电话人重新挂拨。如果是给不曾会过面的人打电话，最好在可能的情况下先发一封信，说明电话的中心内容。特别是请求对方帮助了解某件事情并等候答复时，要留给对方充足的时间，写信先联系是个好办法。

◇ 接听电话

在日常工作中，接电话人的语言很关键，它直接影响着该部门给予对方的第一印象如何。因此，严格进行电话礼节的教育是完全必要的。

电话铃声一响，应该立即去接，电话铃声响过数遍后才作出反应会给人以不愉快的感觉。一般最多不要让铃声响过五遍，不然对方会焦急的。

在工作岗位上遇到距离自己较近的电话铃声鸣响的情况，即使不是自己的专用电话，也应主动接听，帮助转达消息。

接电话时，首先要通报自己的服务单位，接着说："请问您找谁"、"我能为您做点什么"等礼貌语。对方说明要找的人，可回答："请稍等"，然后去找。如遇找的人不在，可婉转地回答对方"噢，××不在办公室，请问您有什么事需要转告吗"或"××不在，我能告诉他是谁给他来过了电话吗"。假如要找的人正在开会或在处理紧急公务，也应有礼貌地回答："××正在主持一个会议，我估计再过一刻钟可以结束了"，或告诉对方过会儿再打来。

对方若有重要事情需要转告或被要求记录下来时，应认真地予以记录。记录完毕后，应将其中的重点内容再复述一遍，以证实是否有误。当电话交谈结束时，可询问对方："还有什么事吗"、"还有什么要求吗"之类的客气话，这既是尊重对方，也是提醒对方通话结束。最后道声："再见。"一般是在对方放下话筒后再放下自己手中的电话。

延伸阅读：

服务人员接听电话的注意事项

宾馆服务人员在接电话时要注意以下两种情况。

● 避免轮番说明、对话。接电话时应避免轮番说明、对话的现象，即接到电话以后，一旦通话中途明白此事与自己无关，需要转给当事人时，应该将已经听到的内容简单扼要地先介绍给当事人，然后递交电话。

● 会议、会晤期间不适宜接电话。会客中屡屡起身接电话，是对在场的宾客不礼貌。若不得不应答，首先应向宾客表示歉意，然后向电话的对方说明这里有宾客（或会议），待宾客离去（或会议结束）后，再打电话联系，然后挂断电话。一经约好由自己给对方打电话，就应该按照约定时间，付诸于行动。如果实在有困难，一定要请秘书或其他人与对方再联系。

◇ 代接电话

在工作之中，宾馆服务人员在接听电话时往往会遇上这种情况：拨打电话者希望找到的人暂时不在现场。**在这种情况下，帮助对方，是服务人员一种义不容辞的义务。**接听电话后，如果发现对方所找非己，亦应一如既往地保持友好的态度，不要语气大变，立即挂断电话，更不要对对方的其他请求一概拒绝。

一般而言，服务人员在代接电话时会碰上以下三类情况。

①对方要找的人就在附近。此时，应告知对方稍候片刻，然后立即去

找。需要注意的是，不要立即大声喊人，不要让对方等候过久，也不要直接询问对方与所找之人是何关系，找他到底有何公干。

②对方要找的人已经外出。此时，应告之对方，他要找的人已经外出，然后再询问一下对方，是否有事需要转达，或者愿不愿意留下姓名和电话号码。对方如有事需要转达，应认真记录下来，并尽快予以转交。如果事关重大，则最好不要再委托他人代劳，以防泄密。

③对方要找的人不便接听。有些时候，对方找的人正在忙于他事，不便立即接听，此刻代接电话的人可以实相告于对方，或者告之以他要找的人已暂时外出。随后，可询问一下对方要不要自己代劳，或者要不要替双方预约个方便的通话时间。

2. 做好电话的记录的要则

宾馆服务人员在与服务对象或其他人互通电话时，尤其是在接听对方打进来的电话时，经常需要对对方的电话进行必要的记录，用以备忘。

◇ 做好电话记录

在进行电话记录时，除了要选择适当的记录工具之外，最重要的，是要力求记好要点内容，并在记完要点之后进行核实。

按照常规，在进行电话记录时，其内容大致上应当包括"六 W"在内。 所谓"六 W"，即以"W"为其拼写字母之首（或尾）的六个关键的英文单词。

①"Who"，即"什么人"。它应当包括对方的姓名、单位、部门、职务、电话号码，等等。在记录总机接转电话或外地电话时，分机号码与电话区号、国家代码皆不可缺少。

②"When"，即"什么时间"。它应当包括对方打来电话的具体的年、月、日、时、分。必要时，还须记下通话所用的时间长度。

③"Where"，即"什么地方"。它应当包括对方所在的地点，以及接听电话者当时所处的具体地点。

④"What"，即"什么事情"。它主要是指通话时双方讨论的具体事情。

⑤ "Why"，即"什么原因"。它所指的是，通话的主要原因，或者双方所讨论的某些事件的前因后果。

⑥ "How"即"如何去处理"。它一般指的是进行电话记录的一方，事后对记录所做的处理。

◇ 管好电话记录

宾馆服务人员在做好电话记录之后，还须认真进行妥善的管理。**只做记录而不事管理，往往会前功尽弃。**

要管好电话记录，主要要求经手办理此事的服务人员认真注意如下几点。

①及时处理。进行电话记录后，有关人员应及时对其进行必要的处理。该汇报的要汇报，该转告的要转告，该办理的要办理。要注意时不我待，不准随意拖延处理时间。在交接班时，有关负责人员要认真做好未曾处理的电话记录的交接。

②精心保管。作好电话记录之后，一定要精心保管。切勿随手将其乱扔乱放，从而在需要它时难于找寻。有鉴于此，尽量不要在碎纸或便条上进行重要的电话记录。

③认真保密。对于重要的电话记录，尤其是当其涉及行业秘密之时，务必要严格地进行保密。在一般情况下，单位专用的电话记录簿须由专人负责保管。不准将其广为传阅，或者随意向外界披露。未经允许，其他服务人员不得随意翻阅本单位专管专用的电话记录簿。

礼仪提醒

宾馆有关领导在接阅电话记录后，应尽快对需要着手办理的事宜进行处置。必要时，要向上级通报处置情况。对于尚不清楚的情况，可再找接话人员或来话方进行必要的了解。

3. 与人通话的语言要求

在宾馆服务工作中，服务人员经常要通过电话来完成其工作任务。在打电话时，对一个人的电话形象影响最大的，当首推他自己的语言与声调。从总体上来讲，语言应当简洁、明了、文明、礼貌。声调应当柔和、友好。

在通话时，声音应当清晰而柔和，吐字应当准确，句子应当简短，语速应当适中，语气应当亲切、和谐、自然。不要在打电话时为自己的情绪所左右，要么亢奋激动，一上来就"力拔山兮气盖世"，像一位草莽英雄一般地大声吼叫，震耳欲聋；要么情绪低沉，断断续续，小声小气地如同"耳语"或"哀怨"一样，让对方干着急也听不清楚。

通话要注意以下几个问题。

◇ 清晰

不论是发话方还是受话方，都需要通过语言表达来完成通话。或问或答，都要清晰，要以对方能听清楚为基本要求。做到清晰，除了练就较强的口头表达能力外，还要学会理头绪、抓重点。把要说的千言万语，归纳成简短的一句话或几句话，舍弃一些细枝末节。

◇ 简短

简短是通话的基本要求。提出问题、回答问题，都要言简意赅，干脆利落。国外有人提出"三分钟原则"，就是通话不超过三分钟，这是有一定道理的。做到简短，这里既有认识态度问题，也有技巧能力问题。**思想重视，端正态度，就不会在电话里拉家常，海阔天空，无边无际。善于表述，思路清晰，"直奔主题"，紧扣话题，就可以避免话越说越长，没完没了。**

◇ 礼貌

通话最能反映一个人的工作作风、礼仪品质和综合素养。尽管不是面对面交谈，但从通话的语气措辞、表情声态、姿势动作中，也可以看出一个人乃至一个机关单位的整体形象。通话一定要讲究文明礼貌，注意通话礼节，遵守礼仪规范。如打错电话要道歉后立即挂机，不必作过多的解释，也不能一声不吭就挂机，显得没有礼貌。

若有急事要结束通话，应在对方讲话停顿时或必要时打断他的讲话，"非常抱歉，我得挂电话了，我有一个约会，已经要迟到了。"或"对不起，我这里又来了一位宾客，过一会儿我给您回电话，好吗?"

在日常电话交流中，有的人只要一打长途电话就下意识地大嚷大叫，好像他的声音不是通过电讯号传过去的，而是他大声地从电话线里喊过去的。现在电脑程序控制音质、音量效果都比较好，要注意说话的礼仪。当然现在也有人受过去老式电话质量的影响，养成了打、接电话时大喊大叫的习惯，就像在和对方吵架似的，这样既不文雅又不礼貌。

礼仪提醒

宾馆服务人员与服务对象进行通话是一门学问。要针对不同的服务对象，不同的情景，采取不同的通话方法。这样才能收到良好的效果，取得对方的满意。

4. 移动电话的使用礼仪

移动电话作为现代移动通讯的工具，由于它具有不分时间、地点，随时随处都可以拨打接收信息的特点，所以，使用时，宾馆服务人员除了要遵守拨打固定电话的规范外，还应注意如下的几点礼仪要求。

◇ 使用移动通讯工具时，要遵守公共秩序

避免在开会、听报告、上课、观看演出或图书馆、展览馆等场合下使用移动通讯工具。在这种场合下，应自动关机。如有必要，也可以设置在振动状态上，有来电时，应迅速离开现场，到不妨碍他人的地方接听。

无论是拨打还是接听，声音都要适度，不可旁若无人大声喊叫，以免妨碍他人。碰上收听死角，不要焦急地嚷嚷，以免影响他人。可以先将其切断，等会儿再进行联络。

◇ 要保证移动电话的正常畅通

收到对方的电话后，要及时与对方联系。寻呼他人或拨打手机后，应保持耐心，在此期间，不宜再跟其他人联络，以防电话频频占线。也不可拨打出去后，却又与其他人频频联系，或迅速关机。

在一般情况下，移动电话的号码不宜随便告诉他人。也不应当随便打探别人的号码，更不应当不负责任地将别人的号码转告他人。为了自我保护和防止盗机、盗码，不宜将本人的移动电话借与他人使用。

◇ 要注意和维护自身安全

不要在驾驶汽车时使用移动电话，以防止发生车祸，驾车时有来电可用耳机，若是未备耳机可停靠路边通话后再走；乘坐飞机时，应自觉地关闭移动电话，因为此时发出的电子讯号，会干扰飞机的导航系统。如在加油站或医院，也不应打开移动通讯工具，否则，有可能酿成火灾，或影响医疗仪器的正常使用。

礼仪提醒

宾馆服务人员用手机接发短信息，也要注意礼貌。发送信息要注意不要发无用的信息，不要发无聊的信息，不要传播谣言；接收信息要及时阅读，及时回复信息。

5. 传真的使用礼仪

传真，又叫传真电报。它是利用光电效应，通过安装在普通电话网络上的传真机，对外发送或是接收外来的文件、书信、资料、图表、照片真迹的一种现代化的通讯联络的方式。

宾馆在使用传真机对外通讯联络时，必须注意下述三个方面的礼仪问题。

◇ 使用要合法

国家规定：任何单位或个人在使用自备的传真设备时，均须严格按照电信部门的有关要求，认真履行必要的使用手续，否则即为非法之举。

◇ 使用要正确

使用传真设备通讯，必须在具体的操作上力求标准而规范。

发送传真时，必须按规定操作，并以提高清晰度为要旨。与此同时，也要注意使其内容简明扼要。

◇ 使用要礼貌

在使用传真时，要时时注意维护个人和所在单位的形象，处处不失礼数。

在发送传真时，一般不可缺少必要的问候语与致谢语。发送文件、书信、资料时，更是要谨记这一条。使用传真设备，最为重要的是它的时效性。因此在收到他人的传真后，应当在第一时间内即刻采用适当的方式告知对方，以免对方惦念。

需要办理或转交、转送他人发来的传真时，千万不可拖延时间，耽误对方的要事。

6. 发电子邮件切不可随意

电子邮件，又称电子函件或电子信函，它是利用电子计算机组成的互联网络，向交往对象发出的一种电子信件。

宾馆服务人员在使用电子邮件对外进行联络时，应当遵守的礼仪规范主要包括以下四个方面。

◇ 电子邮件应当认真撰写

向他人发送的电子邮件，一定要精心构思，认真撰写。在撰写电子邮件时，下列三点必须注意。

①主题要明确。一个电子邮件，大都只有一个主题，并且往往需要在前面注明。若是将其归纳得当，收件人见到它便对整个电子邮件一目了然。

②语言要流畅。电子邮件要便于阅读，语言就必须流畅，尽量少写生僻字、异体字。引用数据、资料时，则最好标明出处，以便收件人核对。

③内容要简洁。网上的时间极为宝贵，所以电子邮件的内容应当简明扼要，愈短愈好。

◇ 使用电子邮件的注意事项

①电子邮件应当避免滥用。在信息社会中，任何人的时间都是无比珍贵的。若无必要，轻易不要向他人乱发电子邮件，尤其是不要与他人谈天

说地，或是只为检验一下自己的电子邮件能否发送成功等。**一般来说，收到他人的重要电子邮件后，应当立即回复对方。**

　　②电子邮件应当注意编码。编码的问题，是每一位电子邮件的使用者均应予以注意的大事。由于中文文字自身的特点加上一些其他的原因。我国的内地、台湾省、港澳地区，以及世界上其他国家中的华人，目前使用着互不相同的中文编码系统。因此，当使用中国内地的编码系统向生活在除中国内地之外的其他国家和地区里的中国人发出电子邮件时，由于双方所采用的中文编码系统有所不同，对方便很有可能只会收到一封由乱字符所组成的"天书"。

第 五 章

宾馆前厅部的服务礼仪

　　前厅，是指进入宾馆大门后到宾馆客房、餐厅之前的公共区域。前厅部是负责销售宾馆产品、组织接待工作、调度业务经营和为宾客住店提供服务的综合性服务部门。前厅部的业务范围通常包括接待、订房、问讯、行李、总机等职能部门，为宾客提供登记、接待、订房、分房、换房、问讯、电话、订票、留言、行李、退房等各项工作。前厅部作为宾馆的销售窗口，管理控制着宾馆的经济效益。

一、前厅部的工作内容与员工素质要求

1. 前厅部的组织机构设置

前厅部组织机构的设置应结合宾馆企业性质、规模、地理位置、管理方式和经营特色等实际情况，不宜生搬硬套。宾馆规模大小不同，前厅部的组织机构可以有很大区别，主要表现在以下几个方面。

其一，大型宾馆管理层次多，而小型宾馆管理层次少。**大型宾馆有前厅经理、主管、领班、服务员四个层次，而小型宾馆可能只有经理、领班、服务员三个层次。**

其二，大型宾馆组织机构内容多，而小型宾馆内容少。如许多大型宾馆前厅部设有商务中心、车队等，而小型宾馆没有。

其三，大型宾馆前厅部很多职能分别由不同岗位负责，而小型宾馆可能将一些职能合并以减少岗位设置。

其四，大多数大型宾馆前厅部与客房部是两个独立的部门，而在小型宾馆则是两个部门合二为一。

2. 前厅部员工的基本素质要求

◇ 端庄的仪容仪表和得体的举止

对服务员仪容仪表的基本要求如下：

①按要求穿宾馆规定的制服上班，制服要清洁、整齐，衬衣每天需换洗，女服务员要穿肉色丝袜。

②要求佩戴工作牌，工作牌一律佩戴在左胸前。

③常洗头发且梳理整齐，女服务员头发不能过肩，男服务员的头发应是发侧不过耳、发后不过领，且须每天刮净胡须。

④指甲不可过长，且不能涂指甲油。

⑤女服务员应适当化妆，但不宜浓妆。饰物的佩戴只限于结婚戒指及手表。

⑥上班前不吃葱、蒜等刺激性食物，保持牙齿的清洁与口腔气味的清新。

前厅服务员不仅仪容仪表要端庄，而且言谈举止还应得体，站立、行走都应经过严格的训练，符合宾馆服务人员的标准。

◇ 良好的修养

前厅服务员必须受过良好的教育和专业训练，具有良好的修养，主要体现在：

①知识面广。为了准确地提供前厅的各项服务，使不同国籍、不同民族宾客的风俗习惯及其宗教信仰得到尊重，前厅人员必须具备必需的历史、地理、主要客源的风俗习惯、宗教信仰以及本地风景名胜、气候、交通、金融等方面的知识。

②语言基础好。

● 普通话发音准确，口齿伶俐，谈吐优雅，具有较好的语言理解和表达能力。

● 至少掌握一门外语，能与外宾进行自由的交谈。

● 能掌握一些常用的方言，如广东话、闽南话等。

● 书写字迹工整。

③讲究礼节礼貌。**服务员应做到笑脸常驻，礼貌待客，主动问好，认真聆听，殷勤有礼，尊重他人。**

◇ 讲究职业道德

前厅服务员应品行端正，忠诚老实，以诚待人，团结协作，保证不泄露国家机密、宾馆营业机密及宾客的隐私、秘密，不利用工作之便私套外汇、损客利己和损公利己。

◇ 认真的工作态度

①对前厅部的工作应有全面、正确的认识，对客服务应做到准确无误。

②准时上班，说到做到，言行一致，及时准确地向上级或同事报告工

作或传递信息，对待宾客及工作具有高度的责任感。

③服从上级的指挥，认真执行上级指派的任务，遇事冷静，不冲动，处理问题有条不紊。

④爱护前厅的设施设备，关心宾馆的利益。

◇ 良好的身体素质

前厅部员工须连续 8 小时为宾客提供站立服务，并且要实行三班倒，因此，良好的身体素质是保证员工能精力充沛地投入工作的必要条件。为此，要做到吃好、睡好，并加强体育锻炼。

礼仪提醒

宾馆服务人员尽管一般都是学历不高，但也应力求不断地提高自己的文化水平，勤奋学习新知识，并刻苦钻研本职业务，掌握好本岗位的技能技巧。

3. 前厅部员工的基本能力要求

◇ 较强的交际能力

前厅部是宾馆的"神经中枢"，服务人员要与宾客、上司、宾馆各部门人员等有多方面的接触，需要打不同程度的交道。为此，需要掌握一些与人交谈的技巧，提高自身的交际能力。

①前厅部的服务人员在交际要善于积极寻找双方共同感兴趣的话题。例如，可以根据对方的口音、身份、性格、神情、职业特点等来选择开头的话题和措辞。**这种寻找共同话题的目的，是使双方接近、了解，以达到相互沟通**。前厅服务人员由于工作任务所限，不可能在岗时与对方漫无边际东拉西扯地闲聊天，因此，这种寻找共同话题也是有一定范围的，应简练扼要，并且应该很快切入正题。这也就要求前厅服务人员要通过平时多看报刊、电视和多收听广播，留心日常生活的观察和积累，努力开拓多方面的信息源，以便在交际场合可适时、恰当地引用。

②在交际中谈话时，要学习和掌握赞美他人、拒绝他人、向他人道歉的

艺术和技巧。

在交际中适当地赞美对方，能创造出一种热情友好、积极肯定的交往气氛，有利于相互交往向积极肯定的方向发展。

如果是在谈话中需要拒绝对方提出的要求时，切忌简单粗暴。在说出不行之前，务必让对方了解自己之所以拒绝的苦衷和歉意，态度要诚恳，语言要温和。拒绝时要将自己的意思表达清楚，直到对方了解你是爱莫能助。不要讲诸如"我再考虑考虑"等模棱两可的话。

如果是向他人道歉，那么，应该简单明了，表里一致，真挚感人。

道歉不应拖延时间，越早越好。如果确实是自己错了，要勇于承担全部责任，不要文过饰非，要让对方感到你确实认识到自己错了、错在哪里和知错必改的决心。在道歉过程中，也要倾听对方的意见和要求。要给对方时间去理解和接受你的道歉，不能急于求成。

◇ 较强的适应和控制能力

前厅部工作是项很辛苦的工作，是要有高度的适应能力和自控能力的工作。**集中三个字，就是要"灵活"和"忍"。**

①灵活。所谓灵活，就是要尽量为宾客着想，要灵活处理一些事项，使对方满意。不能做到的、违反原则要求的事项，也要灵活地向宾客解释清楚，让对方满意。

②忍。所谓"忍"就是处处要忍耐，不能发火。每家宾馆都希望能以独特的经营管理业绩和令宾客满意的优质服务在市场竞争中胜出。但是再好的宾馆也难免有宾客投诉。如果投诉处理不当，让宾客带着怨气离开宾馆，这一客源显然就流失了；同时，这些宾客还会做负面宣传来影响宾馆的声誉。

作为前厅服务人员，常常要面对宾客的投诉、要听取宾客的各种抱怨以至于近似吹毛求疵的质问，甚至要面对可能是粗暴的态度。即使是这样，也不能不予理睬而往大堂副理处一推了之，而应妥善处理。要忍耐地予以倾听，并区分具体情况分别对待。如果"小不忍"则会"乱大谋"，就有可能影响前厅部乃至整个宾馆的声誉。

适应和自控能力的养成和运用并不容易，这是一种涵养，这种能力的动力来自服务工作的宗旨、宾馆的群体凝聚力和自觉的敬业乐业精神。

不与宾客动手，同时要避免自己受到人身攻击。

◇ 较强的应变能力

入住宾馆的宾客来自四面八方，性别、国籍、职业、年龄、受教育程度、职务、入住目的等不尽相同，造成宾客需求的差异。这就要求前厅部服务人员具备应变能力，有设身处地为对方着想以及缓和突发事件形成的紧张气氛的能力，才能有针对性地根据具体情况具体分析、具体处理的原则，为宾客排忧解难，提供优质服务。

◇ 较强的专业技能

前厅部工作较为繁杂，而且看似简单，实则不然。作为一名合格的前厅部服务人员，要根据自己担负职责的不同，应分别具有适应工作所必需的相应的技能技巧，如打字、电脑操作、速记、接打电话，电传，常用中英文信函的写作，有关各种业务表单的填写、分发、整理、归档，等等。这些技能技巧将有效地帮助前厅部服务人员胜任本职工作。

◇ 较强的记忆能力

前厅部员工应在实践中逐步摸索，总结经验，找寻规律，力使自己有较强的记忆能力，特别是时间、人名、人的特征等，能够迅速、准确地记住，以利于服务工作的顺利进行。

可见，锻炼一定的记忆能力，在工作中既有利于体现对他人的尊重，无疑也为工作带来了便利之处。

礼仪提醒　　宾馆每天人来人往，川流不息，前厅服务人员要在短时间内记住不少宾客的名字，显然得靠一点技巧，但关键还在于服务人员是否用心。正所谓只要功夫深，铁杆磨成针。

4. 前厅部各岗位的职责

◇ 迎宾岗位的职责

迎宾员的岗位职责有如下诸多方面。

①指挥并疏导门前车辆，做好宾客迎送服务工作。

②注意站立姿势，重视宾馆形象，站立要端正、自然，要礼貌待客，不能做出有损宾馆形象的一切不良的动作。

③开车门时要面带笑容，躬身向宾客致意并，用手挡住车门上沿，以免宾客碰头，如宾客是孩童、老人或行动不便者，要扶助下车。

④提卸行李时要请宾客清点，并检查有无物品遗留在车上。

⑤宾客离店时要帮助宾客提行李上车，开车门时让宾客坐好后，轻关车门并躬身致意，关车门时不要让车门夹住宾客的衣裙及物件，车辆开动后要向宾客挥手致意。

⑥观察出入门厅人员动向，做好防爆、防窃工作，并协助保卫人员做好宾客抵离时的保卫工作。

◇ 行李员的职责

行李员的岗位职责有如下几个方面。

①按指定位置站立，密切注意宾客动态，随时为宾客服务。

②**随时注意分房员的召唤，主动热情为宾客带路，准确敏捷地为宾客运送行李，并主动为宾客介绍宾馆各项服务设施。**

③保障宾客行李安全，及时、准确地把宾客行李运送到指定地点。

延伸阅读：

行李寄存员的职责

①严格遵守各项规章制度和服务操作规程。

②提醒宾客寄存须知，回答宾客有关寄存问询。

③寄存领取手续清楚，登记准确，不出差错，如有差错立即报告领导。

④做好交接班，钱、物交接手续清楚。

⑤负责寄存室卫生。

◇ 预订员的职责

预订员的岗位职责有如下诸多方面。

①24 小时为宾客提供预订服务。

②根据宾客要求，提供使之满意的客房。

③及时地处理宾客的订房要求。

④记录储存预订资料。

⑤完成宾客抵达前的准备工作。

◇ 接待员的职责

接待员的岗位职责主要有如下诸多方面。

①严格遵守各项制度和操作（服务）程序。

②热情、周到地接受订房和团体开房。

③开房时主动向宾客介绍房间，讲清房价，避免宾客误解。

④做好宾客验证手续和开房登记。

⑤熟悉当天抵店的 VIP 宾客身份、房号及抵离时间。

⑥熟悉当天会议、旅行团的开房情况，掌握当天的房间状态。

⑦办理加床要向宾客讲明加收费用，并注明住入、商店日期及加床费。

⑧办理宾客换房要搞清账目，并及时更改住宿（开房）证，以便查询。

⑨夜班当班员工，负责制作当日报表，反映房间、到客情况，搞好班组卫生。

◇ 收银员的职责

收银员的岗位职责主要有如下几个方面。

①严格遵守财务制度和服务操作规程。

②准确熟练地收点宾客、客户的现金、支票。

③**准确填写发票，大写小写分清，数字位置务必准确。**

④做好交接班，钱物交接清楚。

⑤按规定及时结清各种旅行团的经费。

◇ 问询员的职责

问询员的岗位职责主要有如下几个方面。

①掌握情况。掌握本店的一切设施及本市主要宾馆、戏院、游览胜地等情况。

②管理钥匙。做好客房钥匙的保管和收发工作，处理宾客钥匙遗失等问题。

③委托代办。为宾客办理订房、代办飞机及车船票、代办购物、代为签证、代邮寄包裹、代取送物品等各项服务，为宾客解决一切疑难问题。

④安排会晤。根据来访者提供的姓名、房号与住客联系，经住客同意后，安排会面。

⑤熟悉电脑查询操作。

◇ 话务员的职责

话务员的岗位职责主要有如下几个方面。

①负责接听外来一切电话，并连接宾馆各部门及住店宾客的一切电话交际往来。

②负责联系住店宾客有关的一切服务要求，并且电话传达给有关部门或个人。

③负责转达宾客的投诉，并要求有关部门采取补救措施。

④负责宾客的叫醒服务，即用电话叫醒宾客。

⑤必须清楚和明白在接到紧急电话时（火警电话、急救电话或其他急救电话）所应采取的步骤或行动。

◇ 大堂副理的职责

大堂副理的岗位职责主要有如下几个方面。

①妥善处理宾客投诉。重大问题要及时向部门领导或值班经理请示，必要时向总理经汇报。

②热情解答宾客询问，帮助宾客解决疑难问题。对宾客的各种问题，要细心听取，耐心解答，对于宾客外出旅行遇到的一些意外事情，要尽量

协助他们解决困难，令他们满意。

③例行检查接待工作，特别是检查 VIP 宾客房间落实情况。VIP 宾客抵离本店时，应陪同总经理和其他经理在门前迎送。

④处理宾客签单超支而无法付款、"逃账"、私自带走宾馆设施、物品等问题。

⑤维护大堂的秩序和宾客的安全，经常保持大堂肃静、优雅和文明。

5. 前厅部的主要工作任务

宾馆的前厅部以接待住离店宾客为中心，为宾客提供预订、接待、问询、行李和各种应接服务，它能使宾客留下深刻的"第一印象"和"最后印象"。**做好前厅的工作，能有效地提高设施利用率，树立宾馆形象，提高宾馆声誉。**

前厅部有以下几个方面的主要工作和任务。

◇ 销售宾馆的主要产品——客房

客房是宾馆的基本设施和主要产品，是宾馆经营收入的主要来源之一。前厅部通过预售和即时订房，使宾馆各部门预先做好客房安排及接待安排。前厅部须根据有关方面提供的和自己掌握的客源信息和用房要求，保障各部门按预订信息有序高效地安排各自的服务工作。

◇ 联络和协调对宾客的服务工作

通过与宾客或接待单位的接触和联络，将掌握宾客的需求、投诉及以接待单位的要求传递给有关部门，并将处理意见反馈给宾客。因此前厅部的服务工作涉及到各个部门。既要直接为宾客服务，又要协调和调度整个宾馆的业务经营活动，是宾馆与宾客沟通的桥梁。

◇ 提供房间状况报告

宾馆销售的客房是一种不可储存和转让的"特殊商品"，它的价值体现在特定的时间和空间内。因此，前厅部在客房销售的过程中，特别是在客房销售高峰时期，要定时提供准确的房间状况报告给相关部门参考。

◇ 提供各类前厅服务

前厅部是宾馆对客服务的焦点部门，除了为宾客提供进、离店房间安排，住房登记等必要服务内容外，它还为宾客提供几乎无所不包的服务内容。**总之，宾客住店期间提出的一切合理要求前厅部都应该通过自身努力在各部门配合下想方设法予以满足。**

◇ 建立和处理宾客账目

前厅部负责住店宾客的账务处理，接受和处理各营业部门转来的客账资料，及时记录宾客在住店时期的各项消费，保持最准确的客账账目。以其高效准确的结账服务赢得宾客的信赖，使宾客离店前留下美好的印象，同时又使宾馆的经济效益得到了保障。

◇ 建立客史档案

在宾馆的客源成分中，回头客与常客是最受欢迎的组成部分，它在整个客源中所占比例的高低一定程度上象征着宾馆经营管理的成败，为把握这一重要的客源成分及对宾馆客源体系和作综合分析，前厅部必须建立尽可能仔细的客史档案。记录宾客的基本情况、宾客对宾馆产品的需求情况及反馈意见，同时把市场调研和预测，客户预订和接待情况收存归档，进行分析，形成以前厅为中心的收集、处理、传递及储存信息系统。定期通过掌握宾客信息，提高效率，方便宾客；**通过分析和处理客源信息，提出符合实际的营销建议，**为决策者制定房价政策和营销计划提供依据。

礼仪提醒

客房部根据房间状况报告可以合理安排调度人力加快清洁房间速度，最大限度地提供合格客房以供销售；餐饮部根据报告，了解住店宾客数量，便可合理安排餐饮服务人手和准备餐饮原料，以满足宾客的饮食需求等，致力把所有合格客房销售出去。

6. 前厅部的业务特点

◇ 前厅产品以提供接待服务为主

前厅产品不像客房产品和餐饮产品那样具有实物，如客房、菜肴、饮料等。前厅部以出售纯劳务为主，其产品的组成部分是各种接待服务，包括从预订客房、接待宾客、办理登记到提供问讯、行李、电话、传真、银行、打字、复印、车辆、票务、旅游、收银结账、贵重物品保管等一系列综合服务。

◇ 前厅服务以"明"式服务为主

客房是宾客的私人领域，为了不影响宾客的生活、工作和休息，客房服务强调"暗"式服务。**而前厅服务比较注重整个接待场面的气氛，突出各岗位服务人员热情、友好的服务态度及高超的服务技巧，是以"明"式服务为主。**

◇ 前厅业务涉及面广

前厅部各岗位所提供的接待服务，业务性质和管理方法都各不相同，并且均具有较强的专业性，这就决定了前厅的工作人员要有较强的语言表达能力、应变能力，同时具有较广的知识面并掌握一定的服务技能技巧。

◇ 前厅部是宾馆的信息中心

前厅部作为宾馆经营活动信息的集中地，每天要处理大量的信息，其处理信息的效率直接决定了宾馆大多数部门对宾客服务的节奏。因前厅信息变化快，故要求传递信息的速度也要快，否则会直接影响到其他部门的服务质量。

礼仪提醒

宾馆是个窗口型的行业，在经营和管理过程中，既要遵循宾馆内部的有关政策和制度，又要执行国家的有关法令及涉外条例，而这些政策、制度、法令、条例的具体执行部门便是前厅部。因此，前厅部的工作具有很强的政策性。

7. 前厅部的接待服务

◇ 提供预订服务

向宾客提供每天 24 小时订房服务、预订单位、个人、天数、人数电话应详细记录；接受电话预订时，订房员要耐心回答宾客的问题；向宾客报房价时，须说明另加服务费和城市交通费；拒绝宾客的预订需顾及宾客的心理；订房员必须熟悉宾馆的一切服务设施和服务项目；**所有预订资料都要输入电脑管理系统。**

◇ 办理入住手续服务

①散客接待。当宾客走近前台，应以眼神表示对宾客的关注；当宾客到达前台须以微笑及和悦的声音问候宾客；热情、迅速为宾客办理入住登记，全过程要在两分钟内完成；当宾客登记完毕，必须感谢宾客，并祝宾客住店愉快。

②团体接待。认真检查到店团体的有关资料，如旅行团号、逗留期限、要求房间数目和饮食安排等；为到店的团体准备好住宿登记表；根据团体人数安排住房；将房号通知礼宾部，并要求行李员协助；早晨唤醒时间、行李收集时间、早餐时间及离店时间等，应详细询问，并由团体填写一份团体运作时间表。

礼仪提醒

前台必须有 24 小时的电话服务；所有宾客打来的电话都要在铃响三声之内给予回答、接通；要有良好的接电话习惯，首先向宾客问好，报上自己的岗位，结束前要感谢宾客的来电；宾客住店期间的号码要保密；电话叫醒要向他人问候、报时间及室外天气情况。

◇ 宾客离店结账服务

要热情问候来到柜前的每一位宾客；向宾客出示住店期间的全部费用

账单；快速、准确为宾客结账，所需时间为一分钟；征求宾客对宾馆服务的意见；感谢宾客入住宾馆并祝宾客旅途愉快。

8. 前厅部对信息的沟通与协调

宾馆对客服务工作仅靠某一部门、某一环节或某一位员工的努力是无法获得成功的，因为它是一项连续性和整体性的工作。如，从宾客订房至宾客抵店入住就包括了以下各环节的工作：销售部设法吸引潜在的宾客→宾客向预订部订房→订房部为宾客办妥订房手续→预订部把订房资料及时传递给接待部→客房部为宾客准备客房→接待员接待抵店的宾客并为之办理入住登记手续→行李员为宾客提供行李服务→楼层服务员提供对客服务。以上环节中任一环节的信息传递、沟通出现差错，都将导致整个接待工作的失败。**可见，宾馆各部门、各岗位之间的工作联系、信息沟通是相当重要的，尤其是作为信息集散点、宾馆"神经中枢"的前厅部显得更为突出。**

◇ 信息沟通协调的目的

信息沟通、协调的目的之一是要向对方阐明某事，让对方了解其确切意图，这是信息内容被对方理解、接受的必要前提。目的之二是理解对方。而了解对方对所传递信息内容的确切含义与打算，这是双方相互交流、协调，确保信息、内容准确无误的重要过程。目的之三是通过双方的沟通、协调，双方达成一致的意见、看法。目的之四是在信息得到承认的基础上，让对方明确该做什么？为什么要做？怎么做？什么时间做？以便双方既分工又协作，共同努力完成任务。

◇ 信息沟通协调的原则

一是以事实为依据。任何的沟通、协调工作，必须以事实为依据，不应违背有关政策规定。

二是以全局的利益为重。所有的沟通、协调应以维护宾馆总体目标与全局的利益为前提。

三是以调动员工的积极性为目的。**沟通、协调的目的应是解决问题、**

挖掘潜力、调动员工的积极性。

◇ 信息沟通协调的方法

宾馆常用以下的方法进行信息沟通、协调。

●采用报表、报告和备忘录等书面形式实现宾馆上下级之间、部门之间及各岗位之间信息的相互传递。

●采用日志、记事簿等书面形式完成各班组之间的相互沟通与协调。

●通过举行各类会议，如总经理或值班经理的指令会、协调会、例会，部门班组举行的班前、班后会等实现信息上传下达，进行横向与纵向间的传递与沟通。

●联系较为密切的各部门及各岗位的员工通过交叉培训，相互熟悉对方业务，以便不同部门、不同岗位之间的员工相互配合，向宾客提供及时周到的服务。

●通过举行定期或不定期的各类团体活动，如茶话会、联谊会、酒会等，来消除员工之间的误会、隔阂，加强交流与沟通增进员工之间的感情。

●计算机系统成为目前宾馆最为重要的信息沟通、协调方法，它使信息的沟通、协调更为迅速、有效。

礼仪提醒

宾馆前厅部常用的计算机软件有：客房预订系统、客房管理（登记、房态、查询）系统、账务系统和综合分析管理系统等。相关服务人员要熟练使用这些软件进行工作。

二、 总服务台的服务礼仪

总服务台是宾馆的中枢，起着对内协调、对外联络的重要作用。总台服务对宾客产生极深的影响，极大程度地决定着宾客对宾馆的满意程度。

在总服务台的各项工作中，均有应遵循的礼仪规范。

1. 总服务台服务礼仪的基本要求

总台服务员最先接待宾客入住，最后又为宾客办理离店手续，宾客到来，热情欢迎，宾客离别，礼貌相送，应始终如一。

◇ 礼貌迎送，工作有序

总服务台是接待宾客的第一个环节和最后一个服务环节，工作要有序，讲究效率，做到办理第一位，询问第二位，再招呼第三位宾客，并说："对不起，请稍候。"**如果登记时人很多，开房时一定要保持冷静，有条不紊，做好解释，提高效率。**必要时要增加人手，以免让宾客等得太久。

◇ 热情快捷，精神集中

许多宾馆的总服务台人员的接待工作是非常繁忙的、多变的，来到总服务台的宾客形形色色，各有不同的需求，因此，总服务台的工作总要保持热心快捷、热情好客、文明礼貌，这将有助于影响和决定宾客在宾馆内下榻和停留的时间。

工作时要全神贯注，不要出差错。宾客的姓名必须搞清楚，将宾客的名字搞错或读错是一种失礼行为。不能一边为宾客服务一边接电话。在岗位上，不能只与一位熟悉的宾客谈话过久。不要同时办理几件事，以免精神不集中出现差错。

◇ 学会观察，关照贵客

宾馆内人来人往，名人、娱乐活动家、政治家都是宾馆经常光顾的宾客，总服务台的员工要学会观察，记录宾客个人资料，以备用。

对重要的宾客或熟悉的宾客可以不露声色巧妙地给予照顾，让他感到与众不同，有一种优越感及被重视、被尊重感。

◇ 完成承诺，随机应变

要完成对宾客的一切承诺，若办不成的事，要坦诚相告，或介绍宾客到其他地方试一试。

服务员要具备随机应变能力，随时准备应付各种意外。宾客住店经常会出现一些意想不到的事情，如夜里发病、突然死亡、买不到机票等，求助于总台时，应充分运用自己的智慧进行处理，做到处变不惊，处事有方。

2. 总服务台的接待预订礼仪

讲究接待预订礼仪有助于形成宾客对宾馆良好的第一印象，预订员表现出来的热情友善、对宾馆的全面了解及学识水平，会使预订客房产生良好的效果。

◇ 预订报价

报价是对宾客尊重。一要说明合理税率；二要解释一些额外服务或宜人环境应增补的费用；三要核实验证宾馆是否有最低限度的下榻时间规定，如果是这样是否会影响宾客的时间要求；四要核实验证宾馆是否有任何特殊的销售广告活动以至影响宾客的下榻时间；五要解释合理的外汇兑换汇率比价。

◇ 接受或拒绝预订

预订登记表填好以后，预订员就可将预订要求与预订到达那天的可供房情况进行对照，决定是否接受宾客的预订。**接受预订，就要加以确认，使宾馆进一步明确宾客的预订要求，也使宾馆与宾客之间达成协议**。拒绝预订，要用友好、遗憾和理解的态度对待宾客；先称呼宾客，再讲述因房间订满而无法安排，取得宾客的谅解；宾客表示理解后，下一步就可根据不同的情况建议宾客作些更改，如房间的种类、日期、房数等，即使不能满足宾客当初的预订要求，最终也要使宾客满意。

◇ 修改或取消预订

预订被接受或确认后，宾客在抵达宾馆前还可能对预订内容作许多更改，如到达或离开宾馆时间、房间数、人数、住房人姓名及预订种类的变更，以至完全取消预订都有可能发生；需更改动要填写更改表，将有关的预订登记相应的改动，使之保持正确。处理取消预订须十分谨慎，如果把账错算在已取消预订的宾客身上，宾馆就会处于被动地位，也会使宾客感到不满。

礼仪提醒

预订员接听电话时须讲："您好，旅馆预订处，您有什么需要帮助？"传递的声音应亲切友好、优美动听。预订部接到的多数电话是问有关宾馆的服务项目、房价等，预订员要耐心回答。

3. 总服务台的接待住宿礼仪

在宾馆服务中，总服务台的接待住宿礼仪主要有以下几个方面。

◇ 热情接待每一位宾客

要热情问候每一位来店宾客，应停下手中事情，双目正视对方，以诸如"您好，欢迎光临！""请问，您预订过房间吗？"等语句欢迎宾客的到来。如果总服务台仅有一个人在值班，正在接待的那位宾客要办的事情较为复杂，需花费一些时间，而此时后面又来了一位宾客，要办的事情比较简单，比如拿把钥匙等，这时如果一定要按照先来后到的服务原则，让后面的宾客等到前面的宾客把事情办完了才能得到钥匙，似乎也不完全妥当。这时，接待人员应该注意观察和揣摩，觉察到后一位宾客的来意。先对前面的那位宾客打个招呼，道声对不起，为后面的宾客迅速办完简单的事后，再回过头来继续接待前面的宾客。如果判断有误，后面的那位宾客要办的事情也很复杂，则应向后面的宾客招呼请他稍等一会儿。这样，后面的宾客也会愉快地等待了。**这里，一定要注意，不能不与前面的宾客打招呼致歉就开始为后面的宾客办事**。因为如果这样做，即使事情再简单，前面的宾客也会认为有不是平等对待之嫌。

◇ 彬彬有礼地请宾客填好住宿登记

听清宾客的要求后，请其填写住宿登记单，并根据宾客要求和客房控制实际情况，尽量满足宾客的需求为其安排好房间。如宾客的要求无法得到满足，不能简单地以"不行"而一言蔽之。应向宾客致歉，再向他提出有益的替代建议，供宾客选择参考。如果碰到有的宾客在登记时，由于某种原因，只签姓名而不愿填写其他内容时，应向宾客耐心解释，住店登记是每个宾馆最基础的工作，同时也是有关部门对服务性行业的要求，每一位前来住宿的宾客均应按照要求填写登记卡。应使宾客理解，住宿单上所反映的情况，有利于宾馆及时了解不同宾客的实际需求，以更好地提供周到良好的服务。如果宾客在住宿期间，不愿他人知其姓名、房号或其他事宜，可预先通知前厅接待处，以便将特殊要求输入电脑，从而保证宾客能不受干扰地安静、舒适地住在宾馆内。

礼仪提醒

如果来店宾客在填写资料上存在困难或觉得麻烦，宾馆总服务台接待人员在征得宾客同意后，可为其代填登记卡上的内容，然后请宾客签名确认，让宾客感到，宾馆很愿意为他们提供优质服务。

◇ 认真地查验宾客证件

按照有关规定，在接待宾客住宿时，应仔细验看宾客的有关证件。当确认与填写的住宿登记单无误后，应有礼貌地迅速将证件递还给宾客，并予以致谢，不能将证件一声不吭地扔给宾客或是扔在柜台上。

◇ 礼仪对待临时来投宿的宾客

对于临时来店住宿的宾客，如遇当天已无空房，要向宾客做出解释，并主动向宾客推荐其他相关的宾馆，如有可能，可当着宾客的面打电话与其他宾馆联系，设法解决，必要时，可同时协助宾客联系出租车送行，还应热情欢迎宾客以后再来，使宾客没有被冷落感。对原来已通过各种方式预订过房间的宾客，要尽全力取信于客，在双方商定的时间内，一定要按照宾馆对宾客的承诺，保留房间，不能将房间随意转租给其他人，以免预订过房间的宾客到达后，因无法满足其需求而导致店方工作被动，造成不良影响。

◇ 不可忽视微小的动作

为体现对宾客的尊重，即使是向宾客分发房间钥匙这样微小的动作，也不应等闲视之。如果需要将钥匙交给宾客本人时，不能把钥匙一扔了之，而应在将钥匙递交给宾客时，态度热情，并伴之有称呼、有介绍、有祝愿等简单明了的礼貌服务用语，使宾客体会到宾馆是真诚欢迎自己来此下榻的。

◇ 对重要宾客要特殊关照

当重要宾客住进客房后，按照惯例，应予以特殊关照。总服务台接待人员可在部门经理授意下，用电话征询宾客的意见，讲上例如"祝您愉快"，"有事请尽管吩咐"之类客气的问候，以表示宾馆对贵宾的重视和关心。

4. 总服务台的问询服务礼仪

总服务台处于宾馆的中心位置，发挥着为宾客服务的重要作用，问询员负责为宾客提供咨询服务，应该尽力提供宾客需要的信息，以满足宾客的需求。

◇ 专心倾听，不得怠慢宾客

接受问询时，应平视宾客脸部倒三角区，专心倾听以示诚意；对有急事而词不达意的宾客，应劝其安定情绪后再问；对长活慢讲、叙述详细和语言难懂的宾客要耐心听清后再回答；**多人同时问询，应先问先答、急问快答，注意客情，避免怠慢，使他们都能得到适当的接待和满意的答复。**

◇ 准确、耐心地答复

问询员须对宾馆形象负责，答复宾客的问询，要用词得当、简单明了，不用"也许"、"大概"、"可能"之类没有把握或含糊不清的话来敷衍搪塞；应不厌其烦，耐心作答，能答则随问随答，对一时无法回答或暂不清楚的问题待查询或请教别人后，给出明确答复，经努力还无法回答时应致歉。

◇ 当好宾客的参谋

问询员要当好宾客的参谋，除大厅咨询架外，应建立信息库，可避免对宾客的问题答不上来的尴尬与失礼，使解答详细准确。

◇ 争做宾客的贴心人

尽职尽责为宾客服务，做宾客的贴心人，应体现在细微之处，除宾馆设置的日历牌、邮件架之外，还要设立钥匙投放箱、天气预报牌、寻人服务牌。问询员应向宾客提供宾馆服务指南、电话号码簿、市内交通图等。

要对所有宾客一视同仁，急宾客之所急，让宾客住得舒心，玩得开心，走得满意。

◇ 热情接收来电查询

接受来电查询，应热情解决，要事事有结果，件件有回音；如不能马上回答，对来电宾客要讲明等候时间，以免对方久等而引起误会。对住客的来电，要认真负责地接待，并帮助办理有关事务；对要求预约出租车外出等事宜，应随时做好书面记录，并把房号、姓名、时间告知车队；交班时还未落实的事，要与接班人员交待清楚，不能遗忘疏忽。

礼仪提醒

为体现宾馆"宾客至上，便利宾客"的宗旨，总服务台的问询员应站立服务，精神集中，随时接受宾客的问询。宾客前来问询，应面带微笑，主动招呼，热情问候，使宾客感到你是乐于助人的。

5. 邮件处理的礼仪

如果不是邮政部门派专人在宾馆内设店服务，而是由前厅部行李员、问讯员或接待人员代办时，相关人员就应遵循以下礼仪规范，认真做好这一工作。

◇ 经常查阅信箱，礼貌答复询问

值班人员一上班要先翻一下手头已有的邮件，脑子里要有印象，当宾客询问邮件时，以便于做出答复。 按一般常规，宾客到达宾馆以后才应有他们的邮件。但有时也会有邮件比宾客先期到达的情况。因此，当宾客在登记时，当班人员可以查看一下信箱，最好是当着宾客的面查看。因为估计到有的宾客会询问有无邮件，所以最好能在宾客询问前就先查看一下，这样的服务无形中就增值了。如果是已住下的宾客来询问邮件时，当班人员就是明知宾客的邮件还未到，也一定要一丝不苟地再查看一遍信箱，然后再礼貌地答复宾客邮件尚未到达，并且顺便告诉他下次邮班到达的时间。

◇ 及时送达，不得拖延

如果有宾客的邮件，特别是快件，应立即送交宾客，不得无故拖延。如果宾客外出不在，应把邮件放在钥匙箱内，等宾客回来时连同房间钥匙一起交给宾客。不能将邮件随意乱放或漫不经心地扔在柜台上。无论是收取还是发放邮件，一定要迅速、准确。像电报、特快专递之类牵涉到时间问题的邮件，要在上面盖上时间戳，这样，宾客会感到宾馆对他的急件是重视的。

◇ 急事处理

如果住店宾客找到总服务台声称有急事要邮寄，正赶上收信时间已过，值班人员不要简单地讲上一声时间已过，没办法再收，一推了之。应设法帮助宾客解决困难，在可能的情况下，请其他人员代送到邮局去。**而且尽可能在将事情办好的同时，在语言表达上也要周全一些**。比如可以说："已经过时间了，假如您确实着急的话，让我送去吧"。

◇ 保存与转递

对于已经预订了房间的宾客的邮件，应在宾客抵店登记时交付。有的邮件可能是给未经预订而直接来的宾客的，这类邮件也不要轻率处理。若非急件，按惯例可保留十天左右的时间，如果仍未找到收件人，再退回邮局。如果宾客已经结账离店，并且留下他们所去之处的地址，就应及时转递过去。如不知宾客确切去处而无法转递，就应及时退回原处。要体现服务认真负责的精神，就应从这些容易被忽略的小事做起。

宾馆不能将宾客不在房间里作为将邮件立即放入钥匙箱内的理由，而应请其他人员到宾馆的公共场所去找一下。如果仍然找不到，可在信封上附条"某时某分我们尽了力在整个宾馆找您，但很遗憾未能找到您"，以示宾馆已经尽责，然后再将它放进钥匙箱内。

6. 委托代办服务的礼仪

委托代办工作是为了方便住客而设立的一个服务项目，其主要任务是代客订购车、船、机票，代购或代邮物品，办理宾客所需要协助办理的事宜等。

◇ 代购车、船、机票

①接受宾客订票时必须问清楚并登记好住客的姓名（全称）、房号、需要订的交通工具类别、所乘日期、班次、时间等。

②确定了上述内容后，要按宾客的要求及时与民航、铁路、轮船公司或汽车公司联系订票或订车。若宾客所订时间的车、船、机票已售完，或没有机票有火车票，或没有宾客要求的班次而有另外的班次，要及时征询宾客的意见，宾客同意改订时即向有关交通部门确定。

③票确定后，通知宾客凭证件（护照、身份证、出差证明或工作证）和钱，到委托代办处取票。

④宾客取票时，要将宾客的证件审查清楚，看是否有到所去国家或地区的签证，证件是不是在有效期内。如均符合要求再帮宾客取票。

⑤接收宾客的票款和手续费时一定要点清。**交给宾客票和余款时要请宾客当面点清。票的班次、时间不可搞错。**

⑥若有的宾客要求将票送到房间时，即可将票送到房间面交宾客，按上述方法点清钱票。

◇ 代购代邮物品、信件

①代购物品。这是项很重要而又细致的工作，代购物品前一定要问清物品的名称、品牌型号、款式、规格、颜色、价钱或是出售的编号等，在确认无差错和问题的前提下可为宾客代买。若这些物品需面交或邮寄，要按宾客的委托办理。面交时要请宾客签收，邮寄要请宾客回条。

②代取物件。住客在本地购买了某物品或邮寄来某邮件，因某种原因不能自取而委托代取时，服务员代取前要问清取物件所在地址、单位名称并要携带宾客的有关证件，前去代宾客领取。交给宾客时，应将证件与物件一齐交还，并请宾客签收。代取物件要注意安全。

③代邮送物品。若接受住客委托，代客送或邮寄物品，要问清送、寄收件的单位或个人的地址，收件人姓名、邮政编码、电话号码等。运费、邮费及其服务费须向宾客收。送到后要有签收，邮寄到后要有回条。**对易燃品、危险品，服务员要拒绝运送和邮寄。**

④代客邮寄信函、打电报、电话、电传等。

7. 场站接待服务的礼仪

场站接待服务是指在机场、火车站、长途汽车客运站、客运船码头接送宾客的一项服务工作。

◇ 接客服务

①每天晚上在客房预订处了解和取到第二天抵达宾馆宾客的名单，了解他们中的一些情况，有否"VIP"宾客或需照顾的宾客。**了解除了预订的房间外还有多少房间可接散客。**

②掌握第二天抵达宾馆宾客姓名，所乘交通工具、班次、抵达时间。

③充分做好接待准备工作，按每批抵达宾客的情况与要求和人数，向交通服务部门定好车，如大客车、旅行车、小车、货车等。

④当天要与交通部门联系，掌握宾客到达的准确时间，并转告交通服务部门。一般提前20分钟左右到达场站，做好迎接宾客的充分准备。需进入站台迎接的，要到站台迎接；需要在场站服务台迎接的即在服务台迎接。

⑤宾客抵达时，要主动迎上去，并向宾客说："您是某某先生吗?! 我是某某宾馆的迎宾员，我叫××，欢迎您光临! 您有托运行李吗? 请将行李牌给我，我们帮您领取。"若需过边防海关的，请宾客先过边防、海关；若不需过的，要先引领宾客到车上就座，等候行李；若宾客要自领取，可随宾客意愿。

> 若是一人或两人迎接多批宾客，手续办好一批先走一批，若是两人迎接的，一人先跟第一批宾客的车走；若有"VIP"宾客的，先跟"VIP"宾客的车走；无人跟宾客的车，要交待司机照料宾客；第二人跟最后一批宾客车走。到达宾馆时，交待前厅和总台工作人员照料好宾客，送宾客到房间。

⑥宾客行李领出后要请宾客清点行李是否到齐；宾客自领行李，领出后要帮宾客提运；宾客表示行李已齐无差错时，可关好车门，送宾客到宾馆。

⑦场站若有未预订房间的宾客想入住本宾馆，如果宾馆还有房间，要安排宾客乘宾馆专接零散宾客的车辆回宾馆。

⑧若有团体宾客抵达，迎宾员接到宾客后，要安排宾客先上车，将宾客的行李牌收齐，让宾客先乘车回宾馆，然后帮宾客领取行李，用行李车运回宾馆送到宾客房间。若宾客要求行李跟宾客的，可按宾客要求办理。**注意接待团体宾客时，宾客上车后要点齐人数，行李上车后要点齐行李件数后方可开车。还要照顾好宾客中的老年人、伤残者、小孩等。**

◇ 送客服务

①到总服务台了解明天需要送走的宾客名单，所乘交通工具、班次等情况。

②向交通服务部门订车，了解机、车、船准确离开的时间，并与宾客商订离开宾馆的时间；清点行李，照顾重点宾客、老年人、伤残者、小孩。需要到站台欢送的，要到站台欢送。

③送客路上征求宾客对宾馆的意见，欢迎他们下次光临。

◇ 接送人员注意事项

①接送人员是宾馆的代表，要注意自己的仪容、仪表、礼貌、语言。

②接送人员制服的颜色、式样都很重要，要对宾客有吸引力。着制服要讲究，要洗净熨平，保持整洁。

③迎客和送客要注意不可误接、误送或误时接送。

④要了解和熟悉宾馆的情况，注意向宾客介绍和宣传。要掌握宾馆开房和空房情况。

⑤要与各交通场、站人员搞好关系，争取他们对宾馆工作的支持和帮助。

⑥了解和掌握最新的交通消息、交通情况、交通时间表，等等，并转告宾馆有关部门，便于为宾客提供服务。

8. 接听电话的礼仪

总服务台接待人员每天都要接到住店宾客因各种事宜打来的电话。接听电话的礼仪规范主要是：

◇ 使用敬语礼貌答复

接电话时要注意使用敬语，如"您好，这里是总服务台，请问有什么事我能服务吗？"等，而不要用什么"喂，谁呀？""你找谁？干什么？"等不够礼貌的词句。在电话中应答时，要用普通声调对准话筒说话，声音不要太小，以免宾客听不清楚着急。但声音也不能太大，好像要将宾客所说的事情公布于众。说话要机灵而活跃，不要让声调快得使人不知所云，而平淡单调、干巴巴的声音又会使双方的距离拉大。**在电话中，要亲切自然地交谈，与宾客谈话最好要能像在一所房子里一样，用那种最能表达你个性的音调和词句。**在电话中交谈，不要认为是未曾谋面就随意放纵自己，而同样应聚精会神、富有同情心、有耐心，这样才能使宾客放心，也可使其在发生难堪局面时较容易接受你的意见。在电话中，也应常用"请"、"谢谢您"等礼貌客气词语，哪怕只有少许的不便也要说"对不起"。

◇ 认真解答不可敷衍

接听住店宾客打来的电话时，要随时准备作出正确的解答和帮助办理有关事物。当宾客在电话中提出问讯或查询时，不仅要礼貌地回答，而且应尽量避免使用"也许"、"可能"、"大概"之类语意不清的回答，这样会使宾客觉得你在勉强敷衍他而感到沮丧，这显然是失礼的。正确的做法应该是请宾客稍候，想办法搞清楚以后再给宾客以明确的回答。如果碰到的是自己确实不知道又一时无法查清的问题，就回答"对不起，先生，目前还没有这方面的信息（资料）"。这样，似乎比"对不起，我不知道"更合乎礼节一些。

◇ 凡答应宾客托办的事一定认真去办

在电话中凡是答应宾客要办的事情，就应言而有信一定要去办。如果事情不是很急，在自己当班时又无法去做的话，应该做好书面记录，交班时向接班人员交待清楚，切忌疏忽大意。

◇ 迅速回答外电查询

外来电话到总服务台查询时，应做到：回答电话要迅速，一般情况下，尽可能在电话铃响不超过两遍时就接并立即打招呼，电话没有挂断以前，不要和别人讲话。

接电话时，应自报家门，以免造成打错电话的误会。

◇ 为宾客保密

有时住店宾客由于某种原因，要求宾馆对其房间号进行保密，总服务台应尊重宾客的特殊要求。**如果外来电话查询要求保密的宾客房间号时，应以适当理由予以婉拒**。如果对宾客的特殊要求虽已答应，却因疏忽而没有做到，有时就有可能出现麻烦。

◇ 记录留言与接转

接外来电话如需留言时，要准确记下日期、时间、来电话人姓名以及电话号码。为了准确起见，可将这些内容在电话中予以重复以便与对方核对。

如果需要将电话转到别的部门时，应告诉对方为什么要转，同时也应征求对方意见是否愿意转，如果不告诉对方为何必须转电话，对方可能会认为你在不负责任地推诿。如果对方不愿再转，也不必勉强，更不要因此而责怪对方。

礼仪提醒

　　对于外来的查询电话，总服务台服务员要听清和写明。如果一时未能查清，应不时向对方说声"正在查找，请您再稍等一会儿"，而不要将话筒搁置一旁不理，只顾埋头查找，以免明明你是在为此事忙碌，对方却因等候多时不见回音，误以为被置之不理而产生误会。

9. 处理投诉的礼仪

　　如果宾客对宾馆提供的服务有什么不满之处，一般会去找大堂副理投诉的。但也有的宾客会直接来总服务台找当班人员投诉的。碰到这种情况，简单地推诿或是声称不管是不对的，而应掌握一些处理投诉的原则和方法届时灵活运用。**处理投诉所需的条件和要做的事情很多，礼貌这种润滑剂就是安抚宾客、合理处理投诉的基本因素之一。**

　　◇ 礼貌接待，保持冷静

　　凡是前来投诉的宾客，都是有着这样或那样的原因，带着不满情绪，有时甚至是火气很大的。在这种情况下，无论是前厅大堂副理还是其他接待人员都应注意，为有助于事情的解决，不管当时宾客态度如何，你都必须以礼相待。不管宾客情绪多么激动，你都必须保持冷静。以自己谦和的态度感染宾客，这有利于宾客也渐趋平静，将问题和要求完整地予以表述清楚。要注意，当宾客前来投诉时，你如果当时是坐着的，就应该站起来相迎，请宾客就座后，你方可坐下。如果宾客执意就是要站着说话，那么你也应该站着，不能出现你舒服地坐在那里，甚至翘着二郎腿去和站着的宾客说话的场面，那无疑是火上浇油。

◇ 精力集中，认真倾听

面对前来投诉的宾客，必须要精力集中，排除干扰，以慎重、富有同情心的态度注意倾听。不要一面听着宾客的投诉，一面还在抓紧时间干这干那等与此无关的事情，那是明显对投诉的宾客缺乏尊重的表现，而这种失礼的举动，往往会使宾客感到他的投诉根本就不被重视。

◇ 理解和宽慰宾客

有时宾客因为有满肚子火，找到总服务台，就当出气筒，不管三七二十一，出言不逊，只图痛快。**这时，服务人员需要耐心地扮演一位善解人意的理解者的角色，应安慰宾客，以温和的语言，富于同情的表情，真诚的微笑来以"柔"克"刚"，化解对方的怒气**，通过"移情"作用，一般来说宾客的火气会逐渐变小，自尊心得到了满足，激动的情绪会随之趋于平稳的。此时，问题的解决，就显现了良好的开端。

◇ 认真处理，不得推诿

对于宾客投诉所反映的问题，要详细询问，并当面记录下来，以示郑重。如果当场能够答复或解决的，就不要含糊其辞或有意拖延。可在自己的职权范围内，提供解决问题的多种办法，供宾客选择参考。如果一时解决不了，或是超过了自己的职权范围，也不要扯皮推诿，而应采取措施，或是向主管上司汇报，或是通知有关部门及时采取行之有效的措施，此间，还应不断收集问题解决过程中的信息反馈，设法通知投诉的宾客。**问题解决后，还应及时与宾客取得联系，同时进一步征求意见，以示尊重。**

延伸阅读：

以热情和积极的态度对待投诉

服务台接待宾客投诉人员，不能听着宾客的诉说时，心不在焉；还没听完宾客的诉说就又去处理别的事情；或是好不容易耐着性子听完，面对满怀希望要求解决问题的宾客，只是轻描淡写地说上一句："好了，这件事我知道了，你回去吧"。这种消极的态度，在某种程度上会使宾客更加沮丧，认为自己反映了问题，解决无望，很有可能使事态进一步扩大。

接待人员在就投诉的问题向宾客作解释时，不能顺着甚至引导宾客一起抱怨宾馆其他部门，使宾客对宾馆的整体形象产生怀疑，这样不但无助于事情的解决，而且会起到煽风点火的作用。

在处理投诉的过程中，接待人员更不要将话题转到宾客本身有多少多少不足和过错上来，成了声讨和帮助宾客改正错误来了，这样，会使问题更加复杂化。

10. 结账服务的礼仪

总台收银员负责收账结算工作。多数宾客办理退房结账手续一般在上午7：30至9：30之间，应做好充分准备，对前来总台付款的每一位宾客，要笑脸相迎，热情问候。

◇ 账单准确

宾馆各部门服务人员要将各项费用及时记入宾客有关的账目上；总台收银员要检查宾客是否有结账前最后一刻的留言、信件或还未入账的临时费用，以保持账务完整、账目准确无误。

宾客退房时，要温婉有礼，按宾馆规定给宾客办理退房手续；呈上准确的账单，收银员对宾客的账目数据、账务有责任不泄漏给任何人。

◇ 礼貌谨慎对待客户

在宾客登记入住时须准确了解宾客选择的结账方式。**现金结账：要求宾客一次付齐。转账结算：要确认事先已经批准的转账地址及转账安排，须谨慎对待。**

◇ 结账准确、快捷

准确、快捷是搞好宾客账目的关键。应核对住店日期、说清收款项目，开具收据要言明。若结账的宾客来得较多，要礼貌示意宾客，依次进行，要尽可能简化手续、迅速结账、方便宾客。

◇ 顾及宾客自尊

总台收银员一定要牢记，与宾客谈到他的支票、信用卡等涉及金钱的问题时，一定要精心、耐心，因宾客的自我价值、自尊心都与金钱有关，被视为极端重要；应保持冷静，态度柔和地服务于宾客；每次结账完毕，应向宾客道谢。

◇ 礼貌解决差错

假若在宾客的房价、账单或是其他方面出差错，要在宾客离店以前审核清楚，并让宾客满意付款离开宾馆。**如果在账单方面出现极大分歧，领班或主管就要进行调查核实或者向宾客解释宾馆方面的情况，绝不要与宾客发生争吵。**

◇ 礼貌核实宾客签字

总台收银员应知晓宾馆允许一些信用卡每天能支付宾馆的最大限额。核实宾客在费用记账传票上的签字与他本人信用卡上的签字是否一致。

◇ 兑换外币唱收唱对

当宾客兑换外币时，当场填写兑换单，经认真复核后，兑换员须两次当面点清外币数目，唱收唱对。认为兑换的外币有疑点，应由识别机鉴别，切勿武断处置或与宾客争吵，应立即与同事或主管商讨，妥善解决。

礼仪提醒

使用信用卡结账的宾客，图的是方便，讲究的是面子、气派。假如信用卡过期了，要小声要求宾客到办公室或他人听不到的地方来处理宾客的信用卡事宜；不要大声指责宾客，不要呼叫警察或当面驱赶宾客，更不能要求宾客立即离开宾馆。

三、大堂副理的服务礼仪

大堂副理是代表宾馆在前厅处理客际关系、解决宾客疑难、处理宾客投诉、为宾客提供各种帮助的重要岗位。大堂副理的工作好坏，常常影响宾客对宾馆服务的印象和企业声誉。

1. 大堂副理的素质要求

大堂副理的素质要求主要包括以下几个方面。

◇ 有良好的气质和风度

大堂副理人员的工作位置在宾馆前厅，代表宾馆总经理协调和处理各种客际关系，代表宾馆门面。因而，必须要有良好的气质和风度。即仪容仪表要整洁、大方、美观，着装要干净、整齐，对人说话要和气，对客服务要有高雅的气质和良好的风度。

◇ 有良好的公关技巧和较强的协调能力

大堂副理必须善于同宾客交往。每天要运用公关技巧和手段处理大量的客际关系，帮助宾客解决疑难问题，回答宾客咨询、问题。**所以大堂副理必须具有良好的公关技巧和较强的协调能力，才能适应工作需要。**

◇ 有强烈的事业心与服务意识

大堂副理人员常常被宾客视为宾馆管理的代表、宾馆的外交大使，被当作万能泰斗而前来寻求各种服务。因此，必须具有强烈的事业心和责任感，热爱本职工作，熟知工作内容、工作程序、工作标准。特别要具有强烈的服务意识，具有主动性、积极性，熟悉宾客类型和要求与消费心理，爱管"闲事"时时关心宾客需求，时时关心服务质量，善于维护宾馆声誉，才能做好本职工作。

◇ 具有敏锐的观察与处理问题的能力

大堂副理人员部门所处理的很多对客服务中的问题常常介于两个或两个以上的部门或岗位的职权范围之间，有些问题甚至具有隐蔽性。**因此，大堂副理必须具有敏锐的观察问题和解决问题的能力，包括发现问题、分析问题、提出措施、协调和处理问题等。**

◇ 有较强的语言艺术能力和流利的英语

大堂副理人员常常要和海外各国宾客打交道，特别是高星级宾馆更是如此。即使是以接待国内宾客为主的宾馆，也要肯定较强的语言表达能力。因此，大堂副理无论是运用英语或普通话，都应做到语言流利、语音优美、声调温和、用词造句得当、表达准确，才能适应工作需要。

2. 大堂副理的职业形象

大堂副理也称"大堂值班经理"，是宾馆与宾客之间密切联络的纽带，负责协调宾馆各部门的工作，代表宾馆处理日常发生的事件，助宾客排忧解难，并监督问题的处理。大堂副理需要具有以下的品格。

◇ 礼貌待人

有宾客前来，应主动上前或起立，彬彬有礼地问候；然后请宾客就座，再慢慢细说。对外宾能用英语或其他外语交谈，对内宾要说普通话，不能用方言。

对宾客提出的问讯，要给予全面详细的答复，使对方感到可信、满意；自己能答复的问题，决不借口推脱给其他部门解答。对确实不了解、没把握的事，不要不懂装懂，更不能不负责任地自以为是。

接待宾客要百问不厌，口齿清楚，用词贴切，简洁明了。办事态度诚实、认真，考虑问题周到，能"急宾客所急"，愿把困难留给自己，把方便让给宾客。接待结束，要主动先向宾客致谢，做到自然、诚挚。

◇ 善于分析

在接待宾客投诉时，首先要热情相待，耐心听取，冷静分析。即使对方情绪激动，甚至蛮不讲理，也不能受其影响而冲动。要心平气和，善解人意，逐步引导，充分尊重投诉者的心情。要显示出自己有文化、有教养、风度，并且有能力帮助宾客处理好事情。

在听取宾客的投诉时，应同时做好必要的书面记录，表示宾馆方对事的重视，避免宾客误认为在敷衍了事。在宾客陈述的过程中，不要随意话，也不得打断对方的讲话。让其在平静的气氛中发泄，以便缓和矛盾，可使投诉者获得心理平衡。

对宾客的投诉，除表示理解、同情、重视、关心外，要迅速根据实际情况作出必要的查核，拿出妥善解决的办法。在处理问题时不能主观武

断，不得轻易表态，不要简单回答"是"或"非"，更不可擅自作不合实际的许诺，以免宾馆遭受不必要的名誉和经济损失。

◇ 沉着冷静

遇突发紧急事件，要沉着、冷静、果断，及时向有关方面通报信息，尽快求得指示和协助，在礼貌服务中体现出优质、高效。

> 礼仪提醒
>
> 大堂副理对外是公关角色，接触宾客的面广，与宾客沟通联系也较多，因此要干练有素，展现良好礼仪形象。大堂副理对内又是管理角色，在与宾馆内部各部门的协作中，也应注意搞好人际关系。

3. 大堂副理的工作内容

大堂副理是代表总经理全权处理宾客投诉、保障宾客生命及财产安全等事项的管理人员；在前厅经理缺席的情况下行使前厅经理的职权，大堂副理在夜间是具有宾馆最高权力的指挥者。应站在维护宾馆利益的立场上，机智、果断、敏捷地处理问题；应熟知宾馆对一些有争议问题的政策，知道自己在遇到宾客特殊要求时有多少回旋余地。

其主要工作有以下几个方面。

◇ 重要宾客的接待

①做好准备工作。对于重要宾客的光临，大堂副理应做好充分的接待准备，并尽可能地了解宾客的基本情况，以便使接待工作万无一失。

②做好住店期间的联络和拜访。**重要宾客住店期间，宾馆接待部门除做好日常服务工作外，还应重视与宾客的联络和礼节性拜访，使宾客更加方便地处理工作与生活中的各项事务。**

③做好离店前的准备工作。宾客离店前，宾馆应积极、主动、高效地为其办妥退房手续及行李服务。大堂副理还应主动争求宾客对服务工作的

意见与建议。

④做好备忘录收集有关资料。宾客离店后，相关部门要为离店的宾客建立客史档案，为宾客的下一次住店做好准备。

◇ 对生病与醉酒宾客的关怀

①宾客生病时，可联系医务室帮忙就诊，安排员工为宾客送饭。

②拜访生病宾客，询问病情。

③宾客病重或有特殊要求，可拨打电话120，请急救中心出诊；病人行走不便时，要安排轮椅或担架。

④宾客去医院，可为宾客联系出租车或宾馆车队；宾客需要住院医疗时，将宾客之病情及房号等做记录，通知其亲友。

⑤对待醉酒宾客，应将其送到有人关照的地方，并采取保护宾客的措施。

◇ 对过生日的宾客的祝福

①在前厅送达的"宾客生日审报表"上签字，一份交前台留存，另一份交餐饮部准备生日蛋糕；从办公室领取生日贺卡并请总经理签名。

②与宾客取得联系，在适当的时候持生日贺卡并与送餐人员带着生日蛋糕一起前往客房，祝贺宾客生日快乐。

③与宾客作短暂交谈，征求意见，增进感情交流。

④做好以上工作的记录。

◇ 宾客投诉的处理

①以诚相待、宾客至上。怒气冲冲赶来投诉的宾客认为被劣质的服务戏弄了、不公道、不能容忍，大堂助理在态度上要给投诉宾客一个亲切感，要相信大多数宾客都是合情合理的，即使遇到个别爱挑剔的宾客，应本着"宾客至上"的宗旨尽可能满足其要求，微笑着使暴怒的投诉者趋于平静。

②耐心倾听宾客投诉。大堂助理应切记：有不满但不投诉的宾客不会再次光临宾馆，遇投诉须诚恳耐心地倾听，边听边表同情，争取在感情上和心理上与投诉者保持一致，把宾客所说记录下来，这对宾客是一种安慰；不要话没听完就开始解释或辩解，更不能推卸责任，应感谢来投诉的

宾客；尽量维护、增强宾客的自尊心，很抱歉，让您遇到这种事"，这类话语可表示大堂助理对宾客的关切。

大堂副理要把宾客的投诉看做是给宾馆一次纠正错误的好机会。投诉中刺耳的批评内含合理建议，反映了宾馆服务还存在着不尽如人意的地方，应当心存感激，依照"金点子"来改进服务。

4. 接待 VIP 宾客的工作

接待贵宾、常客和 VIP 宾客，是宾馆客务关系经理或大堂副理人员的重要工作内容和岗位职责。其接待程序和方法是：

◇ 宾客到达前的准备工作

①在"预期到步表"上找到将要到店的 VIP 宾客名单，并在电脑中查看宾客是否以前住过本店，尽可能事先获得宾客国籍、护照号码或身份证号、出生年月、公司职务等资料。

②与柜台接待处联系，确定宾客预分房号，封、定房间，做管制房号处理，请柜台人员打印出宾客住宿登记表。

③**请柜台人员为 VIP 宾客封定的房号准备欢迎卡、制作磁卡钥匙，并将房号填在登记卡上**。同时，将 VIP 宾客的住宿卡、欢迎卡、钥匙、留言等装在专用皮夹或信封中，按预订号码顺序排放整齐。

④前往客房部检查 VIP 客房设备、布置情况、清洁卫生、礼品赠送等的准备情况，协助客房部经理或主管落实好各项工作。并再次检查 VIP 宾客预订的资料，看有无特殊要求或有关事宜，如是否需要哪位总经理或其他经理出面迎接、宾客抵达航班号码等。

◇ 宾客到达后的服务工作

①VIP 宾客到达，主动上前迎接、问候、表示热情欢迎，并向宾客作

自我介词，陪同宾客进大厅和进楼层，同时招呼行李员将宾客行李送到宾客房间。若是特别重要的贵宾，由总经理、副总经理迎接时，大堂副理主要是陪同前往，亲自提供按电梯、指挥行李搬运、引导等服务。要注意对客服务的礼貌顺序。

②宾客登记服务。**设有商务楼层或行政楼层的宾馆，大堂副理可将VIP宾客引导到楼层贵宾接待室，陪同宾客饮茶、用饮料、交谈聊天、联络感情、介绍宾馆情况等，然后请宾客在住房卡、欢迎卡上签名。**因VIP宾客的有关资料内容都已在卡片上填好，只需请他们过目看有无差错和签名即可。没有商务楼层或行政楼层的宾馆，则直接陪宾客进入房间，请宾客在登记卡上签名。这时，楼层服务员送来茶水、香巾供宾客享用，行李员将行李送入宾客房间，大堂副理则与宾客交谈，介绍设施设备与服务项目，尽力帮助宾客，然后同宾客告别。

③资料处理。将登记卡等有关资料带回交柜台接待员，同时交待宾客有关服务需求，并在"预期到步表"上填上宾客房号，表示宾客已到达入住。

④宾客入住后的服务。主要是同VIP宾客保持联系，征求宾客意见，询问有何需求。如给VIP宾客打礼貌电话、检查客房、注意服务有无死角，有无不良现象发生，直到VIP宾客离店，将宾客送到门外、征求意见、欢迎再次光临等。并将VIP宾客的接待情况记录在工作日记上。如有重要或特殊情况，要及时报告总经理。

5. 认真处理宾客的投诉

大堂副理的工作岗位是宾客投诉较集中的地方，而宾客投诉的内容是多种多样的，包括服务人员的态度、礼貌，宾馆的房价、菜价、设施、设备、卫生、安全等。宾客投诉的形式又有口头、电话、书面、函件等多种。正确处理宾客投诉是一项较复杂的工作。主要包括：

◇ 重视宾客投诉

①接到投诉。接到宾客投诉，确认是否为住店宾客，记录宾客姓名、房号、投诉内容与事项，特别注意投诉所涉及的部门和人员。

②同情理解宾客。头脑冷静、面带微笑，仔细聆听宾客投诉，对宾客遇到的不快、抱怨，站在宾客的立场上表示理解、同情、并致歉意。

③取得宾客信任。**不管宾馆方是否有过错，对宾客的投诉都不要申辩，尤其是对火气正大，脾气暴躁的宾客，先不做解释而向宾客表示道歉和安慰，让宾客感到你是真心为他着想。**

◇ 妥善处理宾客投诉

①当即处理的简单投诉。对一些简单、容易当场解决或处理的投诉，先征求宾客意见，当场解决或尽快解决。如投诉内容是服务人员不礼貌、某些场所不卫生、服务速度慢了，等等，大多比较简单，可以很快处理。

②交叉问题的宾客投诉。对一些不易解决，涉及其他部门甚至多个部门和人员的投诉，先书面告之宾客，他的投诉正在调查处理中，安定宾客情绪，向宾客表示感谢，同时向有关部门经理汇报。

③投诉调查与处理。情况复杂的投诉，要深入有关部门，调查了解事实真相，与有关部门经理协商，提出处理意见。必要时再次与宾客接触，核实事实真相，征求宾客意见，然后将处理结果告之宾客，并征求宾客对处理结果的意见。

礼仪提醒

解决与处理宾客的投诉要尽可能使宾客感到满意，得到宾客的谅解或消除宾客的误解等。同时再次向宾客表示致歉和谢意，以便在宾客心目中留下良好印象。

◇ 做好投诉处理的善后工作

①投诉处理记录与时间。投诉处理完成后要详细记录投诉宾客的姓名、房号、地址、电话、投诉时间、事由和处理结果等。并注意住店宾客的投诉，原则上应在24小时内完成，最长不超过宾客离店时间。**已离店宾客和非住店宾客的投诉，也要尽快处理，最长不超过72小时处理完毕，并回复宾客。**

②投诉处理"三不放过"原则。凡是比较重要的投诉，大堂副理必须

和有关部门经理协商。做到投诉处理"三不放过";即宾客投诉事实不清,宾馆人员责任不清不放过;投诉处理未得到宾客的理解或谅解,宾客不满意不放过;被投诉而负有主要责任的人员没有受到处理教育,没有改进措施不放过。

③重要投诉汇报。大堂副理每天投诉处理完成后,要将重大投诉或重要宾客的投诉及其处理结果,整理成文,经前厅部经理或主管上级经理审阅后,呈报总经理批示。

6. 协调处理有关紧急事件

宾馆发生突发紧急事件,主要由保安部和事件发生地的有关部门负责。大堂副理主要起协调、临时调配和配合处理的作用。其主要目的是尽快做好现场处理,不使事态扩大而影响宾馆正常业务的开展。其协调处理的程序和方法主要包括以下各种:

◇ 住店宾客得急病或受伤处理

①接到宾客得急病或受伤的通知,立即赶到现场。询问宾客或现场人员发生的情况,将宾客先送回房间。若是突发性较重的心脏病、脑溢血等急病,则先让宾客安静,不宜搬动。

②根据宾客病情,在征求宾客意见的基础上,确属得急病或较严重摔伤、碰伤及其他伤害的,可速将宾客送到医院治疗。若是不宜搬动的心脏病、脑溢血等急病,可迅速请医生出诊处置后再按医嘱送医院。**特殊紧急情况下,可打120电话,请急救中心出诊。**

③若送医院,迅速联系好出租车,请宾馆医务室医生陪同前去。若遇到无出租车,就联系宾馆派车。

④经医院检查,若宾客需要住院治疗,要将发病经过及病情做详细记录,并通知当地亲友或长途电话通知家属。若是海外宾客,迅速通知接待单位或设法通知当地大使馆或领事馆。

⑤经医院检查,若宾客不需住院而回宾馆住宿,由客房部经理派人照顾。大堂副理可适当电话问候或到房间看望,以示关心。

⑥发现属于传染性疾病,应迅速报告接待单位和有关部门,安排宾客

离店，并请客房部配合医务室对宾客房间及其有关地方做彻底消毒处理。

◇ 住店宾客突发性死亡处理

①得到宾客突发性死亡通知，迅速赶往现场，保持冷静。若未能确定是否已经死亡，立即报告保安部，并请医务室或特约医院叫救护车送医院急救或抢救。同时做好记录，报告总经理。

②凡发生宾客突发性死亡，应立即封锁现场和消息，严格保密，同时通知客房部、公关部、保安部，由保安部决定是否报警、报案。

③如果宾客属于自然死亡或病死，必须在封锁消息后，将宾客送到医院抢救，并由医院开具死亡诊断书和死亡证明书。再由保安部报告有关部门，通知家属或友人直接到医院料理丧事。

④如果宾客属于被谋杀、他杀等，要保护好现场，由宾馆保安部通知当地公安机关有关人员前来调查处理。

⑤如果宾客是自杀，也要先封锁消息，速请医院派救护车送医院抢救，再由保安部通知有关部门。若抢救无效，按"自然死亡"方法处理。

◇ 宾馆内发生盗窃事故处理

①凡在宾馆发生宾客或宾馆和员工物品被盗，先报告保安部派人到现场，并通知事发部门经理或主管到场。主要由保安部人员处理。

②大堂副理视需要到现场协调与协助处理。如与保安部人员配合，询问物品被盗发生的情况、发现经过，询问宾客是否要报案等。

③**发生盗窃事故是否报案，由宾客自己决定，大堂副理或客务关系经理派人联系**。外籍宾客报案，报当地公安局外管处或指定机构；国内宾客报案，可到当地派出所或公安局报案。如果宾客物品在店外被盗，要请宾客向事发地区的公安机关报案。

◇ 火灾事故协调处理

①接到火警通知后，大堂副理先报宾馆消防中心，再请总机房按"宾馆火灾预防与处置方案"迅速通知有关经理人员，并记录通知时间，然后带上总钥匙和手电筒迅速赶到现场。

②检查火灾现场，迅速组织救援，并与保安部、工程部等有关人员取得联系。由最高领导或保安部消防经理人员决定是否报 119 派消防车。

③如火灾发生在厨房，应请工程部人员立即关闭所有煤气或天然气阀门，关掉所有电源和受影响的通风装置。

④根据现场情况和最高领导的指示，做好扑灭火灾的协调组织工作，必要时组织宾客撤离现场。火灾扑灭后，保护好现场，以便需要时报告有关部门，查明原因，做出处理。

◇ 安全治安事故处理

安全与治安事故包括食物中毒、本地宾客打架斗殴、流氓滋事、卖淫嫖娼、酗酒抢劫、出丑闹事等。这些事故在宾馆、特别是高星级宾馆极少发生。如果发生，也主要是由宾馆保安部为主来处理，大堂副理主要是在必要时起协调配合作用。

①得到发生上述安全治安事故通知后，首先通知保安人员到场。**如果事故发生在公共场所或公共区域，客务关系经理或大堂副理人员应到场协助处理。**

②到场后与保安部人员协商，迅速了解情况，制止事态扩大。除食物中毒应尽快通知医生和迅速处理外，其他安全治安事故都要先抓住或制服事故发生的主要人员，并让其到安全部或小房间内处理，防止影响宾馆公共场所的秩序、环境和业务开展，造成不良影响。

延伸阅读：

员工意外事故处理

①宾馆员工意外事故，如打架、争斗、内部物品被盗等，主要由员工所在部门经理会同人事部经理处理。

②节假日、夜间各部门经理或主管不在宾馆时发生的员工意外事故，由大堂副理或客务关系经理代为处理。处理时做好详细记录，次日将处理结果或意见交给员工所在业务部门经理和人事部经理。

7. 巡视检查公共区域

公共区域的环境、卫生是影响宾馆形象和声誉的重要场所。除客房部公区卫生组负责日常卫生清扫外，这些区域既是宾客和员工流动量较大的地方，又是容易发生"三不管"的场所。所以，巡视检查公共区域是大堂副理的日常工作之一。其工作程序和方法是：

大堂副理要制定巡视计划。事先制定出每天巡视前厅、门厅、过道、门前等公共区域的计划和路线安排，**明确重点，**对容易发生问题的地点做到心中有数。

巡视中如发现卫生不符合宾馆标准、员工有违纪行为的一般性问题，当时处理或通知有关主管部门经理处理。

巡视中发现有严重安全隐患、严重违规违纪甚至违法的人和事，应认真做好记录，找当事人询问事情经过、原因，提出处理意见或通知当事人所在部门经理处理。

每天将巡视检查的结果记录在工作日记上。若有重要情况和严重问题，报告总经理处理。

四、门卫的服务礼仪

门卫是一个宾馆的"门面"。门卫服务宾客于宾馆正门外，代表宾馆对宾客的抵离表示迎送，是宾馆服务的第一个环节，也是最后一个环节。来宾对宾馆服务人员的素质、服务质量往往就是先从这里开始获得第一印象的也可以说门卫的形象在某种意义上体现着宾馆全体人员的精神面貌，影响着整个宾馆的服务质量和服务效果。

门卫的服务礼仪主要表现在以下几个方面。

1. 精神饱满地恭候迎宾

◇ 着装整齐，举止规范

门卫恭候迎宾时，着装要整齐，穿迎宾服装，包括迎宾制服、迎宾帽、白手套、皮鞋等，仪容要端庄大方，精神要饱满，站立要挺直。走路自然、稳重、雄健，面带微笑，全神贯注。

◇ 注意疏导车辆，保持宾馆大门前交通畅通

宾客乘坐的车辆抵达时，负责外车道的门卫迎送员要主动热情相迎。凡来宾馆的车辆停在正门时，待车辆停妥后，必须要上前为宾客开启车门，迎接宾客下车。一般应一手拉开车门，一手挡住车门框的上沿，提醒宾客不要碰头。但注意有两种宾客是不能遮挡的，一是信仰伊斯兰教的，一是信仰佛教的。因其教规、习俗所致，不能为其护顶。

◇ 宾客光临，热情问候，不要以貌取人

无论什么人，都要一视同仁，主动上前彬彬有礼地亲切问候，表示热情的欢迎。问候宾客要面带微笑，热情地说："您好，欢迎光临！"并躬身15度致礼。对常住宾客切勿忘记称呼他的姓氏，如"史密斯先生"、"布朗小姐"等。微笑、点头、问好要同时协调进行。

为了使每个宾客都能听到问候语，应不厌其烦连续多次重复，做到每人一问。接待团体宾客时，应连续向宾客点头致意，躬身施礼。如遇到宾客先致意，要及时鞠躬还礼。

礼仪提醒

门卫使用问候语，要说普通话。问候时要语言清晰，目视宾客，不得东张西望和注意力不集中。并且要求笑容常在，笑而无声、笑不露齿，微笑自然、大方、真诚。

◇ 接迎宾客时，体贴关怀

对于老、弱、病、残、幼之列的宾客，拉开车门后，应先问候，征得同意后再搀扶其上下车，以示关心。对不愿搀扶的宾客，不必勉强，但要多加注意，随时准备采取应急措施。

贵宾车辆来宾馆，首先应热情陪伴贵宾进大厅，并尽快告知总经理，好让总经理前来拜会。

遇到下雨天时，要主动为宾客撑伞，以免宾客被雨淋湿。

◇ 帮助处理行李

遇到车上装有行李的情况，应立即招呼门口的行李员为宾客搬运行李，协助行李员装卸行李，并注意有无遗漏的行李物品。如暂时没有行李员，应主动上前帮助宾客将行李卸下，并携行李引导宾客到接待处办理登记手续，行李放好后即向宾客交接及解释，并迅速到行李领班处报告后返回岗位。

要注意的是应尊重宾客的意愿。凡宾客自己要提的物品，不要过分热情地去强行要求帮助提携。

◇ 牢记车牌号和颜色

门卫要牢记常来本店宾客的车辆号码和颜色，以便提供快捷周到的服务。

2. 微笑温馨地送客离店

遇到宾客需要乘坐出租车，应帮助联系。当出租车司机不懂外语时，应尽量帮助翻译。如暂时没有车，应先安慰宾客，再设法多方联系。尽量当着宾客面打电话联系，办事要使宾客感到真实可信。

当候车人多而无车时，应有礼貌地请宾客按先后顺序排队乘车。载客的车多而人少时，应按汽车到达的先后安排宾客乘车，不要擅自有意或无意打乱正常秩序，以免造成不必要的误会或麻烦。

散客离店时，负责离店的门卫，应主动上前向宾客打招呼并代宾客叫车。待车停稳后，替宾客打开车门，请宾客上车。如宾客有行李，应主动帮宾客将行李放上车，并与宾客核实行李件数。待宾客坐好后，为宾客关上车门，但不可用力过猛，不可夹住宾客手脚。

当团队宾客、大型会议、宴会的与会者集中抵达或离开时，要提高工作效率，尽量减少宾客的等候时间。

对重点宾客车辆抵达或离店要先行安排，重点照顾。

车辆即将开动时，门卫站在车的斜前方 1 米远的位置，上身前倾 15 度双眼注视宾客，举手致意，微笑道别，可说"再见"、"一路平安"、"一路顺风"、"谢谢您的光临，欢迎您再来"、"祝您旅途愉快"。

3. 精力集中地日常执勤

◇ 认真接待住店宾客的来访者

遇到住店宾客的来访者，要礼貌地询问情由，不可态度生硬地把来访者拒之门外。然后，通过总服务台查核来访者欲见的宾客是否住在本店。如果宾客尚未到达或已经离店，要给予明确的答复；如宾客尚在本店居住，可打电话到客房通知有客来访，由住店宾客决定是否同意见面。

对要进客房的来访者，需客气地请其出示有关证件和办理登记手续。对无证件者安排在门厅等公共场所会客，并做好解释工作。要做到既按规定行事，又尊重来访者。

◇ 遇到宾客问询，应礼貌地予以回答

如接到电话寻人，要表示乐意帮助，并问清被寻者姓名、性别、年龄特征等情况，复述一遍，必要时作好笔录。对特征基本相符的宾客，要悄声询问，不可贸然认定。如果经努力仍找不到时，则应客气地明确答复通话人，不得含糊其辞或不作答复。

◇ 在岗值勤时，要有高度的责任感

执勤时，注意力要集中，随时观察哪位宾客需要帮助。见宾客有欲询问的样子时，就要迅速作出反应，主动上前关心，不可视而不见。

某宾馆前厅部门卫在岗位值班时，一位住店宾客在急匆匆经过自动门入内时，因自己不慎，被门卡了一下。这位女士大发雷霆，在门卫面前又喊又叫，一通指责。门卫实在感到很委屈，但为了顾全大局，加上平时修养的结果，还是克制住了自己。他关切地对那位女士说道："请问挤得严重吗？真对不起，刚才怪我没有向您提示一下注意防挤。"忍耐的神态，关切的询问，化解了那位女士的火气，她转而向门卫道歉。

五、商务中心的服务礼仪

为了满足宾客商务上的需求，越来越多的宾馆，尤其是商业宾馆设立了商务中心。商务中心服务质量的优劣，直接关系到宾客商旅活动的成功与否，影响到宾馆甚至国家的声誉。

1. 商务中心主管的工作职责

商务中心的各个服务岗位均有应遵循的礼仪规范，分述如下。

商务中心主管人员的服务礼仪的工作职责主要有如下几个方面。

为顾客提供电话，传真、复印、打字等服务，力求保证商务中心的工作能按宾馆有关要求正常地进行，努力完成每月的各项任务；

根据本中心的具体情况和不同时期的特点，制定有效的工作计划，经总经理审批后实施；

与本中心业务往来部门保持联系，与宾馆有关部门保持密切联系，以保证电信业务的顺利进行；

负责制作各种报表及工作设备和环境的保养及清洁，保证各种设备的正常运行；

熟悉宾馆的各种规章制度，熟悉电信业务及工作程序，对业务质量进行把关；

遇有重要宾客住店，适当调配上班人员，以便在商业服务方面更大限度地配合宾馆的接待工作；

负责本中心员工的培训工作，包括业务培训、操作技巧、思想素质等，并定期进行考核；

负责所属员工的班次安排，监督员工的考勤，了解员工的思想动态、工作情况，帮助员工解决工作上的难题；

督促领班、服务员履行各自的职责，并指导他们的工作，根据下属的工作表现给予奖罚；

　　检查下属的礼貌服务、工作态度及自觉执行工作规程、《员工守则》的情况，在商务中心的工作范围内，妥善解决宾客的投诉；

　　检查当班工作记录，妥善完成上级交办的其他任务。

2.　商务中心服务员的工作职责

　　严格要求自己，工作积极主动，文明礼貌服务，努力提高服务质量，忠于职守，讲求效率，秉公办事，不利用工作之便干私活、谋私利。

　　为宾馆宾客提供长途电话、电传、传真、打字、复印等服务工作。

　　服从上级指挥、领班安排，努力完成交办的每一项业务工作，力求保质保量提供各项服务。

　　具备外语知识和打字技术，熟悉和掌握所用仪器设备的性能、保养和简单维修，以便迅速、准确地为宾客提供服务。

　　熟悉电报、电传、复印等各项业务，工作中严格按照规程操作。

　　微笑服务，对宾客热情有礼，有问必答，尽量满足宾客的要求，耐心解释宾客的各种疑问。

　　刻苦钻研业务，对技术精益求精，努力提高业务工作水平，提高整体服务质量。

　　自觉遵守宾馆的各项规章制度，认真做好交接班工作。

3.　商务中心员工的服务礼仪

　　商务中心员工在岗时，除按照服务规程工作外，在礼貌服务上还应做到如下几个方面。

　　◇ 注重个人仪表

　　在工作岗位上，要仪表整洁，仪容端庄，仪态大方。工作时间要精神饱满，精力集中，在客户面前，注意自己的坐立、行走姿势，要符合宾馆员工守则中有关规定的要求。

◇ 工作热情主动

要热情主动地接待客户，微笑问候，敬语当先，尊重客户的意愿，对客户不得漫不经心，带搭不理，显出无所谓的样子，尤其是对一些有特殊要求的客户，不得有不耐烦的表示。在同时接待数位客户时，应按先后次序——受理，同时向各位打招呼致意，使其不致有被冷落感。要忙而不乱，有条有理。**要讲究职业道德，注重信誉，确保质量，按规定收费，代客保密。**

◇ 办事认真，讲究效率

承办电传、传真、打字、复印、翻译、快递等项业务，要做到准确、快捷、细心、周到，杜绝差错。

商务中心员工代客发电传时，要浏览客户的电传底稿，有不清楚的地方要询问明白，并请客户重抄或经客户同意后代为改正。代发的电传应留下复制件以便查询。代客发毕电传后，要把通报时间、发报机位、发出时间及操作人员工号填写在挂号单上，并请宾客到收银处付款。代收电传时，收到电传后应检查有无收报人地址和姓名，将电文连同发来电传的时间记录并小心撕下，填上经手人工号，可将电传送到宾客房间或打电话请宾客到商务中心领取，请宾客在电传登记簿上签名。

代客发传真时应仔细核对发送对方的地区号和传真号，以防错发。传真发毕应将发送时间及操作人员工号填在账单上并请宾客去收银处付款。

代客打字、复印、进行口头或书面翻译时，应讲究效率、力求准确、避免差错。

客户如果对服务有不满时，商务中心文员应做耐心解释，不应置之不理。**解释时说话态度要谦和，语气要委婉，解释是要耐心申述事情的原委，不应转化为与客户一比高下的争辩。**

要树立良好的服务形象，不得利用工作之便谋私利，不向客户换汇、套汇，维护人格、国格。

礼仪提醒　　商务中心的办公室既是服务的场所，又是接待客户的地方，一定要做到环境卫生整洁，整体布置井然有序，使客户有舒适、方便、信赖感。

4. 商务中心有关业务的操作程序

◇ 电传发送操作程序

电传发送的操作程序如下。

①接过宾客拟好的电传稿，请宾客填写电传发送表。

②仔细阅读查看宾客所要发送电传的文字内容，并向宾客询问不清楚的地方。

③检查电传发送表，看宾客是否按要求将姓名、房号、发送国家和地区、电传号码及自报编码等项内容填写清楚。

④输入电传机发送：按电文编辑；按呼号键；接问询键，使对方显示报号码；按自动状态键。

⑤电传文字发送完毕，将电传机读出的打印稿从机口撕下，第一联交给宾客，第二联保存准备记账。

⑥根据发文稿底部提供的发送计时，按价目表规定准确计算电传费。

⑦填写收费单，第一、二联送收银处，第三联和发送底稿订在一起。如果是店外宾客，则将第一联给宾客，第二、三联交收银处收取现款。

◇ 传真发送操作程序

传真发送是借助机上配备的长途电话直拨功能完成的，其操作程序如下。

①接过宾客送来需发放的传真稿件。

②请宾客填写传真发放表，包括姓名、日期、发往地址、传真号码及签字。

③核对上述内容，检查稿件纸质（不能过薄也不能过厚）。

④将文稿放置机上，利用拨号键拨号或启用自动号装置。

⑤线路接通后监视发送情况，若有断线无显示，应视情况重发。

⑥发送完后，打出发送情况报告，看时间按照价目表规定计算费用。

⑦填写收费单，如果是店外宾客，单据第一联给宾客，第二联交收银处收费。若是店内宾客，单据一、二联交收银处，挂账到宾客房间，把收

费单据的第三联按收费序号排列，登记在统计表上，附上发送表格及发送情况报告存底。

◇ 传真和电传接收操作程序

①将传真（或电传）机上自动收到的传真（或电传）分类：根据收件人姓名在电脑中查询，查到后在前台留言通知宾客领取。如果是店外宾客，根据传真上提供的信息，电话通知接收人速来领取。**如果找不到收件人，保留半个月，每天每班继续查找。**

②准确计算纸张，按宾馆收费标准填写收费单。

③记录通知宾客情况，打上时间。

④宾客领取传真时，将收费单第一联交给宾客，第二联交收银处收费，第三联在收费统计表上登记存底。

◇ 打字服务程序

打字服务的程序如下。

①了解宾客的要求：是英文或中文打字；共有多少稿件；要用怎样的尺寸、纸张打印；字体格式要求；有何特殊要求。

②向宾客介绍打字的收费标准、征询宾客付款方式。

③告诉宾客最快的交件时间。

④弄清稿件上的不明字母或符号。

⑤记录宾客的姓名、联系电话、房号等。

⑥打字完毕后认真核对一遍，并作必要的修改。

⑦通知宾客取件。

⑧开出收费单交给宾客并收费。

⑨向宾客道谢。

六、 话务员与电梯员的服务礼仪

话务员每天都要处理众多宾客电话，电梯员每天都要与宾客接触，他们优良的服务会给所有的住客和公众留下深刻的印象，从而赢得宾客的信任，提高宾馆的声誉。

1. 总机话务员的服务礼仪

电话总机是宾馆内外通讯的主要枢纽，主要工作是：转接市内电话，承办国内外长途电话业务，为宾客提供问讯服务、联络服务、叫醒服务、通知紧急和意外事件等。在服务工作中，应遵循的礼仪主要有：

◇ 敬语当先

电话总机话务员要熟练准确地自报家门，并自然亲切地使用问候语。要注意说好开头几句话，坚持敬语当先，如"您好，××宾馆，我能为您做什么吗"。接内线时也可以说："您好，请讲。"坚持"您好"开头，"请"字在中，"谢谢"结尾。

◇ 耐心服务

话务员转接电话必须要有耐心。首先必须认真聆听完宾客讲话再转接，并说"请稍等"。如果宾客需要其他咨询、留言等服务，应对宾客说："请稍等，我帮您接通××部门。"

为宾客接听电话，如对方要接听电话的宾客不在时，铃响半分钟后（五声），必须向宾客说明："对不起，电话没有人接，请问您是否需要留言？"**如需代客留言，一定不要怕麻烦，认真倾听，并作记录，复述一遍，及时转告**。或将需要留言的电话转到前厅问讯处。如果电话占线，则告诉对方说："对不起，线路紧张。"

对于"代客拨号"、"电话查询"等业务，应做到不怕麻烦，努力使宾客满意，不可说"我没空"、"我不知道"之类的话。即使做不到，也应主动向宾客作出解释并致歉。

所有给宾馆管理人员的留言，一律由话务员清楚地记录下来，并尽快将留言转达给宾馆管理人员。

◇ 准确答讯

店内外宾客常常会向宾馆总机提出各种问讯，因此话务员要了解宾馆内外常用的信息资料，尤其是宾馆各部门及当地有关机构的电话号码，以便正确、快速地回答宾客的问讯。

接到打错的电话，不要态度生硬、讽刺挖苦，也不要等对方说出实质性的内容，然后再告诉对方错了。应该态度亲切地告诉对方："对不起，这里是××宾馆，可能您的号码拨错了。"

接受投诉要虚心。当通话人对宾馆服务质量有意见，进行电话投诉时，话务员要以虚心的态度仔细聆听，并安慰宾客，向宾客致歉，向宾客保证会将其意见及时转告有关部门，不可中途挂断电话。

◇ 准时叫醒

住店宾客如来电要求在某时提供叫醒服务，话务员要当即做好记录。到了时间，应通过电话叫醒宾客。**在按宾客房间的电话铃时，注意不要为图省事而按个不停，一般为五分钟左右一次**。如多次提醒仍无人听接，就应该通知客房服务员实地察看，搞清原因。切忌不能大意误事，耽误了宾客的行程。

礼仪提醒　话务员从事的是一项机要工作，切记不能外泄宾馆内部的信息和宾客的私人情况，更不能偷听他人的电话，这是礼仪礼节的起码要求，也是宾馆的组织纪律。每个话务员都应自觉维护宾馆的声誉。

2. 话务员的岗位职责与素质要求

◇ 话务员的岗位职责

总机归属前厅部管辖，负责沟通宾馆内外的通讯联系，为宾客提供最满意的通讯服务及咨询服务。总机话务员的主要职责如下：

①**按工作程序，迅速、准确地转接电话。**

②挂发国际、国内长途，并准确及时地计算费用。

③准确地为宾客提供叫醒服务。

④接受宾客的电话查询，迅速、热情地进行应答。

⑤为宾客记录电话留言，提供传呼、寻人服务。

⑥发生紧急情况时，迅速传递信息。

⑦保持话务室清洁、整齐，爱护机台。

◇ 总机话务员的素质要求

①从事电话总机服务的员工必须会一至两门外语，会标准的普通话和地方话等多种语言。

②话务员要求声音清晰，吐字清楚，注意语音语调，使人感到悦耳动听。

③**话务员接听电话与宾客会话时，要注意态度诚恳，温文尔雅、友好，使对方感到你是乐意为他服务的**。每当电话铃响，接听电话时均要向宾客致问候。若是外线的，要讲："您好（早、午、晚上好）××宾馆，很高兴为您服务！"若是内线电话，问候同上所述。若是在节日，应将您好改为节日好。

④熟练掌握电话总机的性能和操作方法。

⑤熟悉宾馆全部内线电话号码。

⑥熟悉宾馆总经理、各部门经理的家用电话和手机、呼机号码。熟悉经理的声音和讲话习惯。

⑦熟悉各大机关、公司、交通部门（如民航、铁路、轮船客运等）、海关、公安局、医院、自来水公司、供电局、各大宾馆总机、大专院校总机等单位的电话号码。

⑧熟悉世界各地的国际时间与北京时间的时差。

⑨熟悉各地长途电话的收费标准。

礼仪提醒

每一员工必须严格遵守《员工守则》和话务室的制度，不得利用工作之便与宾客拉关系，不得在电话中与宾客谈与工作无关的话，不得利用工作之便与宾客交朋友，上房间，泄露宾馆秘密，违反有关外事纪律。

3. 电话总机的服务项目

◇ 接转内部电话

这是指由外部挂进宾馆的电话，有本地的电话，也有长途电话。话务员在接转这些电话时必须注意以下礼仪礼貌。

①挂给住客的电话必须问清挂电话人的姓名及挂电话的事项，然后核实住客是否挂电话人要找的，若是，则征求住客意见，是否可转给他，宾客表示可以时才转给他，若宾客表示不接时，可向挂电话人婉拒。

②若挂电话查询住房时，也要征询宾客意见，经同意后才告诉挂电话者。**住客及其房号要保密，一般不告诉外人。**

③若宾客不在房间或表示不听电话时，可将挂电话人的姓名及电话内容记下来转告宾客。挂给总经理的电话也可按上述方法处理。

◇ 接拨长途服务

①话务员受理宾客接挂长途电话时，必须先问清宾客的姓名、房号，接挂电话单位的名称或接话人的姓名、电话号码。

②电话接通后，要迅速接到宾客房间告诉宾客，请宾客讲话，宾客讲完话后，要告诉宾客通话时间。宾馆长途电话应装有自动记账器。

③宾客通话后，话务员要及时将电话收费单转交给总服务台收款处，为宾客记账。

④一家宾馆可能同时有许多人要挂长途电话，对此都要一一登记好，在线路比较忙的情况下妥善安排。

◇ 叫醒服务

话务员在接受宾客要求叫醒服务的时候，询问要求叫醒的时间与宾客的房号，并正确填写叫醒服务记录。叫醒服务记录按叫醒时间的顺序排列。话务员在交接班时，要妥善转交叫醒服务记录。如宾馆的总机交换台具有自动叫醒的功能，则在填写完叫醒服务记录后将房号及叫醒时间输入电脑。

在叫醒宾客时，无论是人工叫醒还是使用录音带，都应该注意到宾客是在熟睡中被叫醒的特点。如叫醒时，无人应答，应再叫醒一次，仍无应答，话务员应通知大堂值班经理或客房部，搞清原因。

◇ 提供查询服务

电话总机人员要像前厅问询处人员那样掌握各种信息资料，以便正确、高效地回答宾客的询问。话务人员还需能随时应宾客要求报出本宾馆各个部位及当地主要有关机构的电话号码。

对外来查询住店宾客的电话，同样应注意为宾客保密，不能泄露房号，可接通后让宾客直接与其通话。

当住店宾客或在客房内的宾客需要某种服务求助于电话总机时，话务员应即时与相关的部门联系，及时满足宾客的要求。

◇ 代客留言

在转接外来电话，而受话宾客不在又无法找到的情况下，话务员应主动向来话者建议，是否需要留言。记录留言时，话务员应使用宾馆统一设计印制的留言条，以便正确、迅速地记录下来话者的姓名、电话号码、转告内容等。

◇ 呼叫找人

宾馆向宾客提供的呼叫找人服务有三种途径。

①寻人牌找人。在了解了被寻住客姓名、需呼叫的地点、需回电的电话号码后，话务员应立即与礼宾部的行李员或专职寻呼员联系，由他手持寻人牌（寻人牌的两面均写有被寻住客的姓名）在所指定的呼叫点提供寻人服务。为避免引起周围宾客的反感，寻呼员应注意走路的节奏及注意控制寻人牌铃铛所发出的音量，找到住客后应立即联络话务员。

②广播找人。话务员也可通过扩音器，在宾馆公共区域内广播找人。此种寻人方式的优点是方便、节约人力，缺点是失去了面对面服务的特点。**为避免引起宾客的惊慌和不安，话务员在广播找人时应注意讲话的语音、语调，并注意控制音量。**

③寻呼器发射台找人。在大型宾馆内，电话总机的话务员亦负责管理传呼器发射台，并利用它提供寻人服务。为了搞好此项服务，话务员应熟悉传呼器携带者的呼叫号码、上班区域、上班时间及活动安排等。若情况发生变

化，应及时将变更情况记录在记事板上，供大家查阅，以免出错。传呼器亦可租借给住店宾客，如商务宾客、大型会议的组织者等，以起到方便宾客联络的作用。

◇ 其他服务

各宾馆提供的电话总机服务项目有所不同，有些宾馆的电话总机还负责背景音乐、闭路电视的播放等。

①背景音乐的播放。宾馆的背景音乐播放时间一般为 6：00AM ~ 12：00PM，要求话务员准时播放和关闭，并注意定期更换音乐的内容。

②宾馆闭路电视系统的播放。话务员在每周末编制出宾馆闭路电视节目单，将节目单及时送客房服务中心，并按节目单的内容在指定的时间准时播放。

礼仪提醒

宾客无论采用哪一种呼叫找人方法，话务员在受理呼叫服务时，均需作好记录。呼叫记录的内容包括：受理日期、时间、被呼叫宾客姓名、房号、呼叫者的姓名、电话号码、有无回音、话务员、备注等。

4. 电梯员的服务要求

现代宾馆均使用电梯，电梯员应使宾客在搭乘电梯时感到安全可靠、心情愉快而满意。电梯驾驶员由于和乘客靠得很近，要特别注意自己的个人清洁卫生，不能有汗味，当班前不能吃有刺激气味的食品。

◇ 主动服务

在停靠楼层迎接宾客时，电梯员应站立在门外一侧，随时注意是否有宾客来搭乘电梯。看见宾客来临，驾驶员应先步入电梯，对着梯门侧身站立，一手按住梯门，同时用手势示意（可用"曲臂式"），并说"您好，请进"、"请问到几楼"等礼貌用语。

◇ 安全第一

在关电梯门时，双眼注视反光镜，耐心地等候赶来搭乘电梯的宾客，关梯门之前要举手示意。要注意最后入梯乘客的安全，等宾客站稳后再启动。

电梯每到一个楼层面，在开门前，要主动报楼层数，以免差错发生。停靠楼层后开门前要举手示意，等电梯停稳后再开门。对中途搭乘的宾客要报告电梯上、下行方向。

当电梯满载时，要彬彬有礼地对在梯外等候的宾客说："对不起，已满员了，请稍候。"并迅速返回接客，不忘说一句："对不起，让您久等了，请进。"

电梯运行中如发生故障，使电梯中途停驶或到楼层后梯门一时打不开时，电梯驾驶员一定不要在宾客面前流露出急躁的情绪。应一方面耐心地安慰宾客，另一方面尽快用电话与总机取得联系，尽快排除故障。

礼仪提醒　电梯员对老弱病残的宾客，要主动搀扶其进出电梯，并帮助提携行李物品，与前来迎送的其他服务人员交接后，再继续电梯运行操作。

七、前厅部的特色服务与礼宾服务

前厅的特色服务在于：通过服务人员从入住登记到带客上房，并向宾客介绍各项服务及设施的过程，增进与宾客的感情交流，使宾客在享受到贵宾级礼遇的同时，对宾馆各项服务及设施有所了解，同时有针对性地做好个性化服务，以期获得更好的亲情效应。

1. 宾客来店及住店的特色服务

◇ 殷勤带房

通过带房人员与宾客的接触，在满足宾客住宿、卫生、安全的需求同时，让宾客体验"关爱"和"受尊重"的高层次需求。

带房可以让宾客在短短的几分钟内对宾馆的服务和经营活动有较全面的认识。

◇"金钥匙"服务

为宾客提供个性化的超值服务，满足宾客所有合法和合理的要求，让宾客在店内店外都能获得最大程度的便利，给予宾客满意加惊喜的美好感受。

◇ 节日祝福

通过对住店宾客和未住店常熟客、VIP 宾客进行生日和节假日祝贺的个性化服务方式，让宾客在特殊的日子里能感受到一份有如家人般的关怀。

◇ 快步礼宾

通过加快服务步伐这一细节的变化，创造出一种主动、殷勤的服务氛围，使宾客从视觉进而到心理都得到更加强烈的感受，给予宾客备受重视和关注的惊喜。

◇ 温馨车卡

通过为宾客提供有记录顾客乘坐出租车车号、时间等内容的小卡片的细小动作，让宾客感受到宾馆服务的细微和贴心，在获得安全感受的同时感到备受尊重。

◇ 信息礼宾

准确、快速地回答宾客的一切询问，预测宾客的需求，主动提供宾客所需的信息，使宾客感到备受尊重。

礼仪提醒

前厅部管理人员如大堂副理等在宾客退房时要像家人、朋友般为宾客送行。在与宾客作最后一次沟通，了解宾客的住店感受、意见和建议的同时，进一步显现宾馆的"温馨细微、物超所值"的服务内涵。

2. 宾客离店后的特色服务

◇ 信函问候

宾客离店后，以信函的方式继续对宾客进行问候和关心，使宾客感到宾馆对他的重视和感谢，同时也让宾客了解到宾馆对他的意见和建议的整改和实施情况，使宾馆与宾客间产生良好的互动关系。

◇ 真情回访

前厅管理人员和员工以电话形式对住店宾客进行拜访，能够及时了解宾客的喜好和所需服务的侧重点，使宾馆能有针对性地提供个性化服务。

通过电话回访对宾客反映的问题和建议能及时予以解决和改善，使宾客感到备受重视和尊重。

◇ 人工叫醒

在宾馆常规电脑叫醒服务的基础上，增加由总机话务员致电房间，确认宾客是否醒来。通过总机话务员用亲切而充满感情的语调称呼宾客姓氏，再次提醒宾客叫醒时间已到的方式，让宾客感受到机械服务所无法比拟的体贴和关怀。

3. 店外的接送服务

◇ 迎接宾客

①宾客抵达时，宾馆代表应主动寻找宾客，发现宾客或当宾客走来时应主动迎上问候宾客，并向宾客做自我介绍，询问宾客是否需要帮忙取行李。如果宾客需要通过海关，请宾客先过海关；不需要，则应领宾客到车上就坐，等候行李。

②VIP 宾客到达，宾馆代表要事先把信息送入海关以便检查，并随时把 VIP 宾客的情况（如尚未到达、已到达、在途中或推迟到达等）通知宾馆，以便接待。

③团体宾客到达，宾馆代表应先引导宾客上车，点清人数，收齐行李牌后，请宾客先回宾馆。将宾客的行李领出后，立即用行李车送回宾馆。

④在送宾客到宾馆的途中，宾馆代表应适当地介绍沿途风景，以解除宾客长途旅行的疲劳，并对老、弱、病、残宾客给予特殊照顾。

◇ 送客服务

①到总台了解需要送走宾客的情况（如姓名、所乘的交通工具、班次、离开时间等）。

②与宾客商定离开宾馆的时间，清点行李。

③按时联系好送行车辆，送客上路。征求宾客意见，欢送宾客。

4. 店门的迎送服务

◇ 迎接服务

①对步行散客的迎接。对步行的散客抵达时的迎接服务，主要有以下几个方面。

司门员应热情迎接，用敬语表示欢迎（如"欢迎光临××宾馆"等），并替宾客拉门，拉门时应注意不要让门碰到宾客。

若是来住店的宾客，在行李员未能及时赶到时，司门员应主动帮宾客提拿行李，并将其领至总台办理入住登记手续。

若是来参加宴会、会议或就餐的"过往宾客"，司门员应给宾客指明前往宴会厅、会议室的方向；若宾客是自己开车来的，还应指明停车场的位置，引导宾客停好车。

对乘车的散客抵达时的迎接服务，主要有以下几个方面：

②对乘车散客的迎接。

宾客乘车抵达时，司门员应将宾客的车引导到宾客容易下车的地方。

汽车停稳后，拉开车门，用敬语表示对宾客的欢迎。

宾客下车时，要用左手拉开车门约70度角，右手挡住车门上沿，为宾客护顶，防止宾客头部伤；提醒宾客注意脚下，以免绊倒。

迅速检查车内有无宾客的遗留物品，然后轻轻关上车门。

若行李员未能及时赶到，司门员应主动帮助宾客卸行李、提行李，把宾客引至前厅，把行李交给行李员。

延伸阅读：

司门员迎接宾客的注意事项

为了体现宾馆的优质服务，在迎接过程中，司门员应注意下列事项：

①一般应把车辆引导到宾馆正门前的台阶下方，引导宾客下车。

②若宾客乘坐的是出租车，应等宾客付完车费后，再把车门打开。

③开门时，应先为女宾、外宾、老年人开车门。若无法明确车内乘客的性别、国籍、年龄等情况，一般应先开朝向正门台阶一侧的后门，若有必要，再开前门，最后开另一侧的后门。

④开车门时，若发现来宾是常客，在使用的敬语前，加上宾客的姓名，以示尊重。

⑤对信仰佛教和伊斯兰教的宾客不能"护顶"，因为他们认为手挡在头顶，会挡住佛光。

⑥若遇有老、弱、病、残的宾客，应主动搀扶。

⑦雨天时，司门员应主动替宾客打伞，并将宾客随身携带的湿雨伞锁在伞架上。

③团体宾客抵达时的迎接服务。

团体大客车到店时，司门员必须马上与行李员取得联系，并将车引导到稍微偏离正门的位置停放。

待车停稳后，示意司机开门，并向宾客致意问好，对行动不便的宾客要给予搀扶，对行李较多的宾客，应帮助提行李。

待宾客下车后，提醒陪同检查车上有无宾客的遗留物品，然后示意司机把车开走或停在合适的地方。

◇ 送行服务

①步行的散客离店时的送行服务：

散客步行离店时，应替宾客拉门，并向宾客告别。

宴会或会议结束，"过往宾客"离店时，司门员应迅速而有秩序地引导宾客的车辆，让宾客和车辆迅速疏散。

②乘车的散客离店时的送行服务。

对乘车离店的散客，司门员要把车引导到既便于宾客上车又不妨碍装行李的位置。

若行李多时，要协助行李员把行李装上汽车尾箱，并请宾客清点行李的件数。

打开车门，请宾客上车并"护顶"。等宾客坐稳，确认宾客的大衣等没有露在车外后，用敬语向宾客告别（如"再见，欢迎您再来"等），并轻轻关上车门。**如果宾客是外国人，出租汽车司机又不懂外语，应与司机讲明目的地。**

站在汽车斜前方 0.8～1.0 米的位置引导车辆开出，并向宾客挥手告别。

③团体宾客离店时的送行服务。

调好车辆，使之停在既方便宾客上车又不影响宾馆门口其他宾客出入的位置。

送别团体宾客时，司门员应站在车门一侧，一边点头致意，一边注意宾客上车过程，遇有老、弱、病、残的宾客，应给予搀扶。

宾客上车后，示意司机开车，并站在车的斜前方 1.0～1.5 米处向宾客挥手告别，目送宾客离店。

5. 对宾客的行李服务

行李员主要负责宾客的行李接送工作。他们应着装整洁，仪容端庄，礼貌直岗；宾客抵达时，热情相迎，微笑问候。

◇ 帮卸、助提、爱护行李

行李员卸下宾客行李时，要及时清点件数，宾客多时应将行李间隔摆放，及时挂上行李牌；团队行李集中一处、点清件数，按分配房间的名单逐一核对、写上房号，再分送房间交给宾客；宾客不在则交楼层服务员；若不能及时运走，应集中起来，用网罩盖好，妥善看管。

如果宾客坚持自提物品，行李员应尊重宾客意愿。**在推车装运时，要轻拿轻放，注意不让行李掉到地上，对贵重和易碎物品，切忌毫不在乎地乱丢、乱抛、乱码，更不能踩踢行李，以免引起宾客的不快。**

◇ 陪同宾客到总服务台办理住宿手续

行李员应侍立在宾客身后两三步处等候，看管好行李并随时接受宾客的吩咐；待宾客办完手续、咨询完有关问题后应主动上前向宾客或总台服务员取房钥匙，护送宾客去房间。若宾客有事，要求行李员将行李送到房间，此时要看清客房号码（没看清应与总台核对），请宾客核对行李件数，确认无误后再送；为安全起见，须同楼层服务员一起进入房间，并做好运送行李记录。

◇ 引领宾客

行李员要走在宾客左前方两三步处，随宾客的步子行进。遇转弯时，应微笑示意，以示尊重。

◇ 乘电梯

行李员带行李先进，尽量靠边放置，一手挡门请客进入，按钮并告诉宾客楼层；到达指定楼层，关照宾客先出电梯，然后将行李运出；若大件行李挡住宾客出路，行李员可先搬出行李，再挡门请出宾客。

◇ 引领宾客进房

行李员先放下行李按门铃或敲门通报，里面没有回声再开门；开门后，先打开过道灯（室内装有节能钥匙孔，则应先把钥匙插入孔中），扫视一下房间无问题后，则退到房门的一边，请宾客进房。也可请楼层服务员引领，行李员提行李尾随宾客进入客房。**如果进入的客房尚未整理或有行李，应立即关上房门，向宾客致歉，请宾客稍候，立即到总台调换房间，然后带宾客到新换房间，并再次道歉。**

◇ 行李送进房间

行李员要将行李轻放在行李架上，箱子的正面朝上、提手朝外，便于宾客取用；也可按宾客要求摆放；将钥匙交给宾客并核对行李，向宾客扼要介绍房内设施、设备及使用方法（常客只介绍新增设施），询问是否需其他服务，并告知有事再找服务员，随即礼貌告别，以免给宾客造成等待要小费的印象。

6. 对宾客的委托代办服务

前厅的问讯代办员要对宾客做好委托代办服务，包括回答宾客有关宾馆各种服务设施及宾馆所在市的交通、游览、购物等内容的询问，代客对外联络，代办宾客委托事收发保管客房钥匙，处理宾客信函、电报和安全会客。

问讯代办员在工作时间内应始终坚持站立服务：站姿端正，精神饱满，面带微笑，思想集中，语言流利，应变能力强。

◇ 问讯

宾馆的宾客来自全国乃至世界各地，在陌生的城市、陌生的环境，宾客必然会有很多情况需要了解，很多问题需要询问。问讯代办员要热情接待每一位中外宾客，必须有耐心，做到有问必答，百问不厌，用词得当，简洁明了。对宾馆的设施、各部门的服务时间、具体位置、市内交通、旅游景点、商业区等情况应详细回答清楚。本职业务要熟悉，不能说"也许"、"大概"之类没有把握或含糊不清的话。

问讯代办员答复宾客问讯时，自己能回答的，不要推给别人来回答。对不知道的事，不要不懂装懂，也不要轻率地说"我不知道"；而应该请宾客稍等一下，然后向有关人员请教，问清后再给宾客一个满意的答复。对宾客提出的问题经过努力仍无法解答时，可向宾客耐心解释，以求得到谅解，并表示歉意，但尽量避免这种情况发生。

如多人同时问讯，应先问先答、急问快答，根据宾客的具体情况作出反应，避免怠慢。

礼仪提醒　为准确回答宾客的问讯，问讯员必须掌握较丰富的知识，熟悉业务，明确自己的职责，掌握大量的信息，同时要准备好最新的问讯资料以备宾客的咨询。

③在接待宾客问讯时，要做有心人，要热心作好宾客的参谋，为他们提供游览景点、往返路线、风味小吃、购物场所等信息。

④在任何情况下都不得讥笑、讽刺宾客，不得与宾客争辩，决不允许言语粗俗、举止鲁莽。**在宾客因误解、不满而投诉时，要以诚恳的态度耐心听取宾客的意见，不得中途打断，更不能回避、置之不理。**

⑤如果是外国宾客，为了防止语言不通而给宾客带来的不便，应根据具体情况为宾客准备向导卡，其正、反面分别用外文和中文标明宾馆的地址、电话和宾客要去的地方。这样，宾客外出时，只要向出租车司机或行人出示卡片，就不致迷路。

◇ 查询

①宾馆经常会接待非住店宾客的查询，如查找住店宾客的有关情况。问讯员应按有关规定做好来访者的登记、接待工作。**对来访者要本着助人为乐的服务精神给对方提供方便，要注意自己说话的语气、态度等。**

首先问清来访者的姓名、与住店宾客的关系等，然后打电话到被查询住客的房间。经宾客允许后，才可以让来访者上楼层找住店宾客。如果住店宾客不在房间，为确保宾客的隐私权，不许将住客的房号告诉来访者，更不可以让来访者到房间找人。

②接受来电查询，应热情帮助解决，件件要有结果、有回音。如不能马上回答，对来电的宾客应讲明等候时间，以免对方久等而引起误会。对住店宾客的来电，要认真接待，并帮助办理有关事宜。比如，宾客要求预约出租车，应作好书面记录，并把房号、姓名、时间告知车队。

③接受房号查询要迅速问答。来电查询如一时查找不到，可对来电的宾客说一声"请再等一会儿"，以免对方等候多时得不到回音，误以为置之不理。如查无此人，要用委婉的语气作出明确的答复，表现出服务态度耐心、周到。

◇ 客房钥匙的分发

客房钥匙的分发须严格控制。问询员可直接把钥匙发给熟悉的贵客、长住宾客、宾馆的常客。对于不熟悉的宾客，问讯员应有礼貌地询问宾客的姓名，然后与钥匙架存放的卡条、在店宾客的名单、客房状况或电脑终端核对；证明无误后，才能把钥匙交给宾客。如遇疑问，还可以请宾客出示房卡，以供核对。

◇ 宾客信件处理

要把信件、电报、邮件准确而迅速地交给住店宾客，递送时要微笑招呼，敬语当先。对离店宾客的信件要及时按宾客留下的地址批转或退回原地，时时处处体现对宾客认真负责的精神。

◇ 留言

①如来访者要求会见某位住店宾客，问讯员首先应了解来访者的姓名以及是否与住店宾客有约在先；然后问讯员应通过电话，将某人来访的消息告诉住店宾客，经宾客同意后，才能将房号告诉来访者。如住店宾客不在房间，可根据情况在宾馆的公共场所寻找被访宾客。如仍无法找到被访宾客，可向来访者建议是否愿意留言。**决不能未经宾客许可，便将来访者直接带到房间找人，或将住客的房号告诉来访者。**

②认真填写访客留言单，留言单一般由三种不同颜色的纸张填写三张。交领班检查后，开启客房的留言灯，将访客留言单的第一联放入钥匙、邮件架，第二联送电话总机，第三联交信件或行李员送往客房，将留言单从房门底下塞入客房。宾客可通过三种途径获知访客留言的内容。如宾客了解到留言内容，应及时关闭留言灯。

◇ 代办服务

①为宾客代购各种机票、船票、车票、戏票，要按宾客的要求办理。困难或情况发生变化，要及时征求宾客的意见，要让宾客自己决定，服员不要自作主张。

②代宾客修理物品时，不要怕麻烦，大小生意，一视同仁。在无法满足宾客要求时，不要随意编造原因，致歉态度要诚恳，以求对方谅解。**要尽力帮助宾客排忧解难，不得在宾客面前说"不行，我没有空"或者"不行，我从来没做过"。**

礼仪提醒

　　留言传递要迅速、准确。对于访客留言，有些宾馆规定问讯员要每隔一小时打电话到客房通知宾客，使宾客最迟也可以在回店后一小时之内得知留言的内容。

第 六 章

宾馆客房部的服务礼仪

宾馆客房部，又称房务部，其工作的重点是管理好宾馆所有的客房，通过组织接待服务，加快客房周转。客房部担负着宾客住店期间的大部分服务工作，其业务范围涉及整个宾馆房间和楼层公共区域的清洁卫生、物资用品消耗的控制、设备的维修保养，等等。客房服务与管理的水平，不仅影响宾馆的声誉和房间销售，而且直接影响成本消耗和经济效益。

一、 客房部的任务与岗位的职责

客房部的工作重点是管理好宾馆所有的客房。客房服务水平的高低是衡量宾馆等级水平的标准。宾客在宾馆的日常生活服务大部分是由客房服务员承担的。要提高客房服务的水平和质量，给宾客提供舒适、温馨、安全、安静、清洁的居所，客房服务人员就必须要十分注意礼仪礼节。

1. 客房部的主要任务

作为宾馆的基本职能部门，客房部肩负着如下的工作任务。

◇ 保证客房及其楼层、公共区域的清洁

清洁卫生是客房商品使用价值和客房优质服务的重要标志。宾客重视客房的设施设备、环境卫生清洁，这是一种普遍的正常的基本要求，也是客房部符合专业化管理不可缺少的一个重要组成部分。高标准的清洁工作，不仅是对规格较高的旅游涉外宾馆的要求，而且也是对所有宾馆的基本要求。**客房部担负着宾馆绝大部分区域的清洁卫生工作，为宾客提供一个舒适、干净、优雅的居住条件，是客房部的主要任务。**

◇ 为住店宾客提供一系列周到的服务

宾馆不仅是宾客旅行中下榻的场所，而且也是宾客出门在外的"家"。客房部为宾客提供的各种服务，就是要使宾客有一种在家的感觉。客房部为宾客提供的服务有迎送服务、洗衣服务、房内小酒吧服务、托婴服务、擦鞋服务、夜床服务等。这些服务不仅是宾客的需求，而且国家旅游局对星级宾馆客房部提供的服务标准中也有明确的要求。

客房部管理人员的工作要按国家星级评定标准的要求，根据本宾馆目标客源市场的特点，提供相应的服务，并不断根据宾客需求的变化改进自己的服务，从而为宾客创造一个良好的、无污染的、绿色的环境，使宾客各种需求得到满足。

①不断改善人、财、物的管理，以提高效率，增收节支。随着宾馆规模的不断扩大和竞争的日益加剧，对客房部人、财、物的管理，已成为了一项非常重要的工作。由于客房部是宾馆人员最多的部门之一，对其人员的费用及物品消耗的控制成功与否，已关系到宾馆能否盈利。客房管理者的职责也从单一的清洁质量管理，扩展到定岗定编、参与招聘与培训、制定工作程序、选择设备和用品、对费用进行控制等，从而降低客房各项费用，保证客房正常运转。

②保障宾客的安宁环境。**客房安全保卫工作是十分重要的，它直接涉及宾客的生命和财产安全，关系到宾馆的声誉**。因此做好宾馆的安全保卫工作，为宾客提供一个安宁的环境，是客房部工作任务的一个重要方面。

③为其他部门提供一系列的服务，保证宾馆整个工作的顺利进行。宾馆是个整体，需要各部门的通力合作才能正常运转。在为其他部门服务方面，客房部扮演着重要角色，它为其他部门提供工作场所的清洁与保养，布件和洗涤，保管和缝补，制服的制作、洗涤与更新以及花木、场景的布置。

2. 客房部的服务特点

宾馆客房部的服务主要具有以下特点。

◇ 经营过程具有生产性和服务性

客房管理过程主要是指客房通过员工付出的劳动为宾客提供优质服务的过程。从增加资本、创造价值的角度来看，客房服务和劳动本身是生产性劳动。从客房服务过程看，是员工利用客房的设备和生活用品等物质要素，不断向宾客提供使用价值和劳动的过程，是生产过程和服务过程的统一。

◇ 服务内容具有随机性与复杂性

客房是宾客休息、工作、会客、娱乐、存放行李物品及清理个人卫生的场所。不同的宾客的身份地位不同，生活习惯不同，文化修养与个人爱好也有差异，所以宾客对客房服务的要求也是多方面的，这使得客房部业务具有很强的随机性。

客房部的业务范围较广，除了客房业务之外，一般还有 PA 清洁、绿化及布件洗涤、发放等工作。客房业务组织包括员工整个服务活动的组织及工作程序安排和设备保养、客房用餐等项目的实施，业务工作琐碎复杂，而且这些业务工作内容彼此之间互相联系，互相影响，使客房业务呈现复杂性特点。

◇ 对私密性与安全性要求高

客房是宾客在宾馆的私人领域，客房业务对私密性与安全性的要求很高。服务员未经宾客允许不能随意进入客房，要做到尽量少打扰宾客。**服务员在客房内不能随意移动、翻看宾客物品，要尊重宾客的隐私权。**

礼仪提醒

安全是宾客进行旅游活动的前提和条件，是宾客最基本的要求。每一个宾馆都必须保证宾客的安全，为宾客提供一个安全舒适的私秘环境。

3. 对客房服务人员的工作要求

客房工作的复杂性与随机性，以及面对面的直接对客服务都对客房服务人员的素质提出了较高的要求，具体表现在以下几个方面。

◇ 语言要求

语言是服务人员与宾客沟通、提供更令人满意的服务的工具。

客房服务人员首先应当熟记和掌握本部门的专业用语和常用语；其次是要熟练地掌握礼貌用语，"请"字当头，"谢"字随后，"您好"不离口，才能使宾客感到亲切和温暖；再次要求能听懂本地语言，并能简单表达自己的意思，以便为宾客提供良好的服务。

客房区域作为宾客休息的场所，需要保持肃静。因此在楼层与宾客谈话应简明，说话不宜太快，不能出语粗俗。同事之间交谈时要小声，更不得在走廊上大声喊叫。

◇ 举止要求

客房服务人员在对客服务时态度要和蔼可亲，动作要快速敏捷，服务程序要准确无误，还应注意以下几点：

● 新宾客入住时，应立即表示欢迎与问好。

● 宾客外出或回房时，应让道并问好。

● 除非宾客先伸手，不得主动与宾客握手，态度应端庄大方，手勿叉腰、插入口袋或指手画脚。

● 站立时应抬头挺胸，不得弯腰驼背，应以精神饱满、微笑的面容与宾客接触，对宾客应一视同仁，不应带偏见。

● 在房间和走廊上应做到走路轻、说话轻和动作轻。

◇ 服务意识与技能技巧要求

客房部服务人员与宾客打交道的机会最多，因此应具备较强的服务意识并掌握本岗位专用的技能技巧，熟悉了解与其相关的工作知识及服务项目。**对客房服务人员而言，掌握房间清洁卫生程序与标准、接待宾客的规程、各种委托代办的处理等是必不可少的。**这些内容在以后的章节中会详细讲解，这里不再赘述。

礼仪提醒

客房服务人员还要有较强的安全意识，承担起对宾客的生命、财产以及自我安全的责任。对楼层发生的任何一个细小末节都应有高度的警惕性，严格执行宾馆的各项规章制度，防止事故的发生。

◇ 应变能力要求

应变能力是客房服务人员应具有的特殊服务技能和素质。

应变能力是指应付突发事件和特殊事情的能力，诸如火警、宾客遗留物品等。客房部每天要接待大量的宾客，免不了会发生这样或那样的问题，这就要求服务员具有较强的应变能力，随时解决和避免将要发生的问题。

4. 客房部管理及服务人员的岗位职责

◇ 客房部经理的职责

客房部经理全权负责客房部的管理工作，向总经理负责，并接受总经理的督导。具有以下岗位职责。

①**负责客房部各项工作的计划、组织和指挥工作，带领客房部全体员工完成总经理下达的各项工作指标。**

②制定客房部的各项经营目标和营业管理制度，组织和推动其各项计划的实施，组织编制和审定客房部工作程序及工作考评办法。

③主持部门日常业务和经理、领班例会，参加总经理主持的每周部门经理例会，并负责本部门主管以上人员的聘用、培训及工作考评。

④制定客房部经营预算，控制各项支出，审查各项工作报表及重要档案资料的填报、分析和归档。

⑤制定客房价格政策，制定和落实客房推销计划，监督客房价格执行情况。

⑥检查客房部的设施和管理，考查本部工作质量及工作效率。

⑦巡查本部所属区域并做好记录，发现问题及时解决，不断完善各项操作规程。

⑧定期约见与宾馆有长住关系的重要宾客，虚心听取宾客意见，不断改进和完善工作。

⑨对客房部的清洁卫生、设备折旧、维修保养、成本控制（预算）安全等负有管理之责。

⑩检查消防器具，做好安全和防火防盗工作，以及协查通缉犯的工作。

⑪**检查、考核主管的工作情况并作出评估。**

◇ 楼层主管的岗位职责

楼层主管应协助客房部经理进行楼层及客房中心的日常管理，监督实施各项服务程序和规章制度，确保为住店宾客提供符合标准的客房服务及清洁、美观、舒适、安全的住宿环境。具体职责如下：

①制定客房及楼层区域的定期清洁计划、并组织实施。

②抽查房间（不少于30间/天）的清洁质量。

③检查所有贵宾房，落实贵宾接待程序。

④主持每日内部晨会，根据客情变化，及时做好人员、物资方面的调整。

⑤巡视检查并督导下属的工作，负责下属的排班与考评。

⑥协助客房部经理制定下属的培训计划并负责实施。

⑦负责楼层安全工作。

⑧处理宾客投诉及其他突发事件。

⑨负责楼层物资的管理与控制。

◇ 楼层领班的岗位职责

楼层领班的主要职责是检查、督导下属的工作，确保为宾客提供清洁、舒适、安全、高效的客房服务，使楼层各项工作均符合标准。具体职责包括如下几个方面。

①检查下属的仪表仪容与行为规范。

②督导下属按规定的标准和工作程序提供各项客房服务。

③检查客房、楼层、公共区域的清扫质量。

④掌握楼层的住客状况，及时收取房况表，送交客房中心。

⑤督导、检查客房的卫生工作。

⑥督导下属管理好楼层物资。

⑦巡视检查所有负责楼层的工作状况。

⑧接受并处理一般性的宾客投诉。

⑨负责下属的培训，并参与考核下属的工作。

⑩及时收拾客房小酒吧的消费账单，送交总台（供结账使用）及客房服务中心。

◇ 客房服务员的岗位职责

客房服务员的职责主要有以下几个方面：

①受理住店宾客的服务要求并安排落实、跟踪检查。

②及时准确地传递有关宾客进店、离店和结账等客情信息。

③与有关部门沟通协调。

④掌握客情，为部门人力调配和工作安排提供依据。

⑤与总台和楼层相互通报核实客房状况，确保客房状况的准确性。

⑥发放、回收和保管员工的工作单、工作钥匙和通讯工具等。

⑦监督员工上下班时的签到和签离。

⑧登记、保管和处理遗留物品。

⑨负责客房服务中心的清洁整理。

⑩完成主管安排的其他工作。

◇ 楼层服务员的岗位职责

楼层服务员的主要职责是负责客房和楼层公共区域的清洁保养及待客服务；为住客提供清洁、舒适、安全、美观的住宿环境。具体职责包括：

①为住店宾客提供冷热水供应、擦鞋、物品租借、房客接待等各项服务；并为贵宾、伤残宾客和患病宾客提供有针对性的服务。

②负责客房及楼层公共区域的清洁保养，承担楼层卫生工作。

③掌握楼层住客状况，填写房况表。

④负责宾客结账时房间的检查工作。

⑤做好宾客进店前的准备工作，根据要求布置贵宾房和有特殊要求的客房。

⑥根据总台通知，提供加床服务。

⑦负责杯具的更换、清洗和消毒工作。

⑧为住客提供客房小整理及夜床服务。

⑨负责与洗衣场的棉织品交换工作，协助完成客衣的收送工作。

⑩管理工作钥匙及楼层物资，合理控制客用消耗品、租借用品及清洁用品等；承担工作车及工作间的清洁、整理工作。

⑪负责本楼层客房小酒吧的存放、补充与调换。

⑫协助安全部做好楼层的安全工作。

二、做好迎接宾客的工作

宾馆客房部做好迎接宾客的准备工作是第一个环节，又是为其他环节准备物质条件的基础环节。各项准备要充分、周密，并在宾客到达之前完成。

1. 了解宾客的情况

了解客情是正确进行接待准备工作的依据，也是做好针对性服务的依据。楼层服务员在接到入住通知单或服务中心通知后，应尽可能详细地向有关单位或通过前台接待了解接待规格、标准，主要宾客身份，国籍；代表团名称，人数，房间分配（数量及房号），抵离店日期和时间、付款方式、宾客姓名、性别、用餐地点、宗教信仰、风俗习惯、忌讳、喜好、健康状况、生活特点等，做到情况明、任务清。

2. 布置与检查房间

◇ 布置房间

根据已掌握的接待标准、接待要求及宾客的风俗习惯、生活特点，对宾客下榻的客房进行布置整理，调整家具设备、检查房间是否配有所需的服务用品。如备好宾客饮用的热水、凉开水、冰块，并按接待标准、要求备好所需的水果、酒水、饮料、小食品等。

三星级以上的宾馆客房设有小酒吧，还应准备各种杯具。如啤酒杯、红酒杯、香槟杯、饮用各种外国酒的高脚杯及开启瓶盖的用具和调酒棒。小酒吧饮料价目表、账单的摆放位置和方法，视宾馆客房环境情况而定，没有统一规定。

宾馆对免费赠送给宾客的鲜花、水果、饮料等物品，要按规格摆放名片；对宾客及有关接待单位委托的特殊要求，应尽量给予满足；对于宾客忌讳的物品及用品，禁止在房间摆放，避免发生误会，以示对宾客的尊重。

◇ 检查房间项目

检查房间主要检查如下项目。

①房门。房门号牌是否短缺和有无光亮；房门开关是否有异常声响，门锁和安全链是否完好；窥视镜和安全示意图是否正常。

②壁柜。壁柜门是否门开灯亮、门关灯灭；里面物品是否齐全。

③穿衣镜。镜面是否光亮，无花印、无手印。

④行李架。架体是否牢固、卫生，与墙距是否适宜。

⑤窗帘。窗帘轨道是否灵便、挂钩是否短缺、帘子是否有损坏脱钩等。

⑥窗户。窗户开关是否正常。

⑦文具。文具夹里的用品是否齐全、数量是否准确，有无缺损现象；其他用品是否齐全。

⑧棉织品。床单、枕袋、被罩、沙发套、椅套、花垫、靠垫及卫生间的各种毛巾均应检查数量是否准确，是否符合卫生要求或有无损坏。

⑨电器。各种灯具、电视机、空调开关、床头柜上的各种开关、电子钟是否失灵。

⑩电话、服务信号按钮、"请勿打扰"信号按钮等，是否失灵，查看是否有显示。

⑪查看房间卫生状况和所摆放的各种用具、用品是否符合规格标准，绝对不能疏忽大意，一旦粗心，损失不可挽回。

3. 做好迎接宾客的工作

迎接宾客的工作主要包括梯口迎接、楼层引领和介绍情况等几方面的内容。

◇ 梯口迎宾

客房部迎宾人员要仪表端庄地站于电梯口迎候，以精神饱满、微笑的面容与宾客接触，不得先伸手与宾客握手，不抱宾客小孩，与宾客不要过分亲热；遇宾客应主动避让和打招呼。

宾客由行李员引领来到楼层，服务员应面带微笑、热情招呼"小姐（先生）您好，欢迎光临!"，如事先得知宾客姓名应说："欢迎您! ××先生。"让宾客倍感亲切；逢节假日则说："节日快乐，欢迎光临!"对新婚宾客要热情祝贺："欢迎您们的到来，衷心祝愿你们新婚愉快!"行15度的鞠躬礼，同时向预订的客房方向伸手示意："请!"。

◇ 楼层引领

在楼层应靠边行走，不要并行；在过道内一般不超越宾客，遇急事不要奔跑，应表歉意再快步走过。对老弱病残的宾客要主动搀扶；主动帮助提行李，但要尊重宾客意愿。**引领时要走在宾客左前方约1.5米处，按宾客步速走到房门口，侧身站立，待行李员打开房门，请宾客进房。**

团体行李一般先到，须检点清楚，再按行李标签上的房号逐一分送；行李标牌不清楚则排列于安全地方等来宾辨认，切勿自作主张放进房间；团体宾客抵达楼层，应热情招呼，请宾客出示房卡，按号分别引领。

◇ 介绍情况

宾客进房坐定，给宾客送上香茶和毛巾；宾客初到宾馆，不了解情况，不熟悉环境，当行李员没有介绍时，应热情、简要地向宾客介绍房间设备及使用方法、宾馆服务设施和服务时间，方便来宾。宾客旅途劳累要及时休息，介绍情况不宜过长。在询问宾客没有其他需求后，应立即离开，并说："请好好休息，有事尽管吩咐，请打电话到服务台，我十分乐意为您服务。"告退时，应后退一步，再转身走出，把房门轻轻拉上，使宾客安心休息。

4. 宾客抵达楼层时的迎接工作

客房服务接待工作，是从宾客到达楼层及进入房间开始的。宾客到达楼层时，服务员要主动、热情、礼貌、高效地为宾客提供服务。

宾客到达时，服务站立姿势要端正，精神集中，保持良好的精神状态，微笑迎接宾客的到达，热情问好，问清宾客的房间号，主动接拿行李（不要强拿），对老、弱、病、残的宾客要主动搀扶。

为宾客引路时，服务员应走在宾客的左前方，距宾客 2 ~ 3 步远，行走的速度不宜过快，遇有转弯处要停住脚步，面向宾客，向所行方向伸手示意，待宾客到达房间时，开门礼让。

如果宾客是晚上到达的，服务员应先进房间，打开照明灯，然后再请宾客进入房间；进入房间后，视情况主动向宾客介绍宾馆基本概况及客房设备、设施等情况；介绍要简明扼要，如果是宾馆长客，就没有必要介绍；与宾客讲话时要注意语言技巧；退出房间时要面向宾客。

三、 客房服务的礼仪

客房服务员主要负责迎客到楼层直至送客离楼层的服务工作。其服务礼仪的主要要求如下：

1. 提供主动热情的服务

宾客进入房间后，服务人员应及时送上茶水（或根据时令和宾客习惯送上其他饮料）、香巾，并以柔和的语调说"请用香巾"、"请用茶"等，同时自我介绍并表示"愿为您服务"等，形成"客到、微笑到、茶到、香巾到、敬语到"的入门系列配套服务。

对于初次到宾馆住宿的宾客，应简明扼要地介绍房间设备的使用方法、注意事项，还可简介宾馆的各项设施和特点，将餐厅、酒吧、咖啡厅、商品部、邮电服务、娱乐设施等位置和开放时间告知宾客。**在问清宾客暂时没有其他需求后，不要借故逗留，应及时退出房间，以免影响宾客休息。**

平时在房间内或在楼层与宾客相遇时，应主动问候或打招呼，不可视而不见不予理睬。问候打招呼要用规范敬语，如"您好"等，不要随意用"嗨"等日常与熟人说话的口气打招呼，也不要用"您吃饭了吗?"或"您上哪儿去?"等平时习惯用语。在可能的情况下，如果能叫出宾客的名字并予问候，不但是礼貌的表示，而且使宾客感到亲切。

要保证房间内常备用品的供应，如小香皂、信纸信封、火柴、茶叶、牙刷牙膏等用品，应按规定配齐，而且要摆放整齐，定位合理，使用方便，使宾客看得见，随手可取。这些常备用品的配置要及时，不要等到宾客开口索取时再办，那样显得被动。

礼仪提醒

客房服务员如果在过道中与宾客相遇，应主动让道，不得与宾客抢行，也不要从正在谈话的宾客中间插过，如果手持重物或推车需要宾客让道时，应有礼貌地打招呼并向宾客致歉。

2. 进入客房的服务礼仪

客房服务人员应讲究仪表仪容的修饰。在进入工作岗位时，必须按照规定着装，佩戴好工作号牌，端庄大方，整洁自然。

宾客一旦进入房间，该房间在一定时间就应看作是宾客的"私房"，即宾客的"领地"，因此，即便是该房间的服务员也不能随意随时自由出入该房间。

当宾客住进客房时，一般都要求置身于舒适、安宁、温馨的环境，而不希望受到任何无关的打扰，这就要求客房服务员在进行日常操作时，在争时间、抢速度、保质量的前提下，还要有相应的基本功，注意"三轻"，即走路轻、说话轻、操作轻。工作时要动作敏捷、轻稳、讲究效率，尽量减少出入宾客房间的次数。

当服务员有事要进入客房时，进房前一定要先敲门并予通报。敲门应有一定的技巧，正确的敲门方法应该是：以手指关节，力度适中，缓慢而有节奏地敲门，每次一般为三下，一般为两次。如果是按门铃，应在三下之间稍稍停顿，不可按住门铃不放。当听到宾客肯定的答复或确信房间内无人后方可进入。进入房间后，无论宾客是否在房间，都不应将房门关严，而应将门半掩。进门前不要将门推开一条缝而向室内探头探脑，也不要一脚在门内，一脚在门外与宾客讲话。

在敲门后，有时可能会出现这样或那样的情况，应该视情况灵活处理：

一是敲门时，如果宾客来开门，或门已经打开，要有礼貌地向宾客问好，并征询宾客的意见，是否可以进入房间服务或工作，经同意后方可进入。

二是敲门后，房间内无人答应，但进入后才发现宾客在卫生间或是正在休息，或是正在穿衣服。这时要立即道声对不起，然后退出房间并关好门。如果宾客在房间，但穿戴齐，要立即向宾客问好，并礼貌地向宾客征询意见，是否可以开始工作或是提供所需服务。

三是如果房间门上挂有"请勿打扰"牌时，服务人员应注意，此时尽量不要敲门，更不得擅自闯入。

3. 对宾客的洗衣、擦鞋服务

客房服务员每天都要收取大量的客衣，而宾客洗涤的衣服又有水洗、干洗和烫熨之分。因此，洗衣服务是客房服务中极为重要且细致的工作，必须认真做好。否则，就会发生客衣丢失、损坏及差错事故。

◇ 收取客衣

①宾客告知楼层客房服务员有要洗的衣服。

②宾客将要洗的衣服装入洗衣袋内，连同洗衣单一并交客房服务员。

③宾客将要洗的衣服装入洗衣袋内，放在房间的床上或较明显的地

方；**有时个别宾客要洗的衣服量小，放在卫生间门后，客房服务员工作要细，查房或清扫房间时取出。**

◇ 送洗客衣

①认真核对。在登记客衣前，要按照宾客填写的洗衣单上的各种衣物认真分类、清点、核实，做到衣服的名称、件数准确；如有误差，可在洗衣单上注明，并向宾客讲清楚，征求宾客意见。

②认真检查。清点客衣时，要对客衣逐件进行检查，特别是西装、中山装的查看更要认真细致。

检查衣服是否有损坏，纽扣有无松动或脱落，有无污渍、褪色或布质不易洗涤等问题，以免洗后与宾客发生不必要的纠纷，尤其是女宾的高级时装更应注意。如果发生以上问题，应当面向宾客说明，征求意见。宾客不在房间，属于一般的衣服可在洗衣单上注明情况，宾客回房后再向宾客讲明。如是高档的衣服，必须征求宾客意见后再洗涤。

检查客衣口袋内是否有钱和物。**宾客有时把钱、护照、物品收据、机票、支票及信用卡等物遗忘在口袋内，特别是外衣的内口袋。检查出来的钱和物，要及时送交给宾客**。宾客不在房间，要交给领班，由专人负责保管，并写明钱、物的数量、名称及房号。交还宾客时，应向宾客讲明情况，并请宾客当面核实签收。

③认真登记。**登记宾客的衣服时，要把房号、件数、宾客对洗涤的要求等填写清楚、准确。**

a. 房号写准确。登记时要看清宾客洗衣单上的房间号；宾客送出客衣时，要问明宾客的房号，并及时与洗衣单上的房号核对；填写洗衣单时，房号的数字要写清楚，不要连写和草写；宾客填写的洗衣单，如果房号不清，切勿猜测，可与洗衣袋上的房号核对。

b. 件数写准确。如果是透明度较差的厚布洗衣袋，待客衣取出后，应检查袋内是否留有小件衣物；房间如不备洗衣袋，收取客衣时应把客衣包好，以免把客衣丢失在通道或房间内；登记、清点时要逐份进行，不要把几份客衣同时交叉登记、清点，以免混乱；登记时要注明"只"、"双"、"件"数量；客衣如附带其他小件用品（如腰带等），要在洗衣单上注明颜色、形状、数量。

c. 宾客的要求写准确。宾客如要求在下午 3 点钟以前要，即按"快件"受理，这时要在洗衣单上注明需用的时间。**还有些宾客要求某件衣服水洗时，水温不要过高或要求冷水洗涤等，诸如此类的要求，均要认真登记，切勿遗忘。**

④认真做好客衣的分送。

a. 看清、认准房号，必要时要进行核对；

b. 宾客在房间或是宾客回到房间，要及时送交给宾客；

c. 送交客衣时不要将挂件遗忘；

d. 送交客衣时要向宾客讲明件数、金额，并请宾客当面点清。如有丢失或损坏，要如实向宾客讲明，并将处理意见转告宾客，通常赔偿金额最多不会超过该件洗涤费的 10 倍；

e. 如宾客不同意宾馆提出的方案，及时与洗衣部联系；

f. 每送完一次客衣要及时做好底单的处理。

⑤认真做好洗衣费的回收工作。

a. 公费招待的客衣，账单应等单位签字后转财务处；

b. 自费散客付现金的要当面点清；

c. 自费散客也应在账单上签字后转财务处；

d. 付现金的要在账单上加盖"现金收讫"印章，签字转账的账单勿盖此章；

e. 签字账单应按房号、接待单位、代表团名称，由服务台人员负责分开保管；

f. 当日客衣的账单，要当日结算和转交。

g. 出现差错认真查清。客衣发生差错或损坏，要及时查明原因，并向客房部汇报，做到迅速妥善处理，不要隐瞒和相互推诿、纠缠责任，对宾客产生不良影响。

◇ 擦鞋服务

星级宾馆的大厅里，楼层电梯旁一般都备有擦鞋机，但往往不容易擦干净，效果也不理想。人工擦，可充分满足宾客的要求。

擦鞋服务规范如下：

①擦鞋时，应先在地上铺上报纸，用布或鞋刷擦去浮土。

②选择鞋油，确认鞋油颜色无误后再打上鞋油。

③将鞋油用刷子擦拭均匀，鞋油不宜过多。

④过五分钟后，再用干净的刷子擦亮，最后用干净擦鞋布擦亮。

⑤如擦皮凉鞋时，应在鞋的内侧垫上干净布以防弄脏宾客的袜子。

⑥一般情况半小时后将擦好的鞋送回房间，摆放在宾馆规定的地方。

礼仪提醒

如宾客的皮鞋放在门外一侧（或专门的鞋篮内），客房服务员应主动为宾客将皮鞋擦净打光，并及时送回宾客的房间门口。绝不能故作视而不见，贪图偷懒省事。

四、客房服务用语规范及应用

客房服务用语是一种有特点的职业性语言，客房服务人员学好、用好这些语言，对于提高自己的职业素养，胜任服务工作具有十分重要的意义。

1. 客房服务用语的基本要求

使用客房服务用语要注意以下几点：

◇ 注意服务用语的措辞

在使用服务用语时要充分尊重宾客的人格和习惯，决不能讲有损宾客自尊心的话，这就要求我们注意语言的措辞。服务用语的措辞修饰性，主要表现在经常使用谦谨语。**谦谨语是谦虚、友善的语言，表现出充分地尊重对方；特点是常用征询式、商量式的语气进行。**

要使宾客感到高兴和满意，使用服务用语时，还须注意察言观色，善于观察宾客的反应。针对不同的场合、不同的对象，说不同的话，有利于沟通和理解，做到这一点，就必须在实践中努力提高自己语言的应变力，注意培养自己的随机性，以便适应服务工作的需要。

◇ 表示出尊重与友好

人与人的交往总是要使相互关系对等，以礼相待。所以，表示尊重和友好是谈话的最基本原则。

交谈时，听最能反映一个人的风度，可以较好地理解对方的原意，使交谈顺利和谐。

说在交往中也十分重要。说话时，语言要言之有理、言之有物、言之有趣和言之有礼。

◇ 讲究语言的艺术性

服务员在为客服务中不仅要学会使用礼貌用语，还应努力研究学会如何与宾客交谈，这是一门学问。讲究语言艺术，对处理工作中的问题能起非常好的效果。讲究语言艺术，一是要巧妙恰当，二是要灵活委婉。**当然在与宾客交谈时，最主要的还要根据不同的对象、不同的时间和宾客的背景等具体情况，使用恰到好处的言语。**

◇ 追求语言的生动性

在接待宾客时，语言要生动。生动的语言能使气氛和谐，感情融洽。

2. 日常问候用语例示

您好！

欢迎您到我们宾馆。

旅途愉快吗？

×××先生，早晨好。

×××小姐，中午好。

×××太太，晚上好。

×××先生，晚安。

3. 日常服务用语例示

您的行李请让我来拿吧。

请这边走。

这是您的房间，请进。

我是这个房间的服务员，您有什么事情需要我办吗？

您在这里住多久？

有事情请打电话到服务台，号码是……

我非常高兴为您服务。

请好好休息，再见。

我是楼层服务员。

我能为您做事吗？

好，我马上就去办。

我马上给您查一下。

我们马上给您送到房间。

请稍等，我马上通知工程部来人修理。

对不起，让您久等了。

对不起，等我弄清了再答复您。

实在对不起，这个我们办不到，不过我们可以与有关部门联系一下。

抱歉，我们给您添了许多麻烦。

对不起，我没有听懂您所讲的。

请您讲慢一点好吗？

对不起，打扰您了，我可以现在打扫房间吗？

我陪您去好吗？

请好好休息。

如果您希望我们帮助您擦皮鞋，请将鞋放在门外。

您有衣服要洗吗？

对不起，洗衣房把您的衬衣洗坏了。

像这样情况，我们通常的最高赔偿是洗衣费的 10 倍。

4. 离别服务用语例示

晚上好，先生，请问您是不是明天走？

请告诉我您明天早上是大概什么时候走？

请您到一楼大厅付账。

欢迎您下次再来，再见。

五、 对宾客服务质量的控制

客房服务质量是宾馆服务质量的重要标志，客房部的管理对宾馆的整体管理关系重大，是影响整个宾馆管理的关键部门之一。因此，客房对客服务质量控制在宾馆运行中显得尤为重要。

1. 衡量对宾客服务质量的标准

宾馆生产和销售的是服务产品，这种产品并不仅仅表现为实物产品，也不可能像工业产品那样可以用仪器或量具等来测定质量标准。宾馆服务产品的生产和销售过程是同时进行的，因此服务质量也就包括了从生产到销售的过程。它不仅强调结果，更注重产生结果的过程，因而在衡量宾馆服务质量的标准和方法上就不尽相同。宾馆产品具有价值和使用价值的属性，其价值是由生产该产品所包含的社会必要劳动时间来决定的；而它的使用价值，就是符合宾客的消费要求。**宾馆务必要时刻考虑到宾客的存在，为宾客的利益而工作，全面地满足宾客的需求，这才是宾馆服务的真正含义所在**。宾馆对客服务质量的高低是指以设施、设备和产品为依托，通过服务使宾客在物质和心理需求两方面都得到满足的程度。服务质量的优劣是以宾客的主观感受为标准的。高质量的客房服务通常可以使人在以下四个方面获得满意的感受。

◇ 宾至如归感

宾至如归,即住客感到像到了家一样。说到家,自然离不开客房以及里面的设施和各种客用品,如:香皂、牙具、吹风、电视等样样具备,宾客使用起来像在家里一样方便。同时,它还包括了一层更深的含义,就是一个家庭成员所感受到的亲切、温暖和富有人情味。广州的白天鹅宾馆之所以在国际和国内享有很高的声誉,究其原因,就是服务的精益求精和浓厚的人情味以及让宾客能享受到家的氛围。在这个宾馆居住的宾客,只要住上一天,无论走到哪里,遇到哪个部门的服务人员,服务人员都会十分热情地与他打招呼问安,并叫得出了他的姓氏和职务,像家里人一样亲切。**宾馆对宾客关心很细微,连他们的爱好、习惯以及生日都了解得清清楚楚,让宾客在精神上和物质上获得双重享受,自然会产生一种"宾至如归"感。**

◇ 舒适感

宾客下榻宾馆前,往往经过了长时间的车船或飞机旅行,到达宾馆时通常都比较疲倦,迫切需要尽快解决住吃问题,舒适已成为旅游者此时生理和心理上的主导需要。而良好的客房服务为宾客提供了一个清洁卫生、赏心悦目的住宿环境,宾客酒足饭饱后,躺在松软整洁的床上,自然就会产生一种舒适的感觉。

◇ 安全感

宾客住进宾馆,希望能为其创造一个安全的住宿环境,能保障他的财产和人身安全以及他的隐私权不受侵犯,因此客房应有完备的防火、防盗、保密等安全设施和保安措施,尽可能减少一切不安全的因素。同时,客房服务及管理更应将尊重宾客对客房的使用权及保护宾客的隐私作为一条准则,使宾客住进房间后感到放心和安心,从而产生一种安全感。

◇ 吸引人

客房室内装饰布置和谐雅致,家具式样讲究,采光良好,空气清新,客房工作人员着装美观大方,对宾客彬彬有礼,客房服务项目独具特色,增强服务环境的生动感和亲切感,这就使宾客不仅乐于选择这样的宾馆投宿和进行各种工商社交活动,而且住过一次就印象难忘,离店时自然会油然产生一种依依惜别之情，成为宾馆的"回头客"。

> 一个服务一流的宾馆，决不仅仅是它的整体设计、造型和陈设，也不仅仅是它的客房设备和用品，而主要是那些精心、细致、使宾客产生一种舒适、安全和宾至如归感的具有吸引力的服务员，这才是成为最佳对客服务的宾馆的"秘诀"所在。

2. 优质服务的基本要求

从客房服务本身的角度讲，怎样的服务才是优质服务呢？这大致可以归纳为：真诚、讲究效率、随时做好服务的准备、做好可见服务、礼貌待客和树立全员推销意识。

◇ 真诚服务

客房的最佳服务，首先要突出"真诚"二字。要实行感情服务，避免单纯的任务服务，这是一个服务态度问题。客房服务员为宾客提供的服务必须是发自内心的，热情、主动、周到、耐心、处处为宾客着想，也就是"暖"字服务。宾馆里许多服务质量差的现象，几乎都是由于服务人员的态度不好造成的。这里有一个心理因素：认为宾客是人，自己也是人，我为什么要服侍他？这是将人与人之间的关系和社会角色之间的关系混在一起。

◇ 讲究服务效率

讲效率就是快速而准确的服务。宾客在宾馆内的吃、住、行、娱乐和购买礼品的活动是在快节奏中进行的，因此，对客服务要突出快而准确，即服务动作要快速准确，服务程序要正确无误，这是一个过程的两个方面，缺一不可。例如，希尔顿宾馆集团对客房服务员的要求是：在 25 分钟内整理好一间客房，并且要符合宾馆卫生标准，因为在对客服务质量中最易引起宾客投诉的就是服务人员的慢节奏服务。

◇ 随时做好服务的准备

随时做好服务的准备包括两个方面的内容：一是做好心理方面的准备；二是做好物质方面的准备。客房的服务工作不仅是面对宾客所进行的服务，还包括了服务前所做的一切准备工作。做好服务的心理准备和物质准备，是优质服务的基础。"工欲善其事，必先利其器"，良好的准备工作，将会提高服务效率和质量。例如，客房服务强调在接到前厅部的入住通知单后，迎客服务工作应做到七知三了解（知道宾客到店时间、人数、国籍、身份、接待单位、宾客要求和收费办法；了解宾客的宗教信仰和风俗习惯、生活特点和活动日程安排以及离店日期等），主要是使客房服务员做好对客服务的心理准备，增强服务的针对性和主动性，这样才能为宾客做好服务。而事前布置好房间以及准备好客用品等，则是做好物质方面的准备。**因此，随时作好服务前的准备工作，不仅是客房各级管理人员每天要督导的工作，也是优质服务的基础。**

◇ 做好"可见"服务

客房服务工作面对的不是机器、原料，而是有思想、有感情的活生生的人，尽管客房服务员不像餐厅、总台服务人员那样经常面对面地接触宾客，但他们所提供的每一项服务都会给宾客留下深刻的印象。客房服务员所负责整理的房间以及添补的各种用品都会成为宾客评价服务员工作好坏的标准。

礼仪提醒：只有让客房员工明白服务的价值，明确"见物如见人"道理，才能使他们自觉地随时把自己的工作置于宾客的监督之下，进而搞好客房的服务和工作。

◇ 树立全员推销意识

一家服务优良的宾馆，依赖于宾馆全体员工的共同努力以及他们的受训程度，受过良好训练的员工懂得如何为宾客提供最令人满意的服务，懂得如何在他们为宾客提供服务的同时，向宾客销售或推荐宾馆内的其他产

品。因此，现代宾馆流行着这样的说法：宾馆的每个员工都是宾馆商品的积极推销员。

宾客进店仅仅是消费活动的开始，进店后选择哪些饮食和利用哪些综合服务设施，往往在很大程度上受宾馆服务人员的影响。例如，客房服务员可以利用给宾客提供委托代办服务或其他适当的时机，根据宾客的爱好，向宾客介绍有关宾馆的服务项目，或者向宾客介绍本地的旅游点和名胜古迹等，以期宾客多购买宾馆的商品和延长在宾馆下榻的时间。同时，客房服务员搞好对客服务的每一项工作，本身就是一种推销，因此，客房部每一位员工，特别是和宾客直接接触的服务员，都必须成为宾馆商品的推销员，这是宾馆本身营销和经济利益的需要，也是优质服务的重要体现。

◇ 礼貌待客

对客服务要使宾客真正得到满意，取决于两个方面：一是服务项目本身应具备的实际效用，如客用品本身质量的好坏；二是服务人员的具体表现以及和宾客的相互关系。**由于宾客缺乏对具体服务项目的专业知识和直接接触的机会，所以当他们评价一项服务是否满意时，人际关系与服务态度方面比服务项目效用方面有更高和更直接的评判作用。**因此，注重礼节与礼貌，是客房服务最重要的职业基本功之一，它体现了宾馆对宾客的基本态度，也是搞好优质服务的重要一环。

客房服务员要讲究仪容仪表，注意发型服饰的端庄、大方与整洁，挂牌服务，给宾客一种乐意为其服务的形象；在语言上，要文明、清晰，讲究语言艺术，注意语气和语调，提倡讲普通话。对宾客提出的问题要应对自如、得体，当问题无法解决时，应给予耐心解释，不推诿应付；在态度上要不卑不亢，落落大方，服务中始终以从内心发出的微笑相迎；在举止姿态上，要文明、主动、彬彬有礼，坐、立、行和操作都要有正确的姿势。

客房部的每一个员工如果能认识并做到以上几点，对客服务的质量就会得到保证。

3. 对宾客服务质量的控制

◇ 处理好"硬件"和"软件"的关系

宾馆使宾客满足的程度有两个层次：物质上的满足程度是第一个层次，它是对客服务质量的基础，依赖于宾馆各种产品的质量及宾客使用时的方便、舒适和安全程度，人们称它为"硬件"。就客房服务而言，即提供清洁卫生、美观雅致，具有完善并能满足宾客各种生活需要的设备和物资的客房。心理上的满足程度是第二个层次，也是更高的满足层次，这是对客服务质量的本质反映。它依赖于客房部管理水平及服务人员的素质，诸如服务人员的态度、服务的技巧、礼节礼貌、清洁卫生、语言动作等，人们称它为"软件"。要提高对客服务质量，既不能过分强调"软件"而忽视"硬件"，也不能过分强调"硬件"而忽视"软件"，不要孤立地、局部地去解决服务质量问题。例如，客房马桶堵塞、房间漏水，即使服务员态度再好，提高对客服务质量也是一句空话。**同时，宾客对服务质量的满意程度贯穿于客房管理和服务的始终，体现在宾客从进店到离店的每一个环节，无论哪一个环节发生问题，都会破坏整个宾馆的服务质量。**所以，提高对客服务质量还有赖于对服务全过程的管理。

一般说来，改善"硬件"还是比较容易的，而要改善"软件"，却不是一期一夕便能奏效的。不要以为客房服务工作简单，要掌握客房接待服务的礼节与礼貌规范，形成良好的职业习惯和服务意识，这是一个需要经过长期培训和磨炼的过程。

◇ 提高和强化员工的服务意识

要做好对客服务质量的控制，关键是提高员工的服务意识，它是员工素质好坏的标志。意识是人的头脑对客观世界的反映，是感觉、思维等各种心理活动过程的总和。宾馆的服务意识就是：宾馆员工一进入工作状态，就能自然地产生一种强烈地为宾客提供优质服务的欲望。例如，客房服务员每当踏入宾馆客房区域的时候，就像进入舞台，宾客是主角，而自己是配角。**要关注宾客的需求，以满足宾客的需要作为自己最大的快乐。**宾客想到的服务人员早已考虑到，宾客没有想到的，服务人员也已替他考虑到了。

新加坡前总理李光耀先生曾下榻我国某宾馆，当他来到自己的房间时，发现席梦思床已换成了硬板床，这使他感到既惊讶又满意。原来，客房部的服务人员早已了解到李先生有睡硬板床的习惯，便提前做了布置。

这种细致的服务，来自客房员工自然产生的为宾客服务的意识，这就是服务意识，它使宾客得到了一种无法用语言表达的满足。

既然服务意识如此重要，那么服务人员该如何培养呢？

①强化训练，形成职业习惯。强烈的服务意识是要把快而准的服务，通过语言、动作和心灵送给宾客，同时还需要有扎实的客房服务方法和技能的基本功，这种基本功包括服务人员的职业道德、才干、学问以及应变能力等。业精于"训"，服务人员扎实的基本功的形成，是客房部加强员工的职业化管理、教育和强化训练的结果。所谓强化训练，是指客房部应经常利用淡季集中一段时间，有计划分步骤地对服务人员某方面的技能技巧或礼节礼貌进行大量的反复的严格训练，以求达到一见到宾客，客房服务员就能条件反射似的提供快速而准确的微笑服务的目的。例如，通过对客房服务员敲门通报、等候宾客反应的强化训练，最后要养成凡开宾客房间门，都要事先敲门通报的良好习惯，即使空房也是如此。

②扩大知识面，增强应变能力。宾客由于个性和爱好不同，对服务的要求也不尽相同，有针对性地接待好每一位宾客和应付好意外的问题，是服务意识的进一步深化，而机械地按照服务程序来接待宾客，往往不能取得成功。例如，许多宾客当到达楼层时，由于旅途的劳累，极想安静地休息，如果服务员单凭主观热情，从带客进房开始，就给宾客介绍房间情况，再给宾客递香巾、上热茶等，就会使宾客感到烦躁。何况西方宾客并不喜欢喝茶，而是好饮冰水；即使喝茶的宾客，由于茶的品种很多，又怎样满足宾客的喜好呢？这就需要扩大服务人员的知识面和文化素养，熟悉服务心理学知识，了解主要客源国宾客的生活习俗与礼节礼仪。这样，不仅可以深化服务意识，而且对服务人员的气质、兴趣和性格都有良好的影响。

③用激励的方法巩固职工的服务意识。**强烈的服务意识绝不是一种外力驱动的结果，而是来源于人自身的内在动力的驱使。**客房员工服务意识的形成不易，而服务意识的巩固则更难，它需要客房部乃至整个宾馆有一个良好的人际关系和人事关系的工作环境。激励，对客房部员工来说是十分重要的，员工只有在激励的作用下，才能发挥出他们的主观能动性与创造性，才能使他们付出极大的工作热情，才能巩固他们的服务意识。

④合理安排工作量，实现高效率的服务。服务意识除了受人员素质与环境的影响外，还取决于每个人在工作中努力的程度和投入的劳动数量与质量。因此，合理安排工作量，最大限度地发挥每个职工的作用，是强化职工服务意识的必要条件。

礼仪提醒

只有实行科学分工，确定合理的服务程序和严格的岗位责任制，建立部门之间的服务协调网络，才能使客房部乃至整个宾馆如同一部和谐的机器那样，灵活而高效率地运转。

六、客房清洁服务规范

1. 客房清洁卫生的质量标准

一是清洁标准即感官标准，二是卫生标准即生化标准。前者是凭视觉、嗅觉等感觉器官感受到的标准；而后者是由专业人员通过科学的抽样测试检测出来的。

◇ 感官标准

这一标准是我们经历了几十年的经验总结出来的，经过了多家宾馆试用和星级宾馆评委的认定，推广到今天。具体内容是"十无"和"六净"。

① "十无"。清洁后的房间要做到"十无"：

- 四壁无灰尘、蜘蛛网。
- 地面无杂物、纸屑、果皮。
- 床单、被套、枕套表面无污迹和破损。
- 卫生间清洁，无异味。
- 金属把手无污锈。
- 家具无污渍。
- 灯具无灰尘、破损。
- 茶具、冷水具无污痕。
- 楼面整洁，无"六害"。
- 房间卫生无死角。

② "六净"。清洁后的房间要做到"六净"：

- 四壁净。
- 地面净。
- 家具净。
- 床上净。
- 卫生洁具净。
- 物品净。

◇ 生化标准

一只茶杯是否卫生达标，这是用感官所验证不了的，国家卫生防疫部门在这方面做了严格的规定。具体内容如下：

①茶具和卫生间洗涤消毒标准。

- 茶具。每平方厘米的细菌总数不得超过5个。
- 脸盆、浴缸、拖鞋。每平方厘米的细菌总数不得超过500个。
- 卫生间不得查出大肠杆菌群。

②空气卫生质量标准。

- 一氧化碳含量每立方米不得超过10毫克。
- 二氧化碳含量每立方米不得超过0.07%。

- 细菌总数每立方米不得超过 2000 个。

- 可吸入灰尘每立方米不得超过 0.15 毫克。

- 氧气含量应不低于 21%。

③微小气候质量标准。

- 夏天室内温度为 22~24℃，相对湿度为 50%，风速为 0.1~0.15 米/秒。

- 冬天室内温度为 20~22℃，相对湿度为 40%，风速不得大于 0.5 米/秒。

- 其他季节室内温度为 23~25℃，相对湿度为 45%，风速为 0.15~0.2 米/秒。

④采光照明质量标准。

- 客房室内照度为 50~100 勒克司。

- 楼梯、楼道照度不得低于 25 勒克司。

⑤环境噪声允许值。

客房内噪声允许值不得超过 45 分贝。

礼仪提醒　采用中央空调系统的宾馆对客房内的湿度、温度、噪声、新风量、气流速度等均有较严格的规定，能较全面地满足人体对于舒适和卫生的要求。有的宾馆还为空调器配有杀菌灯、空气净化器和负氧离子发生器，使客房的清洁卫生质量更符合生化标准。

2. 清洁整理客房的程序与标准

清洁整理客房又称做房。它包括三个方面的工作内容：一是清洁整理客房，二是更换补充物品，三是检查保养设备。为了使工作能够有条不紊地进行，避免服务操作人员过多地体力消耗和意外事故的发生，同时也便于控制工作的速度与质量，各客房都应有自己的工作程序并定期进行修改或补充。

◇ 做好清洁整理客房的准备工作

服务人员接到清洁客房任务来到指定楼层后，先察看工作车的准备情况，检查一下各项用具是否齐全和完好。这一阶段的工作做得好，将会提高整个工作过程的效率。

◇ 选房次序

在开始客房清理之前要先弄清楚哪些房间应先做，哪些可稍迟再做。应根据客源情况等作出相应的规定。对于客流量较大的城市商务性客房来说，一般次序是：优先打扫房（含预先指定和挂牌房）、空房、走客房、住客房，其用意在于既满足宾客的特殊要求，又以加速客房出租的周转为优先考虑因素。但在一些度假性客房，为了体现对来宾的厚遇，也有把住客房作优先安排整理的情况。服务员应按照规定选做，如果遇房门口挂有"请勿打扰"的标志，可跳过去先做别的房间，但是不要忘了做好记录并过一段时间再去看看。

◇ 服务人员如何进房

客房一经出租即属于住客的私人居所，因而任何疏忽都可能造成很坏的影响或难堪的后果。任何员工都必须遵循客房的进房程序去做，并要养成习惯。

进房程序一般是：在确定没有请勿打扰标志及无双锁的情况下，先用手指节轻轻叩门并自报身份，若无反应则停约 5 秒再重复一遍，如仍无反应方可将门轻轻打开，确定未上安全链之后，一边推门一边再报身份。如宾客仍沉睡未醒则缓步退出并带上门；如宾客在内则应先致歉意，再说明开门意图，并征询宾客的意见后行事，以免唐突宾客。

◇ 注意做房顺序

先做房间还是先做卫生间，其中有着微妙的差别。严格说来，走客房应先做卫生间而住客房则应先做房间。因为住客房的宾客可能会随时回来，甚至可能带来亲友或宾客。先将房间整理好，宾客回来后看上去比较舒适，当着访客也不致感到尴尬；对服务员来说，这时再留下来做卫生间也不会有互相干扰之嫌。整理走客房就没有这些担心，先做卫生间是为了让弹簧床垫透透气，这不失为保养床垫的好机会。

◇ 整理房间的程序

整理房间的其程序大致如下：

①先收拾房内用过的桌、盘、杯、碟等。

②将工作车紧倚门口停放，把工具带进房。

③开启所有灯光，察看是否正常。

④拉开窗帘，开窗透气或开大空调的通风量。

⑤如果是走客房，应检查一下橱柜、抽屉和卫生间里以及床上有无遗留物品。

⑥倒净垃圾桶及烟灰缸。注意不要有未熄灭的烟头，也不要将烟头等倒入座厕中。

⑦收去床上用过的布草并带人相应数量的干净布草，做床。

⑧清洁卫生间。

⑨用抹布及吸尘器清洁，不要遗漏角落。

⑩布置客用品及宣传品等，拉上外窗帘。

⑪离开客房之前还要再检查一遍：窗帘是否拉到位？床是否美观？空调开关到位否？电线是否隐蔽？灯光是否关闭？镜框明净端正否？家具是否摆正？灯罩接缝朝墙否？

3. 客房做床的工作规范

做床的方法有多种，但常用的是"一边铺起"法。它操作起来既省力又快捷，特别是单独操作做大床及大工作量时更为明显。以下即为做法：

①逐条收起用过的布草，抖动一下以确定未夹带衣物等。

②将其带出房间放入布草袋，并带人相应数量的干净布草。任何布草都不能放在地上或用作抹布。

③察看床垫位置是否端正，是否需要翻转床垫。将床垫的褥衬拉平并

绷紧，若有污垢应予更换。

④抖开第一条床单（垫单），抛盖在床的正中位置上。垫单的中线应将床一分为二，将靠近站立一侧的半张垫单头尾分别塞入床垫下并随手包好信封角。

⑤铺上第二条床单（盖单），注意应将其反面向上（与垫单相反），对齐中线，上端长度与床头齐平，靠近身侧盖单应平整。

⑥铺上毛毯，对齐中线。上端距床头约15公分。

⑦将盖单上端回折，紧包住毛毯上端。

⑧将近身处的毛毯连同床单一起塞入床垫下。

⑨将床尾近身的半边毛毯、床单塞入床垫下并在床尾靠身的边侧折成信封角。

⑩铺上床罩，对齐中线，将床罩上端回折使其距离床头约为20公分左右。

⑪拍松枕芯，顺便察看一下是否有污渍或脱线。

⑫套上枕套。按规定位置摆好后，再将床罩拉上盖住枕头。

⑬理顺身侧床边与床尾的床罩。

⑭到床的另一侧，重复以上操作至完成。

按以上动作要领反复练习熟练后，铺一张单人床只需2分30秒左右即可。

4. 清洁卫生间的工作规范

卫生间是客房中最为宾客所注意的项目之一。不少行家把它列为标志客房规格档次的一项设施。它看上去不仅要清洁美观，还要符合卫生标准。根据其设备条件的不同（这种差异往往很大），具体工作内容也有所差别，现细述如下。

①所有清洁工作必须自上而下进行。

②放水冲净座厕并倒入一定量的清洁剂。

③清除垃圾杂物，用清水洗净垃圾桶并用抹布擦干。

④用除渍剂去除地胶垫、下水道口以及洁缸圈上的污垢和渍迹。

⑤用清洁桶装上低浓度的碱性清洁剂，彻底清洗地胶垫，不要在浴缸里或脸盆里洗。桶里用过的水可在做下一间卫生间前倒人其座厕内。

⑥在镜面上喷洒一定量的玻璃清洁剂，并用抹布清洁干净。

⑦用清水洗净冰桶，并用专备的擦杯布擦干。烟缸上如有污渍，可用海绵块蘸少许除渍剂去除。

⑧清洁脸盆和化妆台。如果宾客有物品放在台上，应小心移开，待将台面抹净后再将其复位。

⑨用海绵块蘸少许中性清洁性擦除脸盆镀铬件上的皂垢与水斑，并随即用干抹布擦亮它。禁止用毛巾当作抹布！

⑩如果宾客在浴缸里用了橡胶防滑垫，则视其脏污程度用相应浓度清洁剂刷洗并用清水洗净，接着可用一块大浴巾裹住垫子卷干。这里是唯一允许将客用毛巾作清洁用的场合。

⑪将用过的脚垫巾放入浴缸，以便可以站在上面清洁浴缸内侧的墙面。一般只需用中性清洁剂即可，过后紧接着抹干。

⑫用海绵蘸上中性清洁剂洗浴帘内侧。特别要注意浴帘下沿，这一段两面都要抹净。

⑬抹净浴帘杆及晾衣绳盒等。

⑭拿出浴缸里的垫巾，站在浴缸外侧清洁近处的水暖器件和墙面以及浴缸里面。

⑮清洁并擦干墙面与浴缸接缝处，防止发霉。

⑯清洁浴缸外侧。

⑰用中性清洁剂清洁座厕水箱、座沿盖子及外侧底座等。

⑱用座厕刷清洗座厕内部并用清水冲净，确保座厕四周无污渍。

⑲将防滑垫卷起竖放在浴缸内沿一侧。

⑳更换用过的毛巾，补充日用品，并在工作报表上注明品种与数量。

㉑清洁脸盆下面的泄水管。

㉒从里往外边退边抹净地面。如果需要，可用一些清洁剂。

㉓退到门口时，反身清洁卫生间门背后，然后再退到门外将门口地面抹净。

㉔检查工作无误后即可关灯并将门虚掩。最后将待修项目记下来并

上报。

5. 提供晚间服务的内容与程序

晚间服务又称为"夜床服务"或"做夜床",是一种高雅而亲切的对客服务。其作用至少有以下三点:开床以便宾客休息;整理干净以使宾客感到舒适;表示对宾客的欢迎和礼遇规格。其内容主要有如下9个方面。

①按规定程序开门进房。

②开灯,看是否都亮;将空调开到指定刻度上;撤除房内膳器具什物。

③轻轻拉上窗帘。

④开床。将床罩从床头拉下并按要求折好;将床罩放在规定的地方(壁橱、抽屉或指定的角落里);打开床头一角,将盖单连同毛毯一起折成一个三角形;拍松枕头并摆正。如有睡衣应叠好放在枕头上;按规定在床头或枕上放上晚安卡、早餐牌或小礼品之类。

⑤倒垃圾并清洁烟缸和桌面。

⑥按要求加注冰水、放人报纸或将客房提供的浴衣摊开在床尾。

⑦整理卫生间(主要是冲座厕、擦洗脸盆浴缸、换洗杯子)。

⑧将用过的毛巾收去并换上干净的毛巾。如果加床,要补充客用品。

⑨检视一遍卫生间及房间。除床头灯外,其余都关掉并关上房门。

需要注意的是开床时,如一人住单床间,则开有电话的床头柜一侧;一人住双床间,一般开临近卫生间那张床的靠床头柜一侧;如二人住大床间,两边都要开;二人住双床间,可各自开靠床头柜的一侧。

6. 客房清洁的注意事项

宾馆服务人员清洁客房要注意以下事项。

◇ 敲门时,要注意声音大小适中,不可过急、力度过大

有些性急的服务员往往敲一下门就进房,还有些往往从门缝里看,这些都是不礼貌、没有教养的表现。另外,假如宾客在房间,需要问明宾客

现在是否可以整理房间，征得宾客同意后，方可开始清扫。

◇ 整理房间时，要将房门开着

房门要打开，直到工作完毕；假如风大，不宜开门，可以门上挂"整理房间"的字牌。

◇ 不得使用客房内设施

服务员不得使用客房内厕所；不得接听宾客电话，也不得使用客房内电话与外界通话。

◇ 清理卫生间时，应专备一条脚垫

服务员清理卫生间时，进出频繁，卫生间门前的地毯特别容易潮湿、玷污、发霉，日久天长，这一部位较之室内其他部位会提前损坏，破坏客房地毯的整体美观。因此，服务员在清扫客房时，应带上一小块踏脚垫，工作时，将其铺在卫生间门前，工作完毕后收起带出客房，以保护房内地毯。

◇ 清洁客房用的抹布应分开使用

客房清扫使用的抹布必须是专用的：干湿分开，清洁马桶用的抹布与其他抹布分开。根据不同的用途，应选用不同颜色、规格的抹布，以防止抹布的交叉使用。**用过后的抹布最好由洗衣房洗涤消毒，以保证清洁卫生**。

◇ 不能随便处理房内"垃圾"

清理房内垃圾时，要将垃圾、废物倒在指定地点，清洁完毕后将卫生工具、用品放到指定地点，不得乱堆乱放。

◇ 浴帘要通风透气

浴帘易长霉斑点，给人一种不洁之感。因此，应适当地展开浴帘，让其通风透气。方法是将浴帘朝浴缸尾部方向较松散地展开（与卫生间门的宽度相当）。

◇ 电镀部位要完全擦干

在打扫卫生间时，服务员必须要用干抹布（绝不能用湿布）将卫生间洁具上特别是电镀部位的水迹擦干，否则，电镀部位很快就会失去光泽，甚至留下深色的斑块，严重的还会生锈。

◇ 不得将撤换下来的脏布草当抹布使用

清扫卫生间时一定要注意卫生，绝对不能为了方便而把毛巾、脚巾、浴巾或枕巾、床单等撤换下来的脏布草当抹布使用，去擦拭浴缸、马桶、洗脸池甚至客房内的水杯；也不能把擦洗浴缸、马桶或洗脸池的不同抹布混用。

清扫住客房时，还应注意以下事项：

延伸阅读：

清扫宾客房间的禁忌

宾馆服务人员清扫宾客房间主要有以下禁忌。

①宾客的文件、书报等不要随便合上，不要移动位置，更不准翻看。

②除放在垃圾桶里的东西外，其他东西物品不能丢掉。

③不要触摸宾客的手机、手提电脑、钱包以及手表、戒指等贵重物品。但搭在椅子上或乱堆在床上的衣服（包括睡衣、内衣、外套等），要替宾客用衣架挂好，放进衣橱。

④清扫住客房时，要查看一下宾客是否有待洗衣物，如有，要仔细审核洗衣单上填写的内容和所交付的衣服是否一致，然后将这些衣物装进洗衣袋，放在房门口（或清洁车上），等待集中起来送交洗衣房清洗。

⑤对于长住房，清扫时应注意宾客物品的摆放习惯。

⑥离开房间时，关门动作要轻。

七、宾客退房离店前后的服务

1. 做好宾客离店前的准备工作

◇ 掌握宾客离店的准确时间

与接待单位联系，掌握宾客离店的准确时间。记住宾客的房间号或姓名（如果是团队，应把所有离店房间号记录在交接本上，避免出现漏洞），以便做好各项准备工作。

查看服务台账单有无账未结。

无接待单位的自费散客，要了解宾客有无结账，并选择适当时机主动去问候宾客。

◇ 询问宾客离店前是否用餐

宾客早上离店，要提示宾客是否需要叫醒服务或在房间用餐，如宾馆没有送餐卡（或单码服务），可根据宾客要求办理。送早餐要按约定好的时间准时送餐。

◇ 检查房间物品有无丢失或损坏

利用进房工作的机会，查看房间内的物品、设备是否有丢失和损坏。

◇ 检查代办事项，看是否还有未完成的工作

要注意检查账单，例如洗衣单、酒水饮料单、长话费用单等，必须结算付清或在宾客结账前送到前台收银处，以保证及时收款。

◇ 备好行李车，帮宾客送行李

准备好行李车，为宾客送行李。对团队离店宾客，要将行李提前集中到指定地点（与行李员协作）。**在移交团队宾客行李时，要认真清点件数，并履行签字手续。**

礼仪提醒

客房部要努力满足宾客离店前的合理要求。相关人员要及时查看服务台有无宾客信件、留言等。如是重要宾客，须通知店、部级经理，并了解他们有无探望或欢送的安排。

2. 遵守宾客离店时的服务规范

无论是散客离店还是团队离店，客房部相关人员都要遵守宾客离店时的服务规范，展现良好礼仪。

◇ 散客离店时的服务程序

①通知行李员提取宾客的行李（搬运宾客行李时，特别要注意检查行李是否完好无损，以免发生不必要的麻烦）。

②凡当日离开宾馆都要进行行李离店登记。

③宾客离店前，客房服务员应主动征求宾客意见，不断改进服务工作，如宾客当面投诉，客房服务员应做到态度诚恳、热情、友善，认真聆听宾客的批评和建议。重要的要用笔记录，及时向领导汇报。如果宾客所提问题情况属实，能当时给予解决的立即处理好，不要让宾客带着不满、抱怨离开宾馆。如果宾客有意见又着急走，可以征得宾客同意，将其国籍、姓名、联系方式（地址、电话等）留下。要代表宾馆衷心感谢宾客。欢迎宾客下次再住本店。即使宾客提的意见有不符合事实之处，也不要做过多辩解，更不能反驳。

④宾客行至电梯口，客房服务员要迅即为宾客叫电梯。

⑤电梯到达楼面时，在正确的位置用手挡住电梯活动门，请宾客先进入电梯，并将行李送入电梯放好。

如宾客是老、弱、病、残者，应主动搀扶，送至大厅门口或汽车上。

如果是重要宾客，视情况组织欢送、道别。

⑥当电梯门关上1/3时，面向宾客，微微鞠躬告别并说"欢迎您下次再来"。

⑦电梯门关闭启动后，返回宾客住房进行检查。

如发现宾客离房前使用过小酒吧酒水，应立即告知结账处，并将酒水单填好送交结账处。

如发现宾客有遗留物品，按宾客遗失物品处理程序妥善处理（决不允许私自处理或保存）。

⑧查房后做好离店宾客情况记录。

◇ 团队离店时的服务程序

①按接待单位要求或通知，告知所有宾客把行李收拾好，等候行李员收行李。

②楼层客房服务员协助行李员搬运行李，集中在一个指定区域，填写团队行李离店登记表。

③与行李员确认行李件数，加盖网罩，由专人看管。

④迅速返回查房。

⑤做好查房记录。

礼仪提醒

宾客在住店期间或离店时，难免会遗忘、丢失物品，宾馆应有宾客失物处理的规定和程序，以协助宾客找、领自己的物品。这会使宾客感到宾馆服务工作的尽善尽美，从而安心地在宾馆下榻。

第 七 章

宾馆公共区域的清洁与保养规范

　　一家宾馆往往是其所在的一个社交中心。除了住店客以外，来宾馆用餐、开会、购物、参观游览的人也为数不少，这些同样是宾馆的宾客。他们进到宾馆后往往只停留于公共活动区域，因此，公共区域的清洁卫生理所当然地成为这部分宾客评判宾馆的重要标准。由此可见，做好公共区域的清洁保养工作同样是非常重要的。

一、公共区域清洁的岗位职责

1. 公共区域清洁的特点

凡是宾馆内公众共同享有的活动区域都可以称之为公共区域。

通常人们将宾馆的公共区域范围划分为室内与室外。室内公共区域又划成前台区域和后台区域两部分。

室外公共区域是指宾馆外围区域，它包括宾馆外墙、花园、前后大门等。

室内公共区域的前台部分通常指专供宾客活动的场所，如大堂、休息室、康乐中心、餐厅（不包括厨房）、舞厅、公共洗手间等。**室内公共区域的后台部分通常指为宾馆员工设计的生活区域，如员工休息室、员工更衣室、员工餐厅、员工娱乐室、员工公寓等。**

公共区域的清洁具有如下特点：

一是由于公共区域所涉及的范围相当广，因此，其清洁卫生的优劣对宾馆影响非常大。

二是公共区域的客流量非常大，人员复杂，对卫生质量的评价标准不一。这就给公共区域的清扫带来困难。同时，由于宾客在此活动频繁，环境在不断变化，同样给清扫工作带来诸多不便。

三是公共区域的清洁工作繁琐复杂，工作时间不固定，人员分散，因此，造成其清洁卫生质量不易控制。这就要求公共区域服务员在日常工作中必须具有强烈的责任心，积极主动，适时地把工作做好，再加上管理人员不停地巡视和督促，做好公共区域的清洁工作并非难事。

2. 公共区域清洁的内容

大堂清扫工作的一般原则是：以夜间为基础，彻底对其进行清洁，白天进行维护和保持。

◇ 大堂地面清洁

①每天晚上应对大堂地面进行彻底清扫或抛光，并按计划定期打蜡。打蜡时应注意分区进行，操作时，打蜡区域应有标示牌，以防宾客滑倒。

②白天用油拖把进行循环迂回拖擦，维护地面清洁，保持光亮。拖擦地面时应按一定的路线进行，不得遗漏。**每到一个方向的尽头时，应将附着在拖把上的灰尘抖干净再继续拖擦。**

③操作过程中应根据实际情况，适当避开宾客或宾客聚集区，待宾客散开后，再进行补拖。遇到宾客要主动问好。

④宾客进出频繁的门口、梯口等容易脏污的地面要重点拖，并适时地增加拖擦次数，确保整个地面的清洁。

⑤如在拖擦过程中遇有纸屑杂物，应将其堆在角落集中，然后用清扫工具将其收集起来妥当处理。

礼仪提醒　　遇有雨雪天气，要在大堂入口处放置脚踏垫，树立防滑告示牌并注意增加拖擦次数，以防宾客滑倒和影响宾馆形象，并注意视情况更换脚踏垫。

◇ 宾馆门庭清洁

①夜间对宾馆大门口庭院进行清扫冲洗，遇有雨雪天气，应适时增加冲洗次数。

②夜间对停车场或地下停车场进行彻底清扫，对油迹、脏渍应及时清洁，并注意定期重新划清停车线及检查路标的清洁状况。

③夜间对门口的标牌、墙面、门窗及台阶进行全面清洁、擦洗，始终以光洁明亮的面貌迎接宾客。

④白天对玻璃门窗的浮灰、指印和污渍进行抹擦，尤其是大门玻璃的清洁应经常进行。

◇ 大堂扶梯、电梯清洁

①夜间对大堂内扶梯和电梯进行彻底清洁。**如有观景电梯则应特别注意其玻璃梯厢的清洁，确保光亮无五指印、污迹。**

②夜间应注意更换电梯内的星期地毯，并对地毯或梯内地面进行彻底清洁。

③擦亮扶梯扶手、挡杆玻璃护挡，使其无尘、无手指印，如不是自动扶梯，还应对楼梯台阶上的地毯铜条进行擦抹，并使用铜油将其擦亮。

④夜间对电梯进行清洁和保养，白天则对其进行清洁维护，保持干净整洁。

◇ 大堂家具清洁

①夜间对大堂内所有家具、台面、烟具、灯具、标牌等进行清洁打扫，使之无尘无污渍、光亮并对公用电话进行消毒、擦净，使之无异味。

②白天对家具等进行循环擦抹，确保干净无灰尘。

③及时倾倒并擦净立式烟筒，烟缸内的烟蒂不得超过 3 个，如更换客用茶几上的烟缸时，应先将干净的烟缸盖在脏的烟缸上面一起撤下，然后换上干净烟缸。

④随时注意茶几、地面上的纸屑杂物，一经发现，应及时清理。

3. 公共区域主管的岗位职责

宾馆公共区域主管的岗位职责及主要工作内容如下所述。

◇ 岗位职责

全面负责公共区域的清洁维护，其直接上级为客房部经理。

◇ 工作内容

①制定所负责工作的每月计划和目标。

②安排下属班次，分派任务进行分工。

③检查下属仪表仪容、行为规范及出勤情况。

④监督、检查各岗位工作状况，协调各环节的运作。

⑤记录、报告所有区域的工程问题并落实检查。

⑥检查各班次的交班日记和仓库的清洁管理。

⑦负责传达客房部经理下达的指令，并向其汇报每日盘点的结果及特殊事件等情况。

⑧**与其他部门经常沟通、协调、密切合作。**

⑨定期对下属进行成绩考核，向客房部经理上报奖惩，并组织、实施负责部门员工的培训，提高员工素质。

⑩完成上级安排的其他任务。

4. 公共区域领班的岗位职责

◇ 岗位职责

督导公共区域服务员的工作，确定公共区域的清洁，保证清洁用品充足，其直接上级为公共区域主管。

◇ 工作内容

①制定每月公共区域清洁计划。

②检查下属仪表仪容、行为规范及出勤情况。

③处理有关清洁服务和设备损坏的投诉并采取措施，加以纠正。

④**每天巡视所有负责区域，确保工作能达到要求的标准。**

⑤控制物品的消耗及设备工具的保养，并进行成本控制。

⑥确定需要维修的工程项目，并向上级提出建议。

⑦完成上级分派的其他任务。

5. 公共区域服务员的岗位职责

◇ 岗位职责

负责整个宾馆办公室、服务区、员工区域的清洁工作。

◇ 工作内容

①根据工作程序和标准，清洁和保养所分派的办公区、服务区、员工

区域，包括以下几个方面：扫地、洗尘、拖地；给家具、装饰物等设施擦拭灰尘；擦拭墙面、玻璃和镜子；地面的打蜡磨光；清理垃圾桶和烟灰缸；各种电镀物件表面的上光。

②定期参加所分配的公共区域大清洁。

③**处理所有垃圾，保持干净无异味**。

④在规定的日期内领取清洁用品。

⑤向主管报告并上交宾客遗失物品。

⑥向主管报告丢失、损坏的物品、设备的情况。

⑦于宴会后执行临时和日常任务。

⑧完成上级安排的其他工作。

6. 公共区域洗手间服务员的岗位职责

◇ 岗位职责

负责公共区域洗手间、员工更衣室的清洁和用品补充的工作，并做好公共区域卫生间的服务工作。

延伸阅读：

公共区域地毯清洁员的岗位职责

◇ 岗位职责

负责宾馆所有区域的地毯清洁、维护与保养。

◇ 工作内容

①工作程序符合标准，随时对地毯进行清洗。

②保持各种设备的清洁和正常运作。

③完成上级安排的其他任务。

◇ 工作内容

①按照工作程序和标准，完成公共洗手间、员工更衣室的清洁和用品补充工作。

②上班后补齐用品，下班后统计每天的消耗量。

③定期按照工作程序和标准进行大清洁，包括空调出风口的清洁及地面的打蜡工作；在宴会后，执行临时和日常任务。

④做好公共区域卫生间的服务工作。

⑤完成上级安排的其他工作。

二、卫生清洁员的服务与礼仪

公共卫生是一项复杂、细致、专业性很强的工作，它包括大堂、公共卫生间、楼层走廊和楼梯的清洁，这项工作由公共卫生清洁员来承担。公共卫生清洁员要身穿工作服，工作中要保持精神饱满、表情自然、手脚利索。

1. 清洁员要讲究个人卫生

公共卫生清洁员要讲究个人卫生，做到"五勤"、"三要"、"五不"和"两个注意"。

◇"五勤"

"五勤"即勤洗澡、勤理发、勤刮胡须、勤刷牙和勤修指甲。

◇"三要"

"三要"即工作前后要洗手、大小便后要洗手和早晚要漱口。

◇"五不"

"五不"即宾客面前不掏耳朵、不剔牙、不抓头皮、不打哈欠和不掏鼻孔。

◇"两个注意"

"两个注意"即在上班前不要饮酒，不吃如韭菜、大蒜、大葱、海鲜之类有强烈异味的食物。

2. 做好公共卫生区的清洁

工作中要提醒宾客留意，给宾客带来不便时，要使用"请当心"、"劳驾"、"打扰您了"、"多谢"等礼貌用语。

在大堂，用尘拖清扫浮灰时，要随时留意周围走动的行人，见宾客走来要主动让道，不要妨碍他人的活动。

清除烟灰缸、废纸杂物，次数要勤，操作要轻，动作要规范。若有宾客在旁，要微笑点头示意，礼貌问候，说声"您好"。保证扶手净亮，楼梯无烟头、纸屑和灰尘。

在雨天揩拭大理石地面积水、在高处清洁楼梯扶手等，要注意过路宾客的安全。有条件的要设置示意牌，文明施工。

要与各楼层做好协调工作，发现污点及时清洗，做好记录。

要遵守店纪店规，不得离岗，也不要与其他清洁员或服务员在工作时间一起聊天、大声谈笑。

3. 公共卫生间的清洁要求

宾客进卫生间，应该主动问候，"请"字当头。留意宾客的需求，服务意识要强，及时向宾客提供安放随身物品的方便。

一旦宾客用厕完毕，迅速示意何处洗手，领先一步拧开水龙头，调节好水温，提供香皂或皂液，给宾客净手。宾客洗净手后，用夹子递上小方巾或纸巾，让宾客擦干手，或开放干手机，方便宾客烘干。

根据宾客不同的需求，可适时递上梳子、指甲钳等供其使用。见宾客双肩落有头屑时，可帮助刷去。

宾客离去时，要送到门口，主动拉门，礼貌道别，说声"请慢走"。**切忌不要向宾客索要小费。**

卫生间内即使无宾客时，也不能随处靠坐，更不得在里面吸烟、看书，或与其他内部人员聊天。作为卫生清洁员，即使工作平凡，也要一门心思放在工作上。

第八章

宾馆餐饮部的服务礼仪

餐饮服务是指餐饮服务人员为就餐宾客提供食品、饮料的一系列行为，它可分为直接对客的前台服务和间接对客的后台服务。前台服务是指在餐厅、酒吧等餐饮设施中为宾客提供的面对面的服务；后台服务则是指在宾客视线所不能到达的场所，如采购部、食品原料仓库及厨房等部门的工作人员为生产、加工菜点所进行的一系列工作。

前台服务与后台服务相辅相成，任何一个方面出了问题都会影响到餐饮服务的质量。后台服务是前台服务的物质基础，前台服务是后台服务的继续和完善。只有精美的菜点，而没有高质量的服务，是无法令宾客满意的；反过来，只有高质量的服务，没有精美的饮食，也同样让人感到有所缺憾。美味佳肴配以热情、礼貌、周到的服务，才会受到宾客的欢迎。

一、餐饮服务人员的素质要求

餐饮服务人员在餐饮企业中的地位是相当重要的，因为餐饮服务人员直接代表企业接待每一位宾客，而服务水平的高低、服务质量的好坏，是通过餐饮服务人员的综合素质表现出来的，直接影响着企业的声誉和经济效益。因此，加强对餐饮服务人员素质方面的训练和培养是做好服务工作的根本途径。

1. 基本素质要求

◇ 要有敬业乐业的精神

餐饮服务人员，必须充分认识到餐饮服务工作与其他工作一样，都是社会生产、生活，分工合作，经营运转中不可缺少的部分。只有热爱工作，始终不渝，在实践中逐步培养起对专业的浓厚兴趣，这样，才能在本职工作岗位上端正工作态度，潜心钻研服务技能技巧。**养成良好的职业道德和礼貌礼仪是餐饮服务人员的基本素质。**

◇ 树立自觉的纪律观念

良好的纪律是完成任务的可靠保证，餐饮工作更应如此。因为餐饮部组织机构多，人员多，分工细致，工作繁忙，集人、财、物于一体，这就要求服务人员必须养成自觉的纪律观念，自觉遵守宾馆、部门的各种规章制度。

◇ 具有良好的形象

服务人员必须具有良好的仪容、仪表，服务行为符合礼仪规范。

◇ 熟练运用专业操作技能

服务人员必须熟练掌握自己的专业技能，才能为宾客提供优质的服务。

◇ 讲究服务礼节

服务人员要学习和掌握各种服务礼节，做到自然礼貌待客。

◇ 养成礼貌用语习惯

餐饮服务人员对宾客的热情接待、主动服务等许多方面都要通过语言来表达。作为服务人员，要讲究语言艺术，掌握文明语言运用技巧，语言要力求准确、恰当，说话要注意完整，合乎语法，要依据场合，多用敬语，要注意语言、表情和行为的一致性。

餐饮服务人员的工作，是"日行百里不出门，穿梭奔忙脚不停"的劳动。无论是站立、行走、托盘等，都需要一定的功力，需要相当的腿力、臂力和腰力的有机协调结合，所以，不但要有任劳任怨的吃苦精神，还要有健康的体魄，才能胜任此项工作。

2. 专业素质要求

◇ 熟悉掌握专业操作技能

这是做好服务工作的基本条件。餐饮服务工作手工性强、技艺性高，其每一种服务、每一个环节都有自己特定的操作标准和要求，而且许多工作根本无法用机械所代替。如：托盘、摆台、上菜、分菜、口巾折花和服务人员的语言技巧、应变能力等。因此服务人员必须努力学习，刻苦训练，熟练掌握餐饮服务的技能技巧，懂得各种服务的规格、程序和要求，达到服务规范化、标准化。**同时还要善于观察和揣摩宾客的心理和习惯，及时准确地提供相应服务。**

◇ 熟练掌握各种服务礼节

①问候礼节。问候礼节，主要是接待宾客时对宾客的问候。一个亲切

的问候，可以给人留下美好的印象。根据不同的时间主动问候："您好！""早上好！"、"下午好！"、"晚上好！"；初见宾客时应说："您好，见到您很高兴。"、"欢迎您，有什么事要我办吗？"等等；在服务过程中应说："这菜怎么样？"、"还需要什么吗？"；宾客就餐完毕后应说："再见，请走好"、"希望您再次光临！"；当节日来临时，应向宾客表示节日的祝贺："节日快乐！"、"新年好！"、"祝您圣诞快乐！"；宾客过生日或结婚喜庆活动，应向宾客表示祝贺："祝您生日快乐！"、"祝你们新婚愉快，白头偕老！"；对身体不好的宾客应关心地说："请您多加保重，早日康复"等等。

②称呼礼节。称呼礼节是指服务员在日常工作中对宾客的称呼。目前，宾馆对宾客使用最普遍的称呼是"先生"、"太太"、"小姐"。一般地说，男宾称为"先生"，而且不论年龄大小。如果知道宾客的姓名，可以称"××先生"；如果知道宾客的职称或职位，可以称"博士先生"或"××博士先生"、"上尉先生"、"团长先生"等等。对未婚女宾称为"小姐"，已婚女宾称为"太太"、"夫人"；若无法断定对方婚否，可称为"女士"，对年龄大的可称"老太太"、"老伯伯"；年幼的可称为"小弟弟"、"小妹妹"。

对于国王、王后称"陛下"；对王子、公主、亲王称"殿下"；对于部长以上的官方人士、外交使节或军队中的高级将领，一般称"阁下"，如"总统阁下"、"将军阁下"等等。

③迎送礼节。迎送礼节，主要指服务员迎送宾客的礼节。宾客进店主动迎接并引宾客入座。领位时，服务员应走在宾客的右前方，距离保持1.5米左右，走近座位时，服务人员要把椅子轻轻一拉，请宾客入座。对重要宾客应在店门口迎接。

宾客就餐完毕离店时，要热情送客，亲切道别，送客时，服务人员应走在宾客的后方，保持1.5米左右，对重要的宾客应送上车并帮助提行李。

④应答礼节。应答礼节，主要指与宾客谈话时的礼节。其总的要求是表情自然，语言亲切，态度和蔼，面带微笑，两眼注视宾客，集中精力倾听宾客谈话，然后有针对性地给予回答或提供某种服务。同时要求语调温和、语气婉转，给宾客以舒适、亲切的感觉。如有事打扰宾客时说："对不起，打扰您了。"未听懂、听清宾客的问题时应说"很抱歉，请您说得

慢一点好吗？"或说"对不起，请您重复一遍好吗？"在宾馆服务中，同宾客交谈或服务交往中的具体情况是十分复杂的，正确运用应答礼节，主要取决于服务员的礼节礼貌知识和灵活反应程度。如餐饮服务中宾客询问菜点和价格，这时，你要分析宾客需求和心理，灵活而有礼貌的介绍。提供某种服务后宾客向你表示感谢，并送给你礼物时，你应谦虚地说："您过奖了，这是我应该做的。"并婉言谢绝。如果服务工作太忙，不能及时为宾客提供某种服务，你应礼貌地说："对不起，请你稍候，我马上就来。"等等。

⑤操作礼节。操作礼节，主要指服务员在日常工作中的礼节。其基本要求是在遵守劳动纪律和服务规程的前提下，做到仪容整洁、礼貌大方、保持良好的气氛。在服务操作中，不大声喧哗、聚众说笑、哼歌曲、不随意打扰宾客。答应宾客时也不要高声，如距离较远，可点头示意。**服务要做到"三轻一快"，即说话轻、走路轻、操作轻，动作快**。还要做到"眼观六路，耳听八方"。要以勤为本，即眼勤、耳勤、嘴勤、手勤、腿勤。腿勤是基础，只有勤走动，才能看到和听到宾客的反映和需要，才能主动地迎送宾客，及时完成服务项目。而腿勤需要轻盈、矫健、敏捷的动作。

⑥仪表礼节。仪表即人的外表。服务员要做到：仪表整洁，举止大方，态度和蔼，彬彬有礼，精神焕发，富有朝气，充满活力，这也是礼貌待客的一个方面。

⑦宴会礼节。宴会礼节是指在宴会服务过程中服务人员应有的礼节，按宴会服务规程进行服务。

◇ 具有良好的文化素质

①专业知识方面。要求了解宾馆销售知识和宾馆业务成本核算；了解世界主要民族的生活习惯等；掌握宾馆消防管理知识及外宾接待知识。

②政策法规知识。了解宾馆应遵守的政策法规。

③外语方面。要求能与宾客进行简单的交谈会话。

◇ 其他方面的素质

除以上的要求外，还要了解公关学、宾客心理学、食品、物品实用保养学，等等。

延伸阅读：

餐饮部服务人员的禁忌

餐饮部服务人员要形成一种良好的礼貌气氛，给宾客以舒适、亲切、愉快的感受。注意以下禁忌。

①避免拖拖拉拉，慢慢腾腾。

②不可有抓耳挠腮、剔牙、抠鼻等不文雅的举动。

③与宾客谈话时不可东张西望。

④不可有随意翻动宾客随身携带的物品。

⑤不要问宾客的年龄、工资等一些与工作无关的事情。

⑥宾客之间谈话时不要随便插话或有意倾听。

⑦如宾客不慎损坏餐具物品，不要表示出讨厌和责备。

3. 优质服务意识

树立和提高服务意识是宾馆业在竞争日益激烈的现代社会中所必须做的。只有具备这种意识，才称得上真正的优质服务。

◇ 优质服务的四个基本要求

宾馆优质服务的几个基本要求如下。

①预测并提前或及时到位地解决宾客遇到的问题。

②遇到情况时按规范化的服务程序解决。

③遇到特殊情况，提供专门服务、超常服务，以满足宾客的特殊需求。

④杜绝不应该发生的事情。

这四点看似简单，但要真正做好，达到"无缺点服务"的水平，却是相当难的，尤其是第一点和第四点。譬如宾客从甲地飞往乙地某宾馆下榻，但甲地飞机起飞延误，比预定时间晚许多，宾客不能在下午准时到达，而是晚上九点才到宾馆。遇到这种情况，宾馆员工就要以营销观点

——站在宾客的立场上来提供有预见性的服务。宾客因为晚到，心情特别烦躁，又饿着肚子，他会把对与宾馆毫不相干的航空公司晚点的怨气迁怒于宾馆，这时候，宾馆员工要做到充分理解宾客的心理。在宾客到店时给予特别热情、耐心周到的服务，做好安抚工作或提供一些特殊的补偿以防患于未然，而绝对不能站在自己想当然的立场上，认为宾客是无端挑剔，这样会使得宾客和服务员之间产生矛盾。

第④点也是难点。它要求每位员工在各自的工作岗位上时刻都保证不出疏漏。也就是说在上班时间里的每一刻都必须聚精会神，一心一意只为顾客。**任何方面都要保持正常服务，稳定运转，这是最过硬、最扎实的"功夫"。**这一点在现代社会中尤为重要。

◇ 要令顾客满意

①给人一个好印象。要使宾客在用餐时和用餐后，都能对餐馆产生深刻的好印象。

②给人一个好感觉。感觉是难以说清的东西，却非常重要。因此，必须在餐馆的陈设、布局、色调等方面多下工夫，让人感觉好。

③让人有种好心情。餐馆服务人员的服务态度应当温和、细致，不要惹宾客厌烦。

④让人走进餐馆后，会由衷地感到一种特有的温馨和快乐。餐馆与别处不同，宾客在吃饭时应该快乐才对。

◇ 个性服务

个性服务分为两个层次。第一个层次是被动的，即由宾客提出一些特殊的需求。如宾客要宾馆帮忙寻找失物，宾客因生活或工作习惯要求宾馆提供专门的服务等。第二个层次是主动的，即给予宾客尊重和荣耀。如北京亲王府宾馆对住店 20 次以上的宾客专门制作印有宾客烫金姓名的信笺、信封、睡衣等。

◇ 超常服务

宾客的需求千变万化，即使宾馆服务都有规范却永远不可能"完整"，因此，宾馆在规范化的基础上必须能够适应变化，并随时提供特殊的超常服务。

超常服务并无范本可循，它取决于员工的事业心、责任心和灵活应变的能力。

①超常服务以宾客需要为宗旨。宾馆规范中没有的，并不说明宾客不需要。只要宾客提出特殊的需求，宾馆就要用营销的观念去满足宾客的需求。

②超常服务要主动进行。主动，指能预见宾客的超常需求，在宾客未启齿之前，就提供给宾客；但从优质服务的高要求来说，更应努力做到主动性的超常服务。

遵照以上原则，只要用心去观察、思考，就可以推出数不尽的深受宾客赞誉的超常服务来。

礼仪提醒

超常服务是能够转化为规范服务的。如果某一类宾客经常提出某项超常服务，那么这种超常应该转入规范，使之成为固定的服务项目。经常性的"超常"就不是"超常"，而是必不可少的"正常"了。

二、餐厅工作人员的职责

1. 餐厅经理的职责

指导和监督餐厅每天的业务活动，保证餐饮服务质量，巡视和检查餐厅营业区域，确保服务工作的高效率；检查餐厅的物品、摆台及卫生；组织安排服务员，监督制定服务排班表；选择新职工，培训职工，评估职工的业绩，执行宾馆和餐厅的各项规章制度；发展良好的客际关系，安排宾客预订的宴会、便餐，欢迎顾客，为宾客引座，需要时向宾客介绍餐厅的产品；与厨房密切联系和合作，共同提供优质的餐饮产品，及时处理宾客的投诉；安排好餐厅的预订业务，研究和统计菜单情况；编制餐饮服务程序。

2. 餐厅领班的职责

餐厅领班应做服务员的表率，认真完成餐厅规定的各项服务工作；检查员工的仪表仪容，保证服务规范，对所负责的服务区域保证服务质量；正确使用订单，按餐厅的规定布置餐厅和摆台；了解当日的业务情况，必要时向服务员详细布置当班工作；检查服务柜中的用品和调味品的准备情况；**开餐时，监督和亲自参加餐饮服务，与厨房协调，保证按时上菜；**接受顾客投诉，并向餐厅经理汇报；为宾客点菜，推销餐厅的特色产品，亲自为重要宾客服务；核对账单，保证在宾客签字之前账目无误。

3. 餐饮服务员的职责

餐饮服务员要守时，有礼貌，服从领班的指导；负责擦净餐具、服务用具；负责餐厅卫生、餐厅棉织品送洗、点数、记录工作；负责餐桌摆台，保证餐具和玻璃器皿的清洁，负责装满调味盅和补充工作台的餐具服务用品；按餐厅规定的服务程序和标准，为宾客提供尽善尽美的服务。

4. 餐厅引座员的职责

接受宾客电话预订，安排宾客的餐台；欢迎宾客到餐厅，陪同宾客到餐台，为宾客拉椅，铺好餐巾。

向宾客介绍餐厅的菜肴、各种饮品和特色菜；宾客用餐后离开餐厅，要主动与宾客道别，征求宾客的意见，欢迎宾客再次光临。

为了表示对第二次用餐宾客的尊重，引座员应尽量称呼他们的姓名。另外，应准确地记录宾客的预订。

5. 餐厅调酒师的职责

营业前准备好各种酒水及用具，按要求布置酒吧，掌握冰柜温度，及时进行调节；负责核对和清点营业前后的酒水存量，负责酒本领取、空瓶退还工作；直接接受宾客订单和接受服务员的订单，负责一切饮料的调配工作；保持酒吧、冰柜、仓库的清洁、整齐；检查设备的运转情况，正确使用各种设备。**账目要清楚，账物相符。**

三、 宴会的服务礼仪

宴会是社会团体、单位或个人进行交往中一种常见的交际活动形式，是一种隆重的、正式的餐饮活动。餐饮服务人员必须予以熟练地掌握宴会服务礼仪。

1. 宴会的种类

宴会的种类较多，按照菜式分有中餐宴会和西餐宴会；按照宴会的目的分有迎送宴会、商务宴会、喜庆宴会，以及寿宴、婚宴等。宴会的最高表现形式是国宴。西餐宴会中，又有鸡尾酒会、冷餐会等。

◇ 专题宴会

①婚宴。结婚宴会，要求喜气洋洋。可用霓虹灯制作的"囍"字作布置。根据我国红色表示吉祥的传统，在餐厅布置、台布和餐具的选择上应以红色装饰为主。**桌与桌之间要保持宽敞的通道，以利新娘、新郎向来宾敬酒。**

②寿宴。做生日以老年人居多，老年人喜欢人多、热闹，寿宴可以考虑放在大餐厅。菜点要突出祝寿之意，如将冷盘装以"松柏常青"、"松鹤延年"，点心可以按我国传统的习惯，配寿桃、寿面。在菜肴制作上尽量

采用烩、扒、炖、焖的烹调方法，菜以松软为主。如果在寿宴上再配以生日奶油蛋糕，中西合璧则更好。

③迎宾宴。这是一种小型宴会，最好用单独的小房间，因为宾客一般都喜欢清静，在入席前想在一起促膝叙谈或倾诉一些心里话。为此，事先要在房间里为他们准备好茶水、擦脸用的毛巾。时间由宾客自己掌握，不能操之过急。一般在这种情况下，主人为了显示自己的热情好客，常常会以当地的名菜名点来招待宾客，我们在烹调和服务时必须注意规定，最好能将菜点特色逐一向宾客介绍，这样会使主人脸上生光，宾客感到亲切。

④纪念宴会。纪念宴会指为纪念某人、某事或某物而举办的宴会，要求有一种纪念、回顾的气氛。在宴会布置时，要做到：

● 要有突出纪念对象的会标。

● 餐厅或会客室要悬挂纪念对象的照片、文字或实物。

● 在纪念宴会上可能有较多的讲话或其他活动，要及早有所准备，并做好服务工作。

⑤商务宴会。商务宴会是为洽谈商务而举行的宴会。**在接受预定时要了解洽商双方的特点和爱好，并在设计时，布置一些双方共同爱好的东西**。迎合双方合同的特点和爱好，以增进双方的友谊，使协商、洽谈在良好的环境中进行。

礼仪提醒

在商务宴会进行过程中，宾主双方往往边谈边吃，服务人员要及时与厨房联系，控制好上菜速度。如洽谈出现不顺利的局面，服务人员可利用上菜、分菜、送毛巾等服务，暂时转移一下双方的注意力，不使宴会出现冷场。

◇ 一般宴会

一般宴会是按照一定规格要求调配组成菜点，供多人聚餐的一种宴会形式，是在我国民间筵席基础上发展起来的。形式典雅、气氛隆重，以热菜为主，所有菜点均按一定程序和礼节陆续上席。在规模上，有大型、中型和小型之分，在等级规格上，有高级和一般之分；从举办者的身份来看，又有民间和官方之分。

一般把十五桌以上的宴会称之为大型宴会。大型宴会由于赴宴人数众多，工作人员的工作量也相对增加。这更要求工作人员认真、细致，紧密配合，有条不紊地工作。

餐厅布置要突出主桌。主桌要比其他桌子大，餐桌中间要铺设鲜花，设主席台，安装麦克风，供宾主致敬酒词。要布置会标，餐桌要纵横整齐划一，走道要宽敞。

餐具要统一配套，仔细选择完好的、数量充足的餐具。

宴会服务时，主桌可安排 3~4 名值台服务人员；对重要宾客，要派专人负责；其他每一桌可按排 1~2 名值台服务人员。主桌可安排 1~2 名送菜服务人员，其他每两桌可安安一名端菜服务人员。

斟酒、上菜等服务应从主桌先开始，其他餐桌比主桌慢一拍，并且要步调一致。

2. 接受宴会的预订

宴会的预订通常有电话预订和上门预订两种。其中上门预订又可分为顾客上门预订及餐厅派人上门预订。不论何种形式的预订，都遵循以下礼仪规范：

◇ 热情接待预订宴席者

主动向来预订宴席的顾客问好，并向顾客介绍餐厅的布局、菜品特色、接待能力等，增强顾客在此设宴的信心。

◇ 认真聆听预订宴席者的需求

仔细聆听顾客的要求，并给予专业的意见和建议。

如果顾客是来电话预订的，则请其亲自来一趟，交定金及签名认可宴会的有关服务项目。

◇ 作出预算

根据顾客的需求和预算，列出菜单、酒水品种和价格，也可以拿出餐厅已经拟订好了的菜单，再根据顾客意见进行修改或调整。征得顾客同意后，请顾客在所列菜单上签字认可。**所列菜单和酒水单应一式五份，宴会部、楼面部、厨房、收银台、传菜部各备一份，以做好宴会前的准备工作。**

◇ 认真填写宴会预订表格

将顾客的姓名、联系电话、单位名称（单位宴请）、单位地址、宾客数、宴会日期和时间、宴会的形式、付款方式、特殊要求、场地安排以及需要提供的其他服务（如：横幅、鲜花、音乐、司仪、迎宾）等记录在餐厅专用的宴会预订表格里。给顾客计算出除餐饮外其他项目的收费。征得顾客同意后，请顾客签名认可。

礼仪提醒

在宴会日期到来的前两天，要再次与顾客电话沟通，确认宴会日期、时间、人数等所有已经签订的资料，无误后，立刻填写"宴会通知书"并送交相关的各部门。如顾客临时需要变动或调整的，经协商好后给各相关部门派发"宴会变更通知书"。

3. 宴会摆台的种类

◇ 中餐台面

中餐台面常见的有方桌台面和圆桌台面两种。中餐台面的一套餐具一般由筷、汤匙、骨碟、搁碟、味碟、汤碗和各种酒杯组成。

◇ 西餐台面

西餐台面分便餐台面和酒席宴会台面两种。便餐台面又有小方桌台面、小圆桌台面、厢座台面等数种；酒席宴会台面常见的有直长台面、横长台面、"T"字形台面，"∏"形台面、"I"字形台面、腰圆形台面、竹节形台面和"E"形台面等。**西餐台面的小件餐具一般由各种餐刀、餐叉、**

餐勺、菜盘、起司盘和各种酒杯组成。

◇ 中餐西吃台面

中餐西吃台面可用中餐的方台、圆台和西餐的各种台面。其小件餐具一般由中餐用的筷，以及西餐用的餐刀、餐叉、餐勺和其他小件餐具组成。

◇ 食台

食台是给宾客进餐用的，各种小件餐具按用餐方便的要求摆设，在行业中称之为正摆式。

◇ 看台

看台又称花台面。即用小件餐具、各种印花台布、各种花卉、各色水果造型，拼摆成各种图案，供宾客在用餐前观赏，上菜前即行撤去。

4. 宴会摆台的要求

◇ 摆台要尊重各民族的风俗习惯和饮食习惯

如中餐和西餐所用的餐台和餐具都不一样，必须区别对待。如摆中餐台面要用筷子，摆西餐台面要用餐刀、餐叉。此外某些民族、某些宗教还有所禁忌，摆台时必须特别注意。如回族和信奉回教的忌讳用猪，那么在摆台时就不能摆设乳猪之类的餐巾花。

◇ 摆台要尊重各民族的礼仪形式

如酒席宴会的摆台、餐台、席位安排要注意突出主台、主宾、主人席位，宾主席位的安排要根据各国、各民族的传统习惯而定。

◇ 小件餐具的摆设要配套、齐全

据菜单安排，即吃什么菜配什么餐具，喝什么酒配什么酒杯。**不同规格的酒席，还要配上不同品种、不同质量、不同件数的餐具。**

◇ 小件餐具的摆设要集中、整齐

小件餐具和其他物件的摆设，要相对集中，整齐一致，既要方便用餐，又要便于席间服务。

◇ 花台面的造型要逼真、美观、得体、实用

所谓"得体"是指台面的造型要根据酒席宴会的性质恰当安排，使台面图案所标示的主题和酒席的性质相称。如属婚嫁酒席就应摆"喜"字席、百鸟朝凤、蝴蝶闹花等台面；如是接待外宾的酒席，就应摆设迎宾席、友谊席、和平席等。

餐具造型时，既要设法使图案逼真美观，又不要使餐具过于散乱。各宾客所用的餐具原则上要摆在各宾客的席位上，以便于宾客拿取方便。

5. 宴会的桌次与席次安排

◇ 桌次的安排

如果宴请的宾客不止一桌，往往需要排桌次。按照国际惯例，桌次高低的排列，以离主桌位置远近而定。其原则是：首先确定主桌，主桌通常正对门，离门最远，或是处于场地的中间。其他桌次的位置是，离主桌越近的位置越高；位置相同，右高左低；竖排是上高下低。

如果室内有表示位置高低的明显的标志物，如婚宴仪式的前台、主席台、西式客厅的壁炉等，则越靠近标志物。靠近前台位置越高，位置相等的，则右高左低。

所以可以总结为：以远为上，以右为上，居中为上，临台为上。

◇ 席次的安排

宴会中的席位，其礼仪是十分严格的。贵宾安排在宴会中的主桌，由主人亲自陪同。其他各桌也要有主有宾，妥善安排，使其他宾客不至于被冷落。

安排席次首先得确定席位的高低，即哪里是首位，哪里是末位。

①中餐宴请席次安排。中餐宴请席次的确定是以门为依据的：正对门

的、离门最远的是首位，离门最近靠近门的是末位。其他位置的席次是：离首位越近，位次越高；距离相等的右高左低。

安排了席次以后，就应该确定主人和主宾的位置了。中餐宴请中，私人宴请一般是主宾坐首位，主人坐末位；工作宴请，一般是主宾坐首位，主人坐在主宾的右侧。但如果主人的身份比主宾明显要高，主宾一般会把首位让给主人坐。在日常生活中，私人宴请与工作宴请往往没有明确的界限，私人宴请中带有工作的性质，而在工作中又有个人感情和关系，因此，中餐宴请中主人与主宾的位置并不是十分确定。但基本原则都是根据宾主身份的高低来确定席次，通常是身份最高者坐首席。

如果中餐宴请外国宾客，席位的排法通常是中西结合。1号由男主人坐，男主人的右侧是男主宾，男主人的正对面是女主人，女主人的右侧坐女主宾。如果未携带夫人，男主人与男主宾的位置照旧。

确定了主人与主宾的位置后，应适当安排其他宾客的位置。基本原则是：方便宾客交谈，同时，主方陪同人员应该主动与宾客交谈，避免自己人坐在一起而冷落了宾客。

具体的安排方法是：主、客尽量穿插而坐；身份大致相同，使用同一语言、同一专业的比较谈得来的人安排在一起；避免没有共同语言，甚至是矛盾冲突的人坐在一起，使宾客感到索然无味。

家宴和便宴无须设立座位卡，但主人对宾客的位置往往预先有所安排。正式宴会一般需要设立座位卡，如果是涉外宴请，座位卡上面应该用中、英文两种文字，中文写在上面，英文写在下面。

②西餐宴请中席次的确定。西餐宴请中，主人的位置是十分确定的，男女主人坐餐桌的两端。其他席次根据主人的位置：离主人位置越近，席位越高，离主人位置越远。席位越低；距离相等，右高左低。西餐的排法是男女宾客分开隔着坐，因此，要求男女宾宾客数相等。男主人的右侧坐女主宾，女主人的右侧坐男主宾。若需要安排翻译人员，则将翻译人员安

排在主宾右侧。

6. 中餐宴会的准备工作

接受宴会预定后，应根据宴会的人数、要求、标准为宴会做好准备工作。

中餐宴会大多使用圆桌。若宴会的规模较大，这时就要安排主桌。主桌安排在所有宾客的视线内，而且要求有醒目的标志。中餐宴会，都必须安排席位。因有些宾客也许是初次参加宴会，所以一般比较正规的宴会都要写好名卡，放在宾客的座位前，使宾客知道自己应坐在哪个位子上。

每张圆桌一般安排 10 位宾客，当然，还要考虑到参加的人数了，主桌的桌子一般大些，可安排 12～20 人就座。**座位安排不能太挤，一般每位宾客应有 45 厘米宽的位子，同时为了上菜方便，还要在副主人的右边安排一个空当。**

餐具应按规定放好。餐巾应折花后放在水杯中。

7. 中餐宴会的服务礼仪

◇ 热情迎接宾客

服务员应在宾客到达前，站在餐厅的入口处，准备迎接宾客。宾客到达时，要热情有礼貌，微笑问好。宾客进入餐厅，要主动接衣物。挂衣时，应握衣领，避免衣袋里物品滑出或碰坏。宾客落座后，把小毛巾放在小盘中（夏天用温毛巾，冬天用热毛巾），用毛巾夹递送给每一位宾客。如忙不过来，可以叠成四方块或圆柱状盛放于茶几上，由宾客自己取用。接着送上茶水，给宾客斟茶，然后主动询问宾客用什么酒水，并按规则做好准备，按斟酒规则斟酒。

◇ 上菜

中餐一般上菜的顺序是：凉菜、主菜（较名贵的菜）、热菜、汤菜、甜菜，接着是点心，最后上水果。在广东，汤菜将会提前上，即上主菜后上汤菜。

在多桌宴会中，上菜以主桌为准，先上主桌，再按照桌号依次上菜，绝对不能颠倒主次；此外，还要统一掌握上菜进度。上带佐料的菜时，应先上佐料后上菜，也可以佐料随菜一起上。

◇ 斟酒

①宴会中通常有烈性白酒、白兰地、葡萄酒、啤酒及果汁、汽水、矿泉水。预定酒席用什么酒，应征求主人意见。备酒时，要多备几种，酒杯亦然，以适应临时变化或个别来宾的特殊需要。

②斟酒时机，重要宴会主宾一入座，往往主人就要举杯祝酒。因此在开席前 5 分钟左右，服务人员须将酒斟好。若是饮料，如汽水、果汁，一般来宾入坐后即可斟饮。最佳的斟酒时机还需结合宾客的饮食习惯和要求，这一点可与举办主人作好沟通。

③服务人员给宾客斟某种酒之前，应先示意一下，如果来宾不同意，即予调换。

④中餐酒席顺序一般从主宾开始，先主宾后主人，先女士、后男士。两个服务员斟酒时，一个从主宾开始，另一个从副主宾开始，按座次绕台进行。

礼仪提醒

在宾主祝酒讲话时，服务员应避免造成干扰。并要注意宾客杯中的酒水，见喝到只剩1/3时，就应及时给予斟满。主人讲话即将结束时，服务员要把主人的酒杯送上，供主人祝酒。主人离位给来宾祝酒时，服务员应跟随主人身后，及时给主人或来宾续酒。

◇ 分菜

分菜有三种方法：餐台分菜、服务台分菜、厨房分菜。分菜时，要根据就餐实际情况选择分法，并按照技术要求来分。

◇ 撤换餐具、用具

席间多次更换餐具，可使菜肴不失其色，保持原汁原味，突出特点，增加美观。更换餐具要根据宴会的规格标准和菜肴的品种而定。如是高级宴会，应上一道菜换一道骨碟。在一般情况下，服务员可根据具体情况灵活掌握。**服务过程中，要求服务员动作熟练，轻拿轻放，有条不紊。要勤巡视、勤换烟缸，保持桌面清洁卫生。**

◇ 递送毛巾

餐间餐后，要根据宾客及菜肴种类的需要递送毛巾。一般在上海鲜类菜肴，或是用手取食的菜肴时，均要送上毛巾。递送毛巾时，应把毛巾放在专用的毛巾托里，放在每位宾客的右侧。宴会结束前所送毛巾，也可以用小盘托送，请宾客自取或放于转台上，派上毛巾时，可礼貌地说："先生/小姐，请用毛巾。"

◇ 结账

一般宴席上完水果后，再给每位宾客斟上热茶，就应准备结账。要清点好酒水总数，以及菜单以外的各种消费，要准确无误。

◇ 礼送宾客

宴会结束时，服务员要征求宾客意见，可以发放意见卡。**宾客起身离开座位时，要主动拉椅，提醒客主带好自己的物品，并礼貌道别。**宾客未全部离开时不能撤台，要等宾客走后方可撤台。

8. 西餐宴会前的准备与设计布置

◇ 准备

餐前的准备工作包括以下几个方面。
①准备大小托盘及服务布巾。
②准备面包篮、夹子、冰水壶、咖啡壶等器具。
③准备晚宴所需使用之餐盘、底盘以及咖啡杯等。
④将冰桶准备妥当，放在各服务区，并将宾客事先点好的酒打开，置

放于冰桶中。

⑤备置红酒篮，并将红酒提前半个小时打开，斜放在红酒篮，使其与空气接触，称之为"呼吸"。

⑥于宾客入座前5分钟，事先倒好冰水，事先将奶油摆放在餐桌上。

⑦于宾客入座3分钟前，将桌上蜡烛点亮，并站在各自工作岗位上，协助宾客入座。

礼仪提醒

西式宴会的餐桌服务方式有其特定之服务流程与准则，但宴会时所采取的餐饮服务方式仍须视菜单而定，亦即服务人员应依照菜单内容，进行不同的服务与餐具摆设。

◇ 设计与布置

做好西餐宴会的设计与布置，是拥有高雅和舒适环境的重要事项，它能给人以清新、愉快和耳目一新的感觉。其要点有如下方面：

①台形设计。**西餐宴会的台形布置安排，一般采用长桌形式，根据人数和来宾情况，可分别排成多样化，如"T"形、"I"形、"∏形"、"E"形等**。总之要求是要既美观又适用。

②桌面布置。

a. 西餐宴会铺台一般先用毡、绒等软垫物按台的尺寸铺台面，然后用布绳扎紧它，再铺宴会台布。宴会台布要熨平，台布一般用白色，一定要洁净。台布边垂下25~40厘米即可。

b. 西餐宴会使用的餐具一般为刀（肉刀、鱼刀、奶油刀、水果刀）、叉（肉叉、鱼叉、中叉、点心叉）、匙（汤匙、咖啡匙、茶匙、点心匙）、酒杯（水杯、红酒杯、香槟杯等）；其他还有奶油盅、起司盆、调味架等。**铺台时一定要根据菜单决定所用的餐具。**

c. 台的中央摆上鲜花。长台、方台以摆插成半橄榄形、圆台摆插成半球形。蜡烛或玻璃罩灯摆多少要根据台的大小、人数多少而定。

台上公共用具一般四人一组。

9. 西餐宴会中的服务礼仪

◇ 热情迎宾

按照宴会开席时间，餐厅负责人应带领一定数量的服务人员提前在餐厅门口等候来宾。当来宾抵达时，应热情欢迎，主动打招呼问好，并将宾客带领到休息室（会客室），稍事休息或直接带领到餐厅。

◇ 接挂衣帽

如来宾脱衣帽，服务人员要主动接住，挂在衣帽架上或存入衣帽间。如衣物件数较多，可用衣帽牌区别。衣帽牌每号要有两枚，一枚挂在衣物上，另一枚交给来宾以备领取。对重要的来宾则不可用衣帽牌，而要凭记忆力进行准确的服务，以免失礼。接挂衣服时应拿衣领，切勿倒提，以防衣袋内的物品掉出。

◇ 端茶、送巾、送烟

来宾入座后，应根据来宾的不同生活习惯和主办单位或主人的要求，热情地送茶或是派酒、送毛巾，并视情况敬烟点火。茶、毛巾、香烟都需用小盘子端送，并按先宾后主、先主宾后一般宾客、先女后男的顺序端送。

◇ 引宾入席

开宴前十分钟左右，餐饮服务负责人应主动询问主人是否可以开席，经主人同意后即通知厨房准备上菜，同时请宾客入座。**值台服务人员应精神饱满地站在餐台旁，当来宾走近座位时，服务人员应面带笑容拉开座椅，引请来宾入席。引宾入席也要按宾主次序进行。**

◇ 斟酒和斟饮料

宾客入座后，开始斟酒或斟饮料。如见个别来宾未围上口布的，应主动帮其取出摊开。西餐宴会一般使用好几种酒和饮料，斟酒前要示意来宾选择，并按宾主次序依次从宾客右边斟酒。在宴会进行的整个过程中，斟酒要按西餐上什么菜就斟什么酒、饮什么酒就用什么酒杯的规定进行。

◇ 上菜

开席后按上菜次序一道一道地上菜、汤、西点或水果。上菜要按宾主次序在宾客的左方进行。凡是用大盘上的，服务人员都要分菜。分菜时要站在宾客的左方递菜盘，用左手端菜盘，用右手为宾客分菜，或由宾客自取。宴会场合，宾客比较讲究礼貌，在分菜分汤时，一次不可分得过多。如有的宾客喜欢吃，应该再分一次，这次可不按席次进行，看哪位宾客面前的餐碟快吃完时就可以去分。上菜、分菜要照顾好主宾和主人。分菜工具有叉、匙、刀等。**分菜次序是女主宾、男主宾、主人、其他来宾。**

◇ 撤盘、增添小件餐具

宴会撤盘需看绝大多数宾客将餐刀、餐叉并放在一起后方能进行。在上特殊风味菜前，要相应增添小件餐具，在餐具不够时，也要增添小件餐具。增添小件餐具必须在撤盘之后、上菜之前进行。经常需增添的小件餐具是：上点心要配上饼叉，上水果前要摆水果碟、水果刀，上咖啡等饮料时要配上茶匙。

◇ 洗手盅、香巾

宴会中在宾客剥虾、剥蟹、剥蚧之后，吃水果之前和餐毕时，要递洗手盅与香巾，盅内盛凉开水、用托盘送上。

◇ 礼貌送宾离席

宾客餐毕起身时应为其拉开椅子，以方便走出。来宾离席后要随同送至餐厅门口，如果宾客要在休息厅（室）休息，要根据来宾的生活习惯和宴会主办单位或主人的安排，送茶、送毛巾或派饭和酒。

◇ 取送衣帽

来宾起身离开餐厅或休息厅时，服务人员要立即按照牌号准确地将衣帽递送给宾客。**对重要来宾的衣帽，因无牌号，要特别注意收送，并热情主动地帮宾客穿戴好。**

◇ 热情送客

宾客离开餐厅时，要热情相送，礼貌道别。

延伸阅读：

西餐宴会中的斟酒

西餐酒席宴会用酒和中餐酒席宴会不同。较高级的西餐宴会要用 7 种酒之多，几乎每一道菜都有一种酒。吃什么菜跟什么酒，喝什么酒用什么杯都有严格的规定。现以一般的西餐酒席为例，将各道菜点所配酒水和所用酒杯以及斟酒方法列举如下：

◇ 上凉菜或海味菜

上凉菜或海味菜时，跟具有开胃解腥作用的烈性酒，用立口杯。在斟烈性酒时，在水杯内倒上冰水。在夏季还需要放上一小块冰。

◇ 上汤菜

上汤菜时，跟舍利酒（葡萄酒类），用舍利酒杯。斟酒前，将舍利酒杯与立口酒杯对调一下位置，以使宾客举杯方便。

◇ 上鱼或海鲜菜

上鱼或海鲜菜时，跟酒度较低的白葡萄酒、玫瑰酒，用白酒杯。这道酒一般是冰冷的。因此，需在前一日或当天早晨将酒水冰镇，在开席前移入冰桶，加入碎冰送至餐厅落菜台。斟酒之前，要将酒瓶揩干净，用口布包着酒瓶斟酒，以防止酒水滴在宾客身上。

◇ 上小盆菜

上小盆（副菜）时，跟红葡萄酒，用红酒杯。冬天喝这种酒，有些宾客喜欢用温水烫热（宴会用酒不烫）。外国的红葡萄沉淀物很多，应在宴会前用纱布过滤后再灌入专门酒瓶。斟酒时，要尽量避免摇动。

◇ 上大盆菜

上大盆（主菜或肉类菜）时，跟香槟酒，用香槟杯。香槟酒是随菜中的主酒，酒中有充足的气体，开瓶时能发出清脆的响声。在隆重的宴会上，使用香槟酒时，各席桌要同时行动，协调一致，使响声连成一片，以增添宴会的热烈气氛。

◇ 上甜点

上甜点时，跟巴得酒，用巴得杯。该酒是深红色的葡萄酒，味甜而酸，有较浓的葡萄味。适宜进甜食时饮用。

◇ 上咖啡

上咖啡时，跟立口酒，用立口杯。立口酒有 20 多种。这种酒酒度高且很甜，有帮助消化的作用。上酒时，应用大圆盘或小方盘，提上 4~5 种立口酒，十几只立口杯。用左手托盘，右手派酒杯，询问宾客饮什么酒，然后根据其需要斟酒。

西餐酒席宴会的斟酒次序，如果是国家元首，应先斟男主宾，后斟女主宾。一般宾客则是先女主宾后男主宾，再主人。其他宾客按座位依次斟酒。因此，服务员在宴会开始时要迅速了解宾主双方的身份和位置，注意礼节。续酒时，则不必拘其形式。

西餐酒席宴会的其他斟酒方法及注意事项与中餐酒席宴会大体相同。

四、自助餐与送餐的服务礼仪

宾馆的就餐形式多种多样，除中餐、西餐之外，还有近年流行的自助餐，以及宾客特殊需要的送餐等。无论哪种就餐形式，服务人员都应当做到热情周到，礼仪周全。

自助餐一般为多人就餐，服务人员应特别注意餐厅环境的整齐、清洁，以及做好针对不同宾客的个性服务；而送餐则要送入宾客的房间，其程序又与其他就餐形式略有不同，送餐的服务人员更应注意礼貌，以及服务的更多细节。

不论是自助餐还是送餐，服务人员只有礼仪到位、热心真诚、才能够赢得宾客的赞赏。

1. 自助餐餐厅环境布置

自助餐的餐厅一般是利用冷饮厅、休息室或其他餐厅临时装饰的。也可设固定的自助餐厅。餐厅环境布置要突出美观、轻松、活泼的气氛，重点是注意两个方面：

◇ 餐厅装饰

自助餐的餐厅装饰主要是墙面和陈列物品，墙面可以用装饰过的屏幕、板条、字画、条幅等来装饰，但要注意采用不同的颜色来突出主题。装饰物品可以用盆栽的棕榈、蕨类植盆、鲜花来美化用餐环境。在复活节或圣诞节时，台布如用深蓝色或深红色则更有装饰效果。平时用麻布作台布能体现农村风味，而用红白格子布又可以给宾客以自由、不拘小节的感觉。**具体采用什么装饰手法要根据自助餐的主题需要而定。**

◇ 餐桌安排

自助餐的台型安排是多种多样的。菜台应设在比较明显、宾客取菜比较方便的地方。饮料台一般设在靠餐厅里面一些的地方，餐桌要铺台布，摆放相对集中，但要留出一定距离。每个餐位的占用面积应在 1.5 米左右，为宾客走动取菜提供方便。整个台面布置要美观、大方。

2. 自助餐餐台的安排与菜肴的陈列

◇ 自助餐餐台的安排

大型自助餐为保证宾客迅速顺利地取菜，一般设一中心食品陈列桌和几个分散的食品陈列桌，这样可以疏散宾客。

应该在陈列桌旁边留下足够的空间，使宾客在取菜时不必排长队和造成拥挤的现象，并根据客流方向合理安排空间的使用。通常平均一个人选一种食品所需的地方约 30 厘米，所以在计划时应该考虑到在一个特定的时间里供应品种的多少和所能接待的宾客数。否则周转很慢，宾客将在桌旁排队等候。

除了用完整的自助餐台外，可以特别陈列特色菜，如设立色拉台、甜品台、临时酒吧和烧烤台等。

这些单独陈列的色拉台和甜品台的布置也应独具一格。如法国或奥地利糕饼店，一个老式的冰淇淋柜台等，也可以是法国葡萄园酒吧、德国酒窖。

自助餐台可以有各种形状，这得根据餐厅的场地来选择了，各种形状的台面有：长方形、圆形、螺旋形、椭圆形、半圆形、1/4 圆形和梯形等，可以用这些小台自己设计组合成各种风格的自助餐台。

在餐台上铺上台布，然后围上桌裙，可以使餐台凸显得更加华丽、整洁，也更受宾客的欢迎。桌裙的长度离地约 2 厘米，要能遮住桌脚。站立式自助餐的圆台子也应用桌裙。

自助餐台的中央一般布置成大的花篮，用雕塑、烛台、鲜花、冰雕、水果等饰物点缀，填补空白，给人以美的感觉。在自助餐陈列台的后面还要留一些能进行单独布置的空间，渲染气氛，放置其特色菜等，甚至可搭出一个"空中花园"。

◇ 自助餐菜肴的陈列

食品陈列要美观、典雅，讲究空间构图形象。一般设三层：第一层陈列冷菜、点心；第二层陈列特色菜，如肉类、鱼类、火鸡、家禽等食品；第三层陈列经过雕刻的食品和鲜花。宾客需要的餐盘、筷子、刀叉等餐茶具整齐的放在两边，高低错落，形象美观、典雅，富于形象吸引力。

必要时用聚光灯或较强烈的灯光照射菜台，充分显示菜台食品的陈列效果。

西餐食品陈列的通常顺序如下。

①宾客用的盘子、刀叉，可放在第一层，也可放在两边，整齐的摆好；

②色拉、开胃品，一般用透明薄膜盖住；

③热菜；

④烤炙肉和其他主菜。汤汁、调味品、装饰物要和它的配菜放在一起，同样要显出高低错落，形象美观，增加陈列效果。

3. 自助餐对服务的要求

根据计划和要求布置餐厅，如果是设座式自助餐要摆好台，要求和正餐相似，保持餐厅内整齐、清洁。

高级的自助餐，常在宾客去享用自助餐前，就把开胃品和汤送到宾客的桌上。面包、饮料、黄油也是由服务员送到餐桌上，服务的规格与正餐一样。

对暖锅和电热炉要留意照顾，经常检查添加燃料，而要使食物保冷必须备有冰块，盛冰块的碗要经常更换。点燃的蜡烛要保持笔直、不流蜡。暖锅和蜡烛都应离开服务线一定的距离以避免发生意外。菜盘和其他器皿也应离开桌边 10 厘米左右。

不设座位的自助餐，就需要将餐具、黄油、面包、甜点和饮料安放在自助餐台上。标准是：宾客用的盘子在最前端，餐具、口布、面包、黄油在最后端。开胃品、饮料和甜点可以分别在几处设台，以加快服务速度，避免宾客太多而拥挤。

在自助餐台后，应安排一厨师穿上洁白的服装来照顾餐台。像主人那样向宾客介绍、推荐和分送菜肴，分切大块的烤肉等，整理餐台，保持其美观，及时更换和添加菜盘，检查设备，保持食品的热和冷，回答宾客问题，如果宾客把食物溅出应马上提供帮助。

餐厅应有足够多的冷热菜盘以及其他各种服务用具、餐具和口布等。

一个陈列菜盘里如 1/3 已空时，就应补充或换上一盘满的，否则是很不雅观的，给宾客不好的感觉。

如果是宾客自取自烹的火锅式自助餐，服务员要负责为宾客准备火锅，开启，告诉宾客一些特殊食品的烧法，提供各种调料，随时加汤和斟酒。

大块牛排和整个的火鸡等的切割分派是一项技术工作，带有表演性质，服务员或厨师在操作时要注意：形状、分量、装盘、卫生等。

管理人员应时常检查现场的服务运转情况，协调厨房与餐饮服务工作的配合，及时处理各种突发事故，使自助餐顺利进行。

在餐厅发生意外，如宾客打翻盘子时，服务员要迅速帮助处理，打翻在桌上的食物，要立即收到空盘内，除去污迹，再盖上清洁的口布，打翻在地上或地毯上的食物要立即通知有关人员清洗，在这之前可先盖上一块口布，防止其他的宾客踩上去。

4. 送餐服务的主要内容

◇ 早餐

早餐是房间送餐服务常见的一种形式。其食物一般分四类，每一类又有若干品种，宾客点餐时可以任意选择。

①果汁或水果。如番茄汁、桔汁、凤梨汁、葡萄汁、西瓜、香蕉、木瓜、橙汁等。一般根据不同季节来配备。

②蛋类。一般包括煮蛋、炒蛋、水波蛋、蛋包等。各种蛋类食品的蒸调加工方法不同，要根据宾客的需要而定。

③面包类。面包是早餐不可缺少的食物。宾客食用面包，同时要配黄油、果酱、黄油刀，要尊重宾客的习惯。

④咖啡或红茶、牛奶。通常以选用咖啡的宾客最多，红茶次之。牛奶也是宾客喜欢的食物，但必须准备好餐具和糖。

◇ 正餐（午晚餐）

正餐的情况与早餐不同，宾客在客房用餐的次数较少。房间正餐服务的内容和餐饮服务基本相同。一般包括凉菜类、肉类、鱼类、点心、饮料、水果等。**一般宾馆是在客房放上点菜单，食品内容按早餐和正餐分别列出，供宾客挑选。**

5. 送餐服务的程序、方法

宾客用电话预约时，要记清楚宾客的姓名、用餐人数、房号、所叫的菜肴品种、规格、数量、送餐时间，记完后要向宾客复述一遍，避免差错。

接听电话时订餐服务员必须学会标准的电话用语，无论是宾客电话还是内部电话，都应用标准话回答。

在与客进行的电话交谈中，要注意推销和介绍厨师长建议的食物，要寓推销于建议与关心之中。

清楚宾客所点叫的食品后，入单厨房，让厨房准备和制作。入单时注明送餐品名、送餐时间及接单服务员姓名、送餐房号。并对有关人员交待清楚有关事项。

根据宾客点的食品、饮品，先准备好用餐的餐具，如碟、玻璃杯、咖啡杯或茶具、银具、筷子、刀叉、餐巾等，跟足调味品，如盐盅、胡椒盅、糖盅、奶盅等等，先装进餐车里。食品运送过程中要注意安全。

厨房制作的热菜或凉菜，一定要适时做好，按宾客预约时间准时趁热或凉送到宾客的房间。

如果一个服务员同时要送两张订单，一般应该是同一楼层的房间。

进房前先轻轻敲门（或按门铃），同时说明"送餐服务"。敲门不要太急，一般敲三下，稍事停顿一下，如果没有反应，再敲三下（按门铃亦如此），经宾客允许后方可入房。

进房后首先向宾客问好："早上好，我是来送餐的，餐桌摆这里好吗？"宾客表示同意时，即给宾客开台摆位，按餐饮服务方式为宾客服务，若是快餐可留下让宾客随时食取。

工作就绪后即将账单呈送宾客签字或结账。宾客签字或付现金后要向宾客表示"多谢"。此时宾客尚在用餐，还应祝宾客用餐愉快，并请问宾客需要何时收台，离开房间时要礼貌地向宾客道别并将房门轻轻关上。

迅速返回房内送餐部，签上返回时间表，同时填写收台时间表，保证及时回收餐具。

延伸阅读：

送餐服务的注意事项

①接到宾客送餐服务信息时，要准确、快速记录宾客要求，并准确复述房号、姓名、菜式、数量及特别要求。如没有所需菜式，要礼貌的向宾客解释，恰当推销同类食品。

②宾客所订的食品饮料，必须及时供应，不可让宾客在房内久等。

③所有热菜和易冷的食物，必须加盖，以防因食物变冷而引起宾客的抱怨。

④送餐服务时，一定要将调味品准备齐全，连同食物、饮料一起送入房内。

⑤服务员必须熟记宾客订餐的品种、价格、主要风味特点等，以便宾客有疑问时，随时回答。

⑥送餐服务中每次进房都应先敲门，或按门铃，自报送餐服务，待宾客允许后再进入。每次离开前应主动询问宾客有无其他要求，如有应做好记录，及时复述。离开时要礼貌地向宾客告别。并告诉宾客如需收餐具，请电话告知送餐部，并随手关门。切不可在宾客用餐时将房门敞开。

五、 酒吧与咖啡厅的服务礼仪

酒吧是为宾馆或宾馆提供酒水、饮料及场所的地方。酒吧服务讲究的是气氛高雅、技术娴熟。每一份饮料、每一种鸡尾酒都必须严格按标准配制，不能有半点马虎。调酒本身就具有表演功能，要求调酒员姿势优美、动作潇洒大方、干净利落，给人以美的享受。

咖啡服务是西餐饮服务中的一个较小的环节，但这其中也有许多需要注意的地方。

1. 酒吧招待员的服务礼仪

酒吧招待员的服务必须与高雅、幽静的酒吧氛围相协调。

◇ 笑迎宾客

①宾客到来，热情问候。同餐饮服务一样，礼貌地引领他们到使其满意的座位。酒吧服务中，不管哪位宾客要酒，酒吧服务员都必须动作优雅、笑脸相迎、态度温和，以此显示自重及对宾客的尊重。

②恭敬地把清洁的酒单递上，恭立一旁，听候宾客的吩咐。呈递酒单时先要向宾客问候，然后将酒单放在宾客的右边。如果是单页酒单，应将酒单打开后递上；若是多页酒单，可合拢递上，同时将今日特色菜和特别介绍推荐给宾客参考。仔细地听清、完整地记牢宾客提出的各项具体要求，特别要留心宾客的细微要求，如"不要兑水"、"多加些冰块"等。一定要尊重宾客的意见，并严格按照宾客的要求去做。给宾客开票时，站在宾客右边记录，上身略前倾，保持适当的距离，手中拿笔和单据，神情专注。不可把票簿和笔放在客台上书写。写完后，要把宾客所点饮料、食品等复述一遍并表示感谢。

③当宾客对选用哪种酒或饮料及小吃拿不定主意时，可热情推荐。

◇ 调酒上酒

①宾客走到吧台前，调酒员应主动热情招呼，根据宾客的要求斟倒或调制各种饮品。在宾客面前放酒杯时，应由低向高慢慢地送到宾客面前。

②调酒服务和上酒服务时一般不背向宾客。转身取后面的酒瓶时，也要斜着身子取。送酒时要记住宾客，避免送错和询问。了解本酒吧的酒类牌号。别让宾客浪费时间来询问。

③酒品服务的许多操作过程都要求当着宾客的面进行。**服务人员必须十分注意操作技术，讲究动作的正确、迅速、简便和优美，使其具有浓厚的艺术色彩。**摇晃调酒壶的动作不要过大或做作，要使各种动作做得恰到好处。要随时清洁好调酒壶、调酒杯、过滤器、调酒匙、搅棒等用品。

为宾客上酒或饮品时，注意使用托盘端送，并应从宾客右侧送上。有女宾要先为女宾服务。摆放时，先放下杯垫后上酒或其他饮品。操作时一定要轻拿轻放，并注意手指不能触摸杯口，要拿杯子的下半部或杯脚，让宾客感到礼貌、卫生。

◇ 开瓶服务

①开瓶时应站在男主人右侧，右腿伸入两把椅子中间，身体稍侧，显示出商标以后再开塞。要注意瓶口始终不能对着宾客，以防酒喷出洒在宾客身上。开瓶时动作要准确、敏捷、优美。应将瓶口对着自己，并用手遮挡，以示礼貌。开瓶后，将少许酒倒入男主人的酒杯内，等待主人试酒。如果认为满意，在主人的示意后就可以为宾客倒酒。

②如宾客点整瓶酒，在开启之前应让宾客过目一下，一是表示对宾客的尊重，二是核实一下有无误差，三是证明酒品的可靠。这时服务员可站在主要饮者的右侧，左手托瓶底，右手握瓶颈，商标面对宾客让宾客确认。

③开香槟酒要格外小心。香槟酒因瓶内有压力，大部分瓶塞压进瓶口，上有帽形一段塞子露在瓶外，并用钻丝绕扎固定着。在开瓶时要用左手斜拿瓶颈，与地面约成45度角，大拇指压紧塞顶，用右手转动瓶颈上金属小环使之断裂，然后把金属丝和箔拔去，再用左手捏紧瓶塞的上段，用右手转动酒瓶，让瓶内的压力轻轻地把塞子顶出来，随即会发出清脆的响声。注意不要拧瓶塞或拔瓶塞，以免瓶塞碎裂后爆出来。当瓶塞拔出后，要让瓶身保持45度倾斜几秒钟，以防酒从瓶内溢出。

④开红葡萄酒。**红葡萄酒在呈示给主人以后，如室温条件允许，应在桌上直接开启。**使酒与氧气接触，散发掉部分酸气。一般红葡萄酒是随主菜一起上。

⑤开启后的酒瓶，一般放在主要宾客的右侧。开启后的封皮、木塞等物，不要直接放于餐桌上，一般以小盆盛之，离开餐桌时一起带走。

◇ 斟酒服务

①在斟酒之前，服务员要将瓶身揩擦干净，特别要把瓶口部位擦净。嗅一下瓶塞的味道，变质的酒有异味。**若瓶子有破裂或变质的酒水需及时调换。**用托盘摆已开瓶的酒水饮料时，要将较高的瓶放在里面靠近胸前，较低的瓶放在外面，这样容易掌握托盘的重心。

②斟酒时，一般不要用抹布把瓶身包起来，因为宾客通常都喜欢看到他们所饮酒的商标。另外根据礼仪和卫生法规，服务员的手不能触及酒杯的杯口，空杯也如此。斟酒时，瓶口不要碰触酒杯，但也不宜拿得太高，过高则酒水容易溅出杯外。因操作失误而碰翻酒杯时应迅速铺上餐巾，将溢出的酒水吸干。斟酒时，用右手抓住瓶身下方，瓶口略高于杯 1~2 厘米。斟完后将瓶口提高 3 厘米，旋转 45 度后抽走，使最后一滴酒均匀分布于瓶口以免滴在桌上。斟酒完毕，应用酒布擦瓶口。

③斟酒时服务员应站在宾客右侧，面向宾客，左手托盘、右手持瓶，用右手侧身斟酒。注意身体不要紧贴宾客，但也不要离得过远。所有的饮料包括酒、水、茶都应从宾客右边上，绝不可左右开弓。遵守适当的程序为宾客斟酒。如果是宴会，要先斟给坐在主人右边的一位，即主宾，再按逆时针方向绕桌斟酒，主人的酒最后斟。如果有携带夫人的外宾参加（欧美宾客、日本宾客除外），要注意先给夫人斟酒。高级宴会的斟酒顺序则是：先主宾，后主人，再斟其他宾客。

④如果有餐厅特配的特色酒，要重点向宾客作介绍。所点的酒记录下来，要再向宾客复述一遍它们的名字。上鸡尾酒时应核对一下，以免与其他宾客点的酒搞错。上鸡尾酒应从右边上，把它们放在餐具的右边或底盘的前面，假如没有底盘可直接放在宾客的面前。上鸡尾酒后，把清洁的菜单呈给宾客，点鸡尾酒可以使宾客多点一些菜。

⑤根据酒的种类掌握好斟酒的程度。斟毕，将持瓶手向右旋转 90 度，同时离开杯具上方，使最后一滴酒挂在瓶上而不落在桌上或宾客身上。然后，左手用餐巾擦拭一下瓶颈和瓶口，再给下一位宾客斟酒。**服务员每斟一杯，都需要更换一下位置，站到下一位宾客右侧。**

⑥中餐以满杯为敬酒。西餐则不同，斟白酒最好不超过酒杯的 3/4，红酒不超过 2/3 为宜，啤酒盛 1/2 杯左右即可。斟香槟酒要分两次斟，第

一次先斟 1/4 杯，待泡沫平息下来后再斟至 2/3 或 3/4 即可。斟啤酒或其他发泡酒时，因其泡沫较多，斟酒速度要放慢；必要时亦可分两次斟，或将杯子倾斜，让酒沿着杯壁流下来，泡沫就可少些。

> **礼仪提醒**
>
> 手握酒瓶的姿势各国不尽相同。西欧诸国主张手掌握在酒瓶商标上，而我国主张使酒瓶上的商标对着宾客。服务员可根据当地习惯去做。
>
> 凡使用酒篮的酒品，酒瓶颈背下应衬垫餐巾或纸巾，可以防止斟倒时酒液滴出。凡使用冰桶的酒品，从冰桶取出时，应以一块折叠的餐巾护住瓶身，以防冰水滴酒，弄脏台布和宾客衣服。

◇ 周到照顾宾客

①判断宾客是否醉酒。对是否醉酒，判断要准确。如果认为宾客已达到极限，就要主动有礼貌地劝阻，建议宾客喝一些不含酒精的软饮料，如咖啡、果汁、矿泉水等。我国餐厅和酒吧大都是女服务员。如果宾客不听劝阻继续狂饮，甚至有越轨的苗头，而且你也没有把握平静地处理好这件事，应将事情的经过及宾客的态度和行为告诉主管，由主管来处理解决。

对已经醉酒的宾客要主动照料。如有的宾客神志不清、站立不稳，服务员应主动搀扶，护送到房间。入房后，可先让宾客喝一杯浓茶解酒，后送凉毛巾擦脸，使之清醒。如宾客呕吐时，服务员要及时清理脏物，安置宾客上床入睡。

②与宾客聊天。来酒吧的宾客，尤其是单身宾客，总希望在饮酒之余与服务员聊天。在一些场合，这种情况对酒吧服务员来说是饶有兴趣的；但也有些场合，特别是接待一些平庸的宾客时，那就会令服务员感到厌烦和无聊。这时如果宾客说："小姐，您真美，能陪我一下吗？"这时服务员要镇静，有礼貌地对他说："先生，您看，这么多人需要我的服务，实在对不起。"

③考虑宾客爱好。如酒吧为宾客设有电视或音响设备时，在选择电视频道和音乐的类型时应考虑宾客爱好，而不是只考虑酒吧员工的爱好。

◇ 推销酒水

①介绍酒吧的优势。**记住酒的名称、品种、箱号和价格等信息，适时介绍酒吧的优势。**

②呈示酒单。有些餐厅，点酒和点菜是同时进行的，但更多的是在点菜后点酒。在宾客点菜完毕后，服务员将酒单呈递给宾客。在点菜后呈递酒单，是因为宾客要根据所点的食物来选择佐餐酒。

③注意声誉。酒吧服务员有责任介绍调酒的用料，酒的牌子，以树立酒吧声誉。

◇ 注意仪表仪态

在服务过程中，服务员要注意站立的姿态和位置，不要将胳膊支撑在吧台上，也不要与同事聊天或读书看报等。不得侧耳细听宾客谈话，尤其不要在宾客窃窃私语时随便插话。不得将脚踩在椅架上，或将手搭在椅背或宾客身上。

斟酒时不要说话，以免口水飞溅。如果需要与宾客交谈，要记住自己的身份和职责，不能因与一些宾客交谈而影响工作，忽视照料其他宾客。

礼仪提醒

如果个别宾客用"喂"、"哎"等欠礼貌的语言招呼时，不能发火或不理睬宾客。如果正在忙碌中，可以回答："请稍等片刻，我马上就来。"不要因此而趁机表现出冷淡。

2. 酒吧服务的注意事项

酒吧服务应注意如下事项。

◇ 卫生习惯

养成良好的卫生习惯，把用过的酒瓶放回原处收藏起来。酒杯、搅拌杯、滤网、匙子等用后要立即洗净。手不要触摸酒杯上部。

◇ 保证质量

变质变味的酒和饮品不能出售给宾客，要另行处理。**注意量酒杯里的酒要倒尽，原因是要给宾客足量的酒和不影响下杯酒的味道。**

◇ 程序严谨

注意每次斟酒后，应将酒瓶立即放回原处，使人感到程序严谨，工作有条理。

◇ 不卖残余物品

注意酒瓶里剩余的酒不要卖给宾客，要另开新的，使宾客得到满足。

◇ 条理有序

调好酒后，若要斟一杯以上的酒，应先将酒杯整齐地排列在酒吧上，由左至右，再由右至左反复斟酒，使各酒杯里的酒水浓度均匀。

◇ 工艺调制

注意调酒时严格按配方调制，若宾客有特殊要求，可按宾客的要求调制。

◇ 不随便插话

宾客之间讲话时不要随意听，宾客未朝你说话，不要随便插话。

◇ 举止端庄

不得将胳膊搁在柜台上，抱着肩膀或倚靠酒柜站着；此外，即使无宾客也不得读书看报。

◇ 文明行为

不得使用宾客用过的杯子喝水，服务人员自己的饮食应避开宾客。

◇ 言谈有度

男女结伴而来，不得只和女客一方说话聊天。**和宾客谈话只能从宾馆服务的角度出发。**

礼仪提醒

一些老宾客如买下整瓶名贵的酒，一次饮用不完，服务人员应主动向宾客建议，将剩酒保管起来，留作下一次光顾时继续饮用。得到宾客赞同后，应用酒塞封紧并做好标记保存起来。

3. 咖啡厅服务的重点事项

咖啡厅是提供简单菜肴的西餐厅，但它在服务方面与正规的西餐厅相比有着较大的区别。咖啡厅的服务重点应注意以下方面：

在尽快提供快速热情服务的同时，要保证服务规格和质量。

不要忘记摆放食品配料、调味品和烟灰缸等物品。

开门前做好一切准备工作，如准备清洁过的咖啡杯、茶杯、水杯、盘、碟、刀、叉、匙、面包篮，准备好咖啡、鲜奶、牛油、果酱、盐盅、胡椒盅等。

咖啡厅是人们社交活动的场所，如业务会见、商务洽谈、交朋会友、情人幽会等等。对于不同类型的宾客都要细心服务好，不要有不满和不友好的表示。

对于消费低、时间长的宾客，可以多征询几次宾客还需要什么帮助或问"您还要加点什么吗"等，待客要同样热情周到。

对赶时间的宾客，服务一定要快，千万不可让宾客等的时间太长，最好能符合宾客的要求，尽快为宾客服务。

对悠闲自在的宾客，要认真地给他们点菜写单，食品要有节奏地一个个给他们上，给他们营造一个良好的气氛，让他们享受这美好的情调。

对睡眼惺忪的宾客，由于他们的神态还没有完全清醒过来，对他们的服务一定要细心。他们所点的食品要复述清楚，让他同来的人也知道，避免产生误会。

4. 咖啡厅早餐服务程序

由于咖啡厅服务快捷，加之食品种类多，容易烹制，所以为节省时间，许多宾客都愿到咖啡厅用早餐。

规范咖啡厅早餐服务程序如下。

◇ 做好开餐前的准备工作

备好面包、黄油、果酱、蜂蜜、果汁、热咖啡、热茶、热可可、鲜奶、方糖（或砂糖）及水果等，协助后台厨师共同做好自助餐台的布置和上菜工作。

◇ 早餐服务程序

①迎送员站立在迎送台恭候宾客光临。

②宾客光临时主动上前，身体稍微鞠躬，面带微笑，向宾客问早上好，询问有否订位以及人数。

③**在引领宾客时询问宾客喜欢哪张台，征得同意后引领入座并替宾客拉椅子说"请坐"，离开时要对宾客说："请慢用"。**

④服务员看到宾客光临时主动上前问好并协助迎送员拉椅，同时询问宾客需要咖啡还是茶，然后送上咖啡或茶给宾客。

⑤稍后准备点菜单，询问宾客需要吃些什么早餐。

⑥在上菜时注意向宾客询问，点完菜后需要向宾客复述一遍，以免错漏，并致谢。完毕后送点菜单到厨房备餐。

⑦上早餐顺序是：果汁类、谷物类，蛋类和早餐包或早牛扒、奄列等，出菜时应按顺序出菜，快慢按宾客用餐速度和要求灵活掌握。

⑧上菜时按点菜图迹上菜，尽量不要打扰宾客，并报上菜名，请宾客慢用。

⑨宾客用餐期间勤巡台，勤收空杯碟，勤换烟灰缸（不能超过2个烟蒂），添加咖啡等。

⑩当撤走餐具时，应从宾客右边用右手将餐具撤走，在撤走过程中应用拇指按着刀叉，以免滑落，也要注意防止汁液脏物的洒落。如不妨碍宾客时

可征询宾客对菜式的意见。

⑪**宾客用完餐后询问宾客是否还需要什么，如没有就可以准备好账单。**

⑫宾客结账时用账单夹夹好，双手呈上给宾客并告知应付金额，如需找零钱时应对宾客说："请稍候"。找回零钱后，应向宾客致谢。

礼仪提醒

宾客结账后将要离座位时，服务员要上前拉椅并检查宾客有否遗留物，并提醒宾客拿好自己的物品，向其致以谢意，欢迎其下次再光临。绝不能"人一走，茶就凉"。

第 九 章

宾馆康乐部的服务礼仪

宾馆康乐部是为宾客提供健身、娱乐、美容美发等服务的一个重要部门。

随着旅游业的发展和人们生活水平的提高，宾客对于宾馆的需求不断增加，促使宾馆向多功能化发展。康乐活动目前越来越受到人们的喜爱，康乐设施正是顺应这一新趋势而成为高星级宾馆标志之一的。

康乐部的服务礼仪具有宾馆各部门服务特点的许多共性，又有自身的特殊性。

一、 康乐部的服务特点及礼仪

康乐部无论在服务特点、员工素质要求，还是服务礼仪方面，都有其自身的特色。现分别介绍如下。

1. 康乐部经营服务的特点

◇ 服务项目多，内容各异

康乐服务要向宾客提供健身、娱乐、美发美容等服务。如健身中心有健身房、游泳池，有的还包括网球、保龄球、沙壶球、壁球房等；健美中心有美容美发、桑拿按摩等项目；娱乐中心主要有棋牌室、游戏机房、桌球室、多功能舞厅等。有的宾馆康乐部还设有酒吧。

◇ 经营方式灵活

康乐活动是为了使宾客享受到丰富的精神生活，得到锻炼身体、增加知识的机会。宾馆开设康乐服务项目，必须坚持具有娱乐性、趣味性和知识性，项目的设置要具有特色，既要有符合国际惯例标准的，又要突出本国、当地文化特色和特点，丰富多彩，具有吸引力。

康乐服务项目较多，宾客的生活方式又各不相同。**因此，宾馆康乐服务的经营方式应灵活，根据宾客的活动规律和消费特点，时间安排上要合理，考虑要周全。**

◇ 服务的随机性

康乐服务在接待人数、销售水平上的随机性较大，宾客中消费层次和消费要求有较大的差异，还有一些活动是临时促成、即兴发挥，人员的来去随意性也较大，这就给服务带来了困难，对服务人员的要求也就更高。在服务人力的调配方面，康乐部不像其他部门一样在形式上较为固定，而是有时就需要根据具体情况而变化。这就需要某些服务人员具有管理多项活动的能力。

◇ 经营过程的连贯性

康乐活动以玩为主要内容，而且项目五花八门。康乐服务的对象则往往比较固定，如美容美发者多为女性；玩电子游戏机的以中青年为多；舞厅则是成年人出入较多的娱乐场所。要提供优质服务，就要在研究服务对象特性的基础上，注意在经营过程中坚持服务的连贯性。

2. 康乐部员工的素质要求

◇ 注重仪容仪表

康乐服务人员要服装整洁，仪容端庄大方，举止规范、自然，体现出对宾客的尊重。

◇ 一视同仁，周到服务

①康乐部员工，必须把微笑服务放在第一位，礼貌周到地为宾客服务。对于到康乐部的宾客，必须一视同仁热情欢迎，以礼相待。**坚持"宾客至上、质量第一"的服务宗旨，使宾客在情感上真正感受到"娱乐是享受"的浓浓氛围。**

②宾客到来时，要礼貌地向宾客致以问候，并问宾客是否已预订要求活动的项目并代宾客登记好。需计时的活动项目要计好时间，需要先收费的活动项目要代宾客向收款员交费，收完费后要交给宾客收据或票证。

③带宾客进入活动场所时，要走在宾客左前方，随宾客的走动向前走，与宾客保持一定的距离，不可太远，也不可太近。需要开门时，要为宾客开门。

④将宾客带到活动场所后，要礼貌地向宾客告别并欢迎下次再来。

3. 服务人员的服务礼仪

◇ 热情迎接

上岗前，服务人员要做好仪表仪容的自我检查，按照所从事的具体服务工作着装，做到仪表整洁、仪容端庄。在岗位上，坚持站立服务，精神饱满，思想集中，面带微笑。**以清新、精干的形象恭候宾客，随时准备为宾客提供所需服务。**

◇ 尽职服务

①宾客前来，要主动相迎，亲切问候，简要介绍各类康乐设施及服务项目，征询宾客提供何种所需服务。收费标准必须明码标价。

②如果有些宾客对某种运动项目或运动器械的操作不熟悉，服务人员不应置之不理，更不可冷嘲热讽，而应尽可能耐心地介绍并做些必要的示范。宾客初次尝试时，服务人员不应袖手旁观，而要在一边保护、指导。

③有的项目需有人陪练，如网球、壁球、台球、乒乓球等，服务人员可按有关规定，请宾客在办理付费手续后陪其操练。需协助记分时，也要乐于相助，不能以"不会"、"没时间"等为理由推托而导致宾客扫兴，显得失礼。

④要随时关注宾客在运动过程中的安全，尤其是从事游泳、健身、网球、保龄球等运动项目的服务工作，更是如此。**运动前应善意提醒宾客做些准备活动，运动中要以高度的责任心加强巡视，观察宾客动态。**运动后要注意关心宾客特别是老年人和儿童的感受，要采取一切可能的措施，既要使宾客尽兴，又要以预防为主，绝不能发生危及宾宾客身安全的意外事故。

⑤在接待洗桑拿浴的宾客时，要注意其身体状况，对虚弱不宜者要善意劝阻。要密切关心沐浴者的动静，以防在浴室内晕倒发生意外。

◇ 礼貌、灵活行事

①宾客在运动中若有损坏器械等物品时，服务人员应对宾客阐明道理，请宾客按照有关规定照价赔偿。说话时态度要真诚，语气要和蔼，不可得理不让人，与宾客发生争吵甚至举止粗鲁，这是绝不允许出现的非礼行为。

②在万一不幸发生意外事故的情况下，服务人员要保持清醒的头脑，切勿慌张、大喊大叫或是茫然不知所措，而应采取果断措施，一边就地施行抢救，一边由其他服务人员通知上司、医生，必要时迅速将病者、伤者

送到医院救治。

③要做好用品卫生和环境卫生的保障，客用品要按规定经常消毒，防止在公共娱乐场所的交叉感染和传播病菌。

④宾客前来美容美发时，要充分尊重其意愿和要求。也可根据宾客的自身条件，热心为宾客介绍与其脸型般配的样式和适合其皮肤特性的化妆品，但不要强加于人。对皮肤过敏者要慎重对待，以免造成不愉快的后果。

⑤在宾客众多、业务繁忙、人手不够、来不及同时接待时，要主动招呼宾客，并请他们先在休息室阅读书报杂志静候，不要冷落来宾。即使是业务繁忙，服务人员也要按照既定程序办事，切不可偷工减料、马虎从事，使宾客产生不快。**美容美发的器械要坚持按有关卫生标准严格消毒，以对宾客高度负责。**

⑥当宾客运动、娱乐或美容美发完毕，服务人员要热情地一一送客道别，并热忱欢迎宾客今后再次光临。

礼仪提醒

要定期检查各类器械的使用状况，有磨损失灵或零部件脱落时，应及时通知有关部门派人来检修，同时张贴告示，讲明为维护人身安全，请宾客暂停使用。绝不可抱有侥幸心理，凑合使用，以免酿成大祸。

二、健身中心的服务礼仪

健身中心的服务员服务礼仪，因岗位不同而各有其特殊要求，现分述如下：

1. 台班的服务礼仪

◇ 准备工作

①台班服务员，早班负责到总台领取中心钥匙，晚班负责交回。及时接听预定或咨询电话，准确记录预定人数、内容、时间；预订项目归口通知，提前准备与确认；核对项目。

②擦价目牌，注意有无破损；为服务台、盆景、地脚线抹尘，用酒精清洁电话机；补充纸笔、表单、统计本、票据等所需用品。

◇ 接待宾客

①主动问好，询问宾客所需的服务项目；递上登记卡，介绍服务内容，请宾客签名，对住客要核对房卡或房钥匙，并重复确认，

②更衣柜钥匙牌交给宾客，认真登记《服务记录卡》，开单要准确熟练；将会员情况记录在《会员登记表》上。

③宾客的按摩预订应及时通知按摩室服务台，宾客使用电话的费用和其他服务项目要及时登记，并重复确认。

④营业当中注意掌握宾客和员工情况，有问题及时上报。

⑤结账时要认真仔细，每份账单在计算器上打两次，报出金额并注明在登记卡上，交给财务人员收款，整个操作程序不超过 30 秒。

⑥晚班接班人员提前 5～10 分钟到岗，并和早班人员认真交接。

⑦下班前要清点锁牌，记录在交接班本上；清理卫生，锁好抽屉，将所有钥匙交还总台并确认。

2. 健身房的服务礼仪

宾客预订健身设备，服务员应在电话铃 3 响内接听，并将预订内容和时间记录准确。

宾客来到健身房，服务员要主动热情迎接、问候和准确登记宾客姓名、房号或健身俱乐部会员号码及到达时间，并及时为宾客提供更衣柜号

码、钥匙、毛巾等用品。

宾客使用健身器材，服务员应随时提供服务。

宾客有问题时，服务员应解答耐心、细致。

对不熟悉器材的宾客，要详细讲解器材名称、基本性能、锻炼作用和使用方法，并为宾客提供示范服务，指导和帮助宾客健身娱乐。

宾客离开健身房，服务员要及时收回用品，告别宾客，热情欢迎再次光临。

礼仪提醒

健身房要配有急救药箱、氧气袋及急救药品。宾客有身体不适现象，服务员要及时照顾，采取有效措施。运动健身过程中宾客发生碰伤，服务员要及时提供急救药品，照顾周到。

3. 游泳池的服务礼仪

◇ 预订服务

①宾客预订，服务员应主动、热情接待，语言规范。准确记录宾客姓名、房号、使用时间，复述清楚，取得宾客确认。

②若宾客以电话预订，服务员应在铃响3声内接听，因工作繁忙，请宾客稍候。

◇ 接待准备

①每日营业前服务员应整理好游泳池、休息区、更衣室、淋浴室与卫生间的清洁卫生，并将设备摆放整齐。

②检查池水水质和温度是否符合标准，各种设备及救生器材是否完好。

③池水水质每日检测2次。水温每日上午、下午和晚上分别测量1次。室内及池水的温度按时向宾客公布。

④正式营业前服务员应准备好为宾客服务的各种用品，整理好个人卫生，

准备迎接宾客。

◇ 接待服务

①宾客来到游泳池，服务员应将宾客姓名、房号、到达时间、更衣柜号码记录准确。

②宾客进入游泳池，服务员应主动引导，及时提供毛巾、更衣柜钥匙。

③宾客游泳期间，照顾好宾客物品。

④宾客休息时需要饮料、小吃，询问需求主动及时，做好记录，准时提供。

⑤宾客离开，服务员应主动告别，并礼貌的示以欢迎再次光临。

4. 保龄球场、壁球房的服务礼仪

保龄球也叫"滚球"；壁球（壁式网球）即利用墙壁打球；都是宾客较喜欢的体育活动。

◇ 准备工作

清洁场内地面，保持木板地面无灰尘，无发丝；抹灰尘，保持茶几、椅子的整洁干净，倒垃圾后将桶清洁干净。

保龄球室要保持送球机、保龄球无白灰；给球道打蜡，保持球道的光滑、亮泽；壁球房则要让冰箱表面清洁，球、拍无白灰，为地毯吸尘，保持地毯边平整无死角，地面无杂物，补充棉织物，将其摆放在托盘内，店标朝外。

◇ 规范服务

①热情欢迎宾客、询问要求，请宾客出示房卡或房钥匙，并请宾客签字。

②问清预约情况，向预订的宾客介绍球场设施、租金、收费标准、服务项目等；若场地已满，应向宾客说明预约办法。

③宾客需要陪练或教练，应及时作出相应安排。

④按餐饮服务标准向宾客提供酒水或按宾客要求提供送餐服务。

◇ 结束工作

宾客租场时间到，应礼貌征询意见，是否延长使用时间；结束租用，应收回租借物品（保龄球鞋、壁球、拍），提示宾客不要遗漏了物品，引领宾客至服务台结账，向宾客道谢，欢迎再次光临。

延伸阅读：

保龄球场与壁球房的服务细节

◇ 保龄球室

在登记本上记清开始和结束的时间，引领宾客到保龄球场；问明鞋码，将适脚的保龄球鞋交给宾客，把它防止滑跌和保护跑道的功能告诉宾客；请宾客选择或协助选择重量适宜的保龄球（根据性别、年龄和体重帮初学者选球并介绍打球的步骤和方法，提供技术指导），放球架上供宾客使用。将宾客分配到适当的球道后开动机器，提示记分设备位置，为宾客送上茶水，祝宾客玩得高兴。宾客打保龄球时，服务员要站在球道后端随时听候宾客的吩咐，对成绩优秀的宾客要鼓掌喝彩，以示赞扬和鼓励。

◇ 壁球房

询问宾客是否租用拍、球、鞋，及时报台班；提示宾客着布胶底鞋进场；密切注意宾客打球动态，对初学者主动提供技术指导；巡查球场，及时解决设备问题；认真负责、公正地做好比赛服务；适时为宾客提供小方巾或冷面巾，并将消费报台班。

---

5. 高尔夫球场、网球场的服务礼仪

◇ 热情待客

服务员应规范站立、面带微笑迎客，对常客最好用姓氏、职务等打招呼，请宾客出示房卡或房钥匙，在登记表上签名。视宾客情况介绍球场布局、设施、租金，做好登记收款和预约工作；领客进球场，按具体情况介绍球场规则。

◇ 球场服务

宾客打球时，服务员应在球场待立，观察场上宾客动态，依宾客要求提供服务。为宾客记录、报告成绩、捡球、巡视球场，及时解决出现的问题。利用间隙时间为宾客提供面巾，推销酒水饮料。为球场整洁，摆正座椅、茶几，随手清理饮料罐等废弃物。宾客招手时应快步上前，听清要求，及时提供服务。**严格执行球场规则，为确保宾客安全，应劝阻无关人员参观、浏览。**

◇ 陪练、指导

宾客要求陪练或教练服务，应及时报告安排陪练或自己陪练。陪练、指导人员要有熟练的球技，能解答宾客提出的各种专业问题和指导宾客进行练习。动作要准确规范，讲解要仔细、耐心。

练打高尔夫球应根据具体情况帮助宾客分析击球速度、角度、打击距离等，帮助宾客纠正击球姿势；并准确记录球数、杆数。练打网球应随时掌握宾客的心理活动，适当控制输赢尺度，尽量提高宾客的活动兴趣。

◇ 收场服务

租用场地结束时，及时收球，清点租用的物品数量并检查是否完好；向宾客致谢，欢迎再次光临。

礼仪提醒

当球场组织比赛时，健身中心要预先制定接待方案，认真负责、公正地做好比赛服务，出任裁判的服务人员应热情、公正地做好裁判员工作。

三、健美中心的服务礼仪

宾馆一般都有桑拿浴室，有自然条件的宾馆还有温泉，与按摩、蒸太空舱、刮痧等服务项目一道为宾客提供美体服务。

健美中心服务员都应着工装，进行形象自检。具体礼仪规范如下：

1. 迎送宾客的礼仪

穿着整齐，站姿端正，礼貌接待每一位宾客。宾客进门后，应亲切、主动地询问宾客的要求。服务项目结束后，引领宾客到台班柜台结账，宾客离开时，应提醒宾客不要遗忘物品；礼貌送客，欢迎再次光临。

2. 桑拿浴室的服务礼仪

桑拿是外国名称，即"蒸气浴"，主要作用有：减肥；消除疲劳；防治风湿病和皮肤病。桑拿浴服务员负责做好接待服务和清洁工作。

其一，熟悉并操纵桑拿浴室内的各种设施，调节好室温、蒸汽，为宾客讲解使用设备的方法。**宾客在桑拿过程中，应每隔几分钟通过门上玻璃窗口观察宾客动静，看宾客对浴疗是否适应，防止发生意外。**

其二，做好清洁卫生工作，不时喷洒香水，为宾客提供干净的浴具，以示尊重。

其三，负责检查桑拿浴室设备，运转时水位、温度应随时调节、补充；随时检查抽风机、灯光等设备，有情况向台班报维修项目。

3. 温泉服务的礼仪

温泉指利用富含矿物质的热温泉进行物理水疗，达到养生（排毒瘦身）、休闲、美容、释放身心的目的。宾馆设置的汤池形状各异，分别放入不同的香草（玫瑰、薰衣草），借水的魔力沁入身体，让肌肤获取更多的矿物质和有机物。

其一，服务员要为汤池换香草，保证水质；负责周边环境卫生。

其二，服务员要尊重宾客意愿，任其挑选哪一种汤池；要懂得健身原理及温泉的疗效，耐心解释和回答宾客的问题。

其三，服务员要为自己（小腿以下）消毒，将已沐浴的宾客送入汤池，待其适应后再离开，侍立在 2~3 米处等候吩咐。

4. 按摩服务的礼仪

按摩可帮助宾客合理减轻、消除压力，舒展筋骨，提升身体活力，达到身心平衡的和谐境界。按摩分为全身按摩（中式和泰式）和足底按摩。

◇ 准备工作

按摩师应搞好环境卫生和按摩房内的卫生，补充用品。

①全身按摩房。擦抹空调、时钟、床头柜，整理好按摩床，做到无发丝、床单无污渍，将被单折叠摆放好；检查物品架（放按摩膏、排毒精油等）和座椅是否平稳整洁；补充好毛巾、一次性床单和睡衣。

②足底按摩房。擦抹空调、时钟，为沙发、茶几、按摩凳除尘，整齐摆放洗脚桶，将塑料袋、按摩膏、洗脚香液、丝袜整齐存放在工作柜中。

◇ 热情待客

宾客到来，微笑致意表欢迎，问询服务项目和要求，将宾客引领到按摩房，送上热茶、食品盘（水果或副食品），摆好烟缸。

◇ 精诚服务

为宾客服务时按摩师应做足、做满服务时间，做到穴位准确，指力到位，随时询问宾客力度否适宜，有时应讲解按摩某穴位的作用和应达到的保健疗效。

①全身按摩。**要根据宾客要求，将身体某部位（头、肩、背、腰、腿）作重点增多按摩次数，或加重指力；对宾客有些损伤或难以承受的部位可减轻指力；对怕痒的宾客，应放慢速度，让其适应。**

②足底按摩。用中药熬制的温汤泡脚时，按摩师为宾客按摩头、肩、背、手等部位，应征询力度是否适中；泡完脚、擦上按摩膏，开始按摩足底，无论是用手指还是用按摩棒，都会发现宾客的许多"痛点"，应向宾客讲清：足底穴位反射身体健康状况，通则不痛，痛则不通，只有多做痛点，才会达到效果，建议宾客略加忍耐，积极配合；宾客抽回脚，要询问

是否能承受，稍停后再请其将脚送回按摩凳，或减轻指力。

礼仪提醒

按摩师切记不要赶时间，有些宾客已接受过其他按摩师的服务，你省一道工序、省某穴位的按摩次数，他都会十分敏感，甚至认为该宾馆康乐部按摩师的水平不怎么样，应精诚服务，赢得宾客信赖。

◇ 礼貌送客

按摩结束，扶起做全身按摩的宾客，帮其梳理发型、穿好衣服；帮做足底按摩的宾客用香液清洗脚上的按摩膏，擦干后送上丝袜并帮其穿好；提醒宾客带好物品，引领宾客到收款台结账，礼貌道别。

5. 美容美发服务的礼仪

◇ 迎客准备

了解宾客预约登记情况，搞好环境卫生，做好迎客准备。

①美发厅。服务员应认真地搞好环境卫生和台面卫生，清洁玻璃门、铜把手、梳妆台、座椅等机器设备；**要检查并准备好梳子、剪刀、卷发器等理发工具和美发用品，要求室内不留毛发和碎屑。**

②美容厅。服务员应将每间美容房的门窗、玻璃镜、洗水台、毛巾箱、美容床、椅清理干净，为地毯吸尘，检查、补充美容用品。

◇ 迎候引领

宾客到来时，应主动问好，了解宾客需要，及时安排入座，帮宾客挂好衣服或寄存物品，送上热茶，递上服务项目价格表让宾客选择。客满时应将宾客带到休息室，送上热茶、香巾、报刊杂志，请宾客稍候并致歉。

◇ 细心服务

服从前台安排，不挑客、拒客，对不同消费水平的内外宾客应一视同仁。

美容美发的水温和按摩力度应随时征询宾客意见，按摩应穴位准确、指力到位；每一道程序应保证时间；应热情提供专业咨询及技术指导。

①美发厅的服务。无论是中式还是日式、泰式洗头，当洗眼、洗耳（灌水）等程序需要宾客配合时应轻声提醒或用手指轻拨。

剪发、吹发、焗油、染发烫发等服务项目均应根据宾客脸形、头型、发质、喜好、需要来进行，如喜欢染成黑色就不要硬推栗色，应为宾客设计形象。

美发完毕，要用镜子从后面、侧面给宾客验照发型，并礼貌征求意见，或作必要的修饰，直到宾客满意为止。

②美容厅的服务。按宾客提出的服务项目，请宾客躺到美容床上，盖好被单，用检测仪检查宾客肤质，可根据肤质建议宾客享用相应的服务（驱斑、去皱、除眼袋等），严格按规程操作，讲究指法，不偷工减料，纹眉、烫睫毛等均应细致服务，达到理想效果；推销美容产品应实事求是，指导宾客讲究方法进行日常护理。

6. 结账送客的礼仪

完成服务后，应帮助宾客起身（泰式、日式洗发也用美发床），穿好衣服，提醒宾客带好物品，引领宾客到收款台结账，礼貌道别。

第 十 章

宾馆安全保卫部
的服务礼仪

安保部在宾馆的作用是不容忽视的。而且由于其工作的特性所决定，是责任心很强、相对比较严肃的工作。但即便如此，也同样需要在恪尽职守中，融进礼貌礼仪服务。从事宾馆安全保卫工作的人员，要在遵纪守法、遵守宾馆各项制度的前提下，熟悉岗位工作要求，以高度负责、热情服务、一视同仁的工作态度，尽最大可能满足宾客的服务要求。从而以文明规范的礼仪素质，树立宾馆良好的服务形象。

一、 安保部的任务和工作特点

宾馆的安全保卫工作，主要是指在宾馆所控制的范围内，保障宾馆、来店宾客与本宾馆员工的财产和人身安全。其主要任务和工作特点如下：

1. 安保部的任务

宾馆的安全保卫部是承担维护宾馆内部安全的一个重要职能部门，其保卫工作要负责宾馆内部的安全防范，如防火、防盗、防爆、防破坏，还包括警卫任务、重大活动保卫、要害部门、危险物品的存放和管理等。并具有公安机关赋予的一般案件的侦查权力，要同一切犯罪行为作斗争，加强宾馆内部治安秩序管理，查处重大责任事故和治安、灾害事故等。

2. 安保工作的特点

宾馆安全保卫工作的特点有以下几个方面。

◇ 工作具有多样性与复杂性

宾馆是一个综合型、多功能的经营服务企业，接待的宾客来自世界各地，为此所提供的服务项目、服务设施和服务方法等也不尽相同，这就给宾馆的安全保卫工作带来了多样性。同时，宾客下榻在宾馆，当然希望有人身安全的确切保证，但也希望生活在一个舒适宽松的环境里，如果仅仅片面强调安全，而将安全保卫工作简单化、雷同化，终日里宾馆内戒备森严、如临大敌，安保人员对每位宾客或来访者都满带怀疑，宾客没有行动自由，试想，还有哪位宾客敢于入住呢？**因此，宾馆的安保工作不能简单地等同于一般单位平常意义上的安保，而有其特性和复杂性，需要"宽、松"结合、"刚、柔"相济、"表面与实际"互为依托。**

◇ 工作政策性强

宾馆的安全保卫工作既是公安保卫体系的一个重要组成部分，又有其作为涉外企业的特性。为了适应具体环境的需要，宾馆的安保工作有的是公开的，有的则是秘密的，既要强调服务，又要严格管理；既要维护宾客的合法权益，又要对个别违反法规的人进行适当处理。根据不同的工作对象、不同问题的性质和情节，依照具体规定，采取不同的方针政策、法律和法规进行处理，这是宾馆治安保卫工作政策性的具体体现。

◇ 工作的突发性

由于宾馆的特殊情况，在平时看起来宁静、和谐、温馨的环境中，所发生的不安全情况和问题，往往带有突发性，有的并没有明显的征兆，是不以人的意志为转移的。作为宾馆安保部，应根据宾馆的实际情况，从突发性的事件中去寻找事物的规律性，结合自身工作的特点，制定防范措施和应付突发事件的运作方案，这样，一旦有突发事件时，有争取主动的可能性，以最小的损失和在最短的时间内来处置好突发事件。

有可能危及宾馆安全的因素是客观长期存在的，这就决定了宾馆安全保卫工作不能也不会是短期行为。如果仅仅满足于一会儿、一天、一段时间没有什么不安全的问题发生，就掉以轻心，那实际上就酿成了事故的隐患。

◇ 工作的服务性

宾馆是以服务为宗旨的，同宾馆其他部门一样，宾馆安保部在开展安全保卫工作中心有其服务性。在开展安全保卫工作中必须贯穿服务思想。没有优质服务，就很难得到宾客的理解与合作，安全保卫工作也就无法顺利完成。**因而，在宾馆服务工作中，既要强调安全的重要性，同样在进行安全保卫工作中，也必须十分强调服务性**。当宾客和宾馆员工受到外来侵扰或发生意外事件时。除了及时采取必要的方式处置外，安保部人员还要为其进行大量的善后工作，以消除不良影响和解决他们的后顾之忧。强调安保工作的服务性，也就是强调安保工作应突出文明性、科学性、严格性和法律性。

宾馆许多工作都是快节奏的，安全保卫工作亦是如此。要真正做好宾馆的安全保卫工作，就必须讲究速度和效率，无论是制定有关防范措施还是布置检查，都应在规定的时间内落实。

二、安保人员的要求和礼仪规范

由于宾馆有其自身的特点，对宾馆安保人员的素质要求和礼仪规范，除需具备一般服务人员的共有的要求外，还需遵循下列特殊要求。

1. 安保人员的素质要求

◇ 有较强的思想素质、较高的业务水平和较多的法律知识

安保部人员在平时应有较强的政策观念和政策水平，在处理问题时，不能凭想当然办事，应该既要有原则性、严肃谨慎、一丝不苟，又要有一定的灵活性。安全保卫工作是一项政策性很强的严肃工作，除了具有法律知识外，还要具有一定的专业知识，不但能掌握各类作案人员的犯罪规律和作案手段，而且要学习掌握作案人员的心理；不但能掌握衡量可否立案的尺度，同时也应懂得一系列办案程序，如对案情会分析、会侦查、会询问、会审理、会取证、会立卷等。要通晓以事实为基础、以材料为依据、以法律为准绳的一些具体办案知识，要掌握诸如消防等工作的基本常识，这样才有可能在实际工作中心里有数，事半功倍，取得最佳成效。

◇ 头脑清醒、善于分析

在安全保卫工作中，往往会遇到需要当机立断的场景。这就需要宾馆安保人员头脑清醒，果断决策，能独当一面，及时解决分内问题。**安保人**

员还必须具有临危不乱、善于分析、果断决策、果敢行动的能力，以减少盲目性，增强准确性。

安保人员还必须身体健康、强壮，精力充沛。

◇ 以礼相待、文明值勤

安保人员在某种意义上可以说是宾馆的门面，言谈举止中，既能反映出人员的道德素质，又直接影响宾馆的对外形象，因此，在工作中一定要服装整洁、神情庄重、态度和蔼、语言文明、姿态端正，既按原则办事，又不能讲粗俗的话语，注意文明礼貌，做到文明值勤。

2. 安保人员的业务要求

◇ 安保部经理的业务要求

①熟悉和掌握宾馆内部治安情况，了解和掌握社会治安情况及共对宾馆的影响，对治安工作要有敏感性，积极主动地做好治安保卫工作，防患于未然。

②善于策划宾馆的安全保卫工作。在危急情况下能够沉着冷静，善于指挥，使危急事件能够得到迅速妥善的处理。

◇ 治安保卫部经理的业务要求

①要有法律知识、法制观念。熟悉宾馆情况，掌握宾馆内部治安保卫的特点，对什么地方要设保卫岗，什么地方设巡逻岗，什么时间、什么范围内需加强保卫等，必须心中有数。

②善于策划宾馆的安全保卫工作，在危急情况下能够协助保安部经理妥善处理危急事件。

◇ 治安警卫班班长的业务要求

①掌握宾馆内部的治安情况，了解和掌握宾馆保卫工作的特点，熟悉自己警卫范围的情况，妥善安排本属区段的治安保卫工作。

②要有法律知识和法制观念，熟悉治安保卫业务，掌握宾馆治安保卫工作的规律。

③工作上一定要服从指挥、忠于职守，积极协助上级处理各种违法乱纪情况。

◇ 保安员的业务要求

①仪容要求。**上班着装整齐，仪容端庄，精神饱满，坚持文明礼貌执勤，严禁打人骂人、侵犯他人人身权利。**

②佩戴要求。佩戴系指腰带、肩章（有的宾馆不用）、对讲机等。佩戴要整齐，执勤时要有精神，使宾客感到既庄重又温暖。

③礼貌要求。对宾客要有礼貌，语言要亲切。无论是干预或劝解，态度都要和蔼，决不可凶神恶煞，使人感到缺少教养。

④责任要求。保安工作许多是流动性的工作，要有高度的事业心和责任感。对治安安全保卫工作要有敏感性，积极主动维护宾馆院内的治安交通秩序，做好防盗、防火、防抢、防破坏、防治安灾害事故工作。

⑤法纪要求。**保安员要认真学习有关法规和各项政策纪律，增强法制观念和政策、纪律观念，自觉地遵纪守法和执法。**敢于与一切不良行为作斗争，发现违法犯罪分子积极奋勇擒拿。

3. **安保人员的礼仪规范**

◇ 注重形象

①安保人员也是宾馆的门面，要仪表整洁、精神振作；应保持警惕，加强巡视，能随时赶到现场处理突发事件，态度和善，举止得体，以理服人。

②尊重宾客，坚持原则，依法依规办事，不徇私情，不以任何形式嘲讽、侮辱宾客的人格，不得粗暴对待宾客。

③为人正直诚实，自觉维护宾客的合法权益，主动与宾馆各部门保持密切联系，及时了解有关情况。

④不许窥视宾客在宾馆的日常生活；不得利用职务之便私自闯入客房。

⑤没有特殊情况和未经批准，不许随意盘问宾客，也不得擅自扣押宾

客的证件，更不允许随便限制宾客的人身自由。

◇ 尽职尽责

①严格执行国家各项法规、政策和店纪店规，不凭意气用事，不做超越职权范围的事；自尊自重，不做有损国格、人格的事情。

②要确保防火安全，树立"防患于未然"的观念，**最好的防范是经常检查，消除隐患**；发现火源，及时报警，应付突发火灾时的紧急事故。

③安保部人员要牢记"安全第一、宾客至上"，做好本职工作，增强服务意识，尽力为宾客服务，宾客有事相助，要热情为其排忧解难，或协同其他部门的服务员提供及时、有效的帮助，使宾客满意。

三、安保部各岗位的工作职责

全体安保人员要树立高度的责任感和事业心，忠于职守尽职尽责，争做优秀员工。认真学习宾馆的各项制度和部门规定，严于律己、克己奉公，认真学习法律知识，加强法纪观念，遵纪守法。按时上下班，不迟到、不早退、不擅离岗位、不办私事，不得利用工作之便进行违法犯罪活动。上班着装整齐，仪容端庄，精神饱满，坚持文明礼貌执勤，严禁打人骂人、侵犯他人人身权利。不做有损宾馆形象的行为，处事机智迅速果断，按章办事。敢与一切不良行为作斗争，发现违法犯罪人员积极奋勇擒拿。上下班交接手续要清楚明了。积极主动维护宾馆院内的治安交通秩序，做好"五防"（防盗、防火、防抢、防破坏、防治安灾害事故）工作。

1. 大门口、停车场、巡逻保安员的职责

◇ 大门口保安员的职责

①维护好大门口的交通秩序，引导车辆的行驶和行人的过往，保障车辆和行人安全，使门前畅通无阻。

②高度警戒，发现精神病患者和衣冠不整者以及形迹可疑者，要坚决拦阻不让其入内，严格把好第一关。

③对来店的宾客要彬彬有礼，无论是步行还是乘车来的宾客都要表示欢迎。对乘车来的宾客要协助迎宾员照料宾客的车。若宾客要求将车停放在停车场时，要引到适当的位置停车，若没有车位要向宾客或司机解释清楚，并介绍宾客将车停在附近的公共停车场。

④有旅游团入店时，若需疏通车道或有欢迎队伍，要将宾客抵达宾馆前十分钟疏通好车道和停车位置，做好迎接旅游团的安全准备工作。

⑤对带有危险品、易燃品、易爆品入宾馆的宾客要劝其交保安部代为保管。

⑥对离店的宾客要表示欢送，欢迎他们下次再光临。**对带大件物品离店的宾客要有礼貌地进行查询，对实属于宾客的行李要予以放行，并帮助行李员将行李搬上车。**

⑦保安员要不断学习，钻研业务，善于根据宾馆的特点进行判断，以便提高工作质量。

⑧着装整齐，精神饱满，仪态大方，对宾客的询问要热情、礼貌、周到，使宾客称心满意，严禁用粗言恶语对待宾客。

⑨保安员要切实做好门前的警戒，特别是夜间警戒。要注意车辆和行人的安全，注意防止失窃，防止在大门口周围闹事、斗殴，疏通交通，保证门前的安全，对夜间23：00以后开出的车辆要严格把好验证关，一定要做好对照驾驶证；对照行车证；对照身份证。发现手续不齐和可疑情况要及时报告和记录。

◇ 停车场保安员的职责

①认真学习宾馆的各项制度和部门规定，认真学习法律知识，增强法制观念，遵纪守法，廉洁奉公。

②积极维护好车场交通治安秩序，做好防火、防盗、防偷、防破坏等工作，切实把好安全关。

③对进入车场的车辆要指明停放地点，验明车况是否完好，如反光镜、车灯等明显部位及货物数量和其他情况，做好详细记录，认真填好表格，然后告知车主让其当场验证，同意属实签名后方可接收。

④做好对入车场停放车辆的收费工作，车走收费并注销。如有损公肥私，利用自己工作方便谋取私利，一经查获均按情处罚。

⑤对开出车场的车辆要仔细、认真地做好验证工作，在情况属实时才可放行，如验证发现手续不齐和可疑情况，要立即进行查询、拦阻和及时报告。

⑥不得让无关人员在车场停留。

⑦夜班值勤时要加强警戒，特别是23：00以后开出的车辆，认真做好检验工作，把好验证关，一定要做到对照驾驶证；对照行车证；对照身份证。**发现手续不对和情况可疑，应及时进行阻拦和报告。**

◇ 巡逻保安员的职责

①认真履行自己的职责，事故苗头及时发现，消除隐患，确保宾馆和他人安全。

②加强对重要区域的巡逻，发现可疑情况，应视情处理或及时报告当班队长和经理。

③在楼层巡逻时要检查客房安全管理情况，有否不安全因素，楼层通道、电插座、墙护板等是否安全。

④对违反宾馆规定，在楼层或客房闹事、斗殴、损坏客房设施者先劝其冷静或将其带到保安部酌情处理。

⑤楼层若发生事故，如火警、盗警、凶杀、爆炸等等，要迅速组织宾客疏散和保护好现场，立即进行处理，防止事态扩大。

⑥**保安员不得借工作之便使用客房设施，如到客房睡觉、看电视、听音乐、打私人电话、和客房服务员闲聊等。**

⑦保护宾馆花圃里的花草树木、园林建筑不遭损坏，对践踏草坪、采花折树的人要进行干涉、制止和处理。

2. 大堂、娱乐场所保安员的职责

◇ 大堂保安员的职责

①大堂是宾客出入宾馆的必经之地，人多，情况复杂，保安员必须注

意宾客的动向，细心观察，保证宾馆和宾客的生命财产安全。

②认真履行自己的岗位职责，保持高度的警惕，协助总服务台办理入住或离店手续，防止宾客的行李被人顺手拿走。

③维护大堂的秩序，对在大堂发生争吵、大声呼叫、到处乱串的宾客要立即上前进行婉言劝说和制止，使其离开，保持大堂的高雅肃静。

④对大堂的一些公共设施，要注意保护，不准宾客随意敲击和损坏，大堂设有宾客休息沙发，不准有人躺在大堂宾客休息沙发上，保持大堂文明的环境。

⑤夜深时要加倍警惕，注意警戒，对 24：00 以后进入大堂的宾客要进行认真观察，发现可疑人员应上前盘询和登记报告。

⑥要防止宾客在大堂乱丢、乱吐、乱蹲、乱坐，发现此情况应立即劝阻。

⑦有小孩在大堂追逐打闹、玩耍，衣冠不整的宾客进入大堂时，要及时劝阻。

⑧不得在大堂找服务员或无关人员聊天，影响正常工作。

⑨不得擅离职守，对宾客的询问要热情礼貌、周到，使宾客称心满意，严禁用粗言恶语对待宾客。

◇ 娱乐场所保安员的职责

①维护好售票秩序。节假日，旅游旺季，在人多的情况下，组织宾客有秩序地排队，防止拥挤。

②对娱乐场所要严格按文化部门和公安部门的规定进行管理，维护好娱乐场所的治安秩序，防止场内起哄、争吵、斗殴、捣乱和无理取闹，若发生上述事件，要将肇事者带到场外或保安部妥善处理，避免造成坏的影响和妨碍其他宾客进行正常娱乐活动。

③娱乐场所人多情况复杂，要密切注意场内动向，防止宾客的财物被偷和遭受损害。若发现可疑的人要严加监视，出现违法犯罪分子要及时擒拿，保护好宾客的生命财产安全。

④场内若发生事故，如火警、爆炸等，要稳住宾客，及时抢救，并组织宾客离开现场，有秩序地疏散，防止事态扩大，并立即报告当班领导。

礼仪提醒

每次娱乐活动结束，让宾客有秩序地离开场所后，娱乐场所保安员要协助服务员清理好场地，检查有无宾客遗留物品、危险品、火种，要关好音响、灯光，锁好门窗。